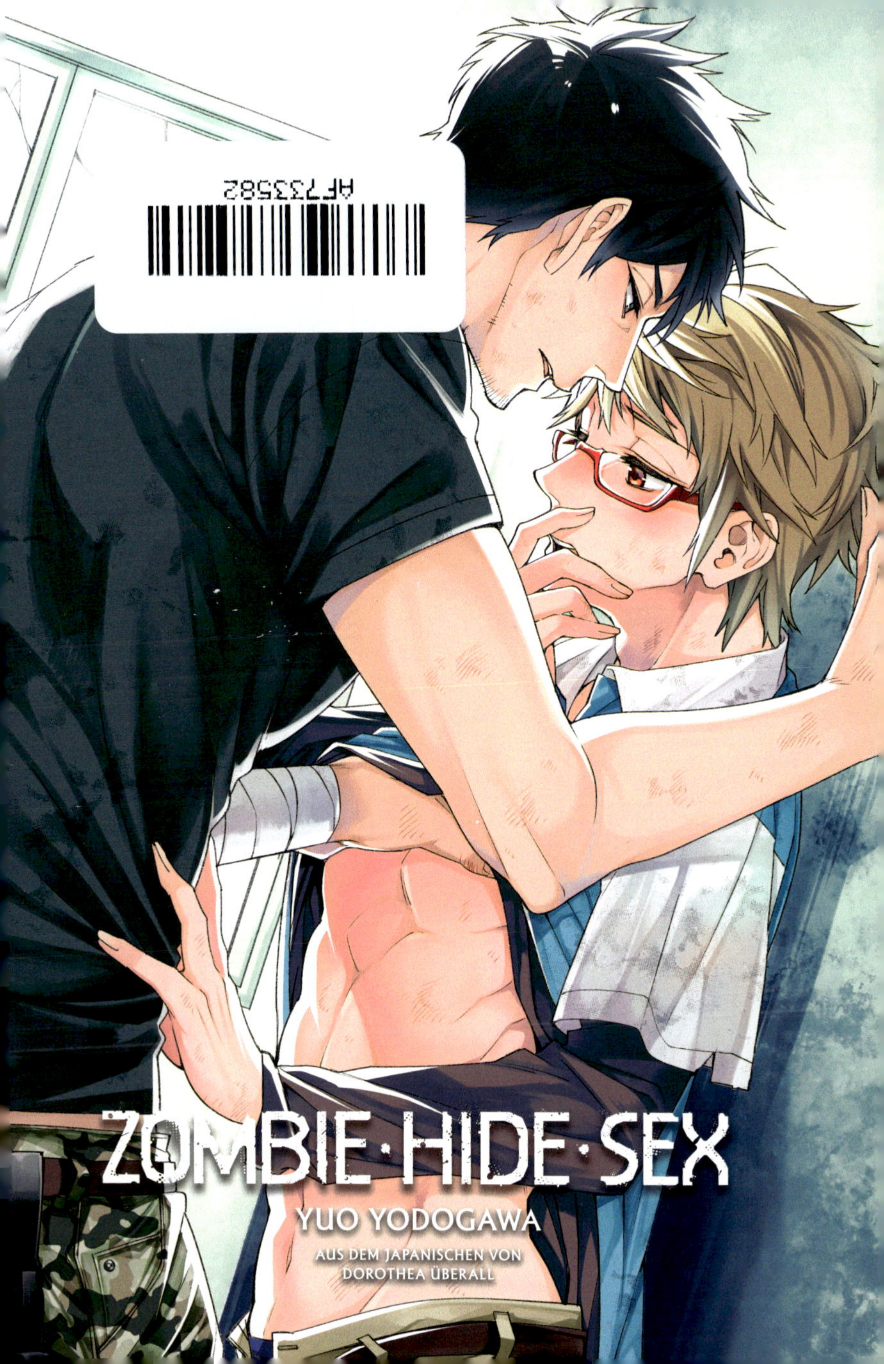
ZOMBIE·HIDE·SEX
YUO YODOGAWA
AUS DEM JAPANISCHEN VON
DOROTHEA ÜBERALL

Inhalt

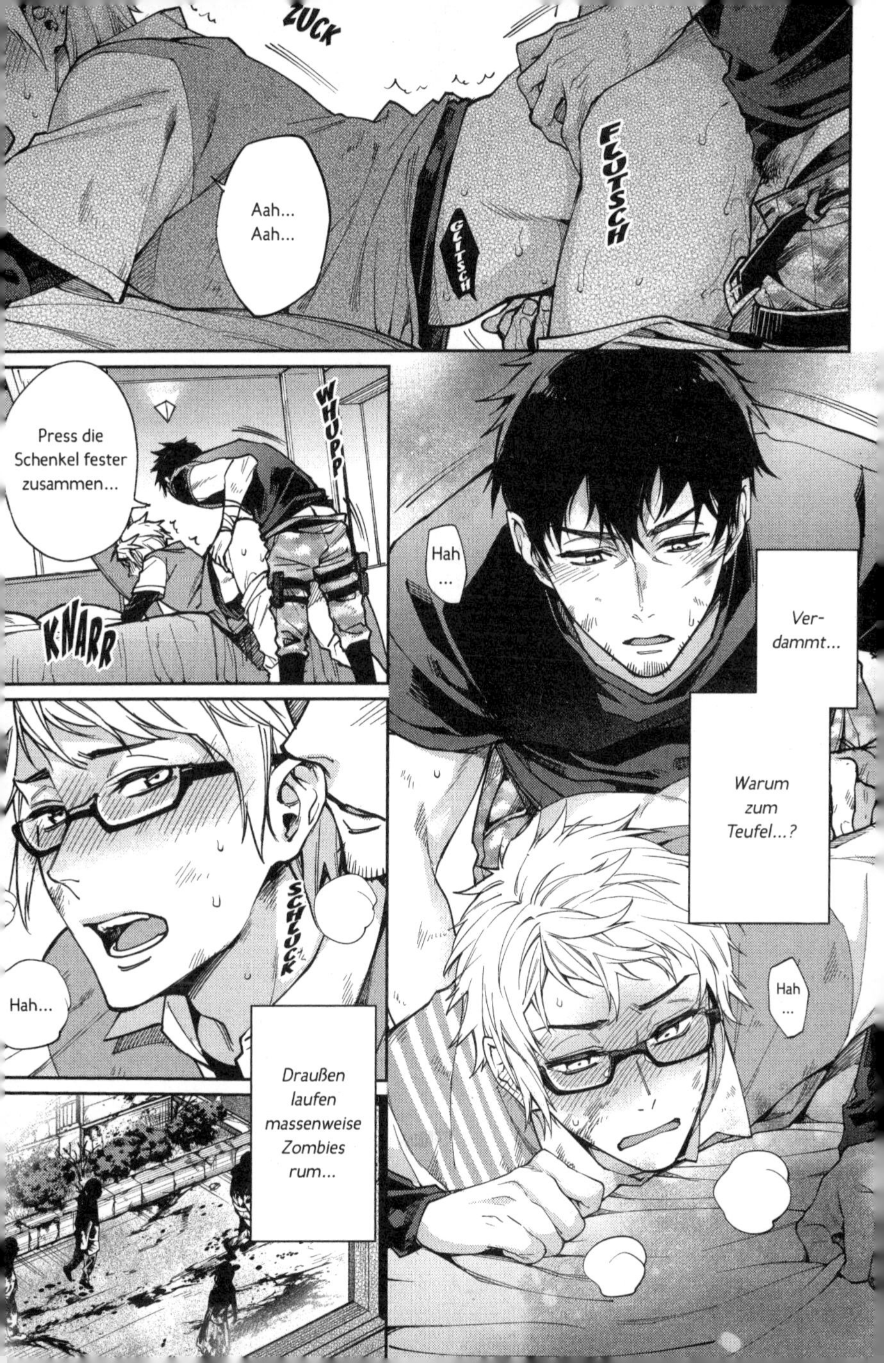
ZUCK
FLUTSCH
GLITSCH
Aah... Aah...
Hah ...
Verdammt...
Warum zum Teufel...?
Hah ...
WHUPP
Press die Schenkel fester zusammen...
KNARR
SCHLUCK
Hah...
Draußen laufen massenweise Zombies rum...

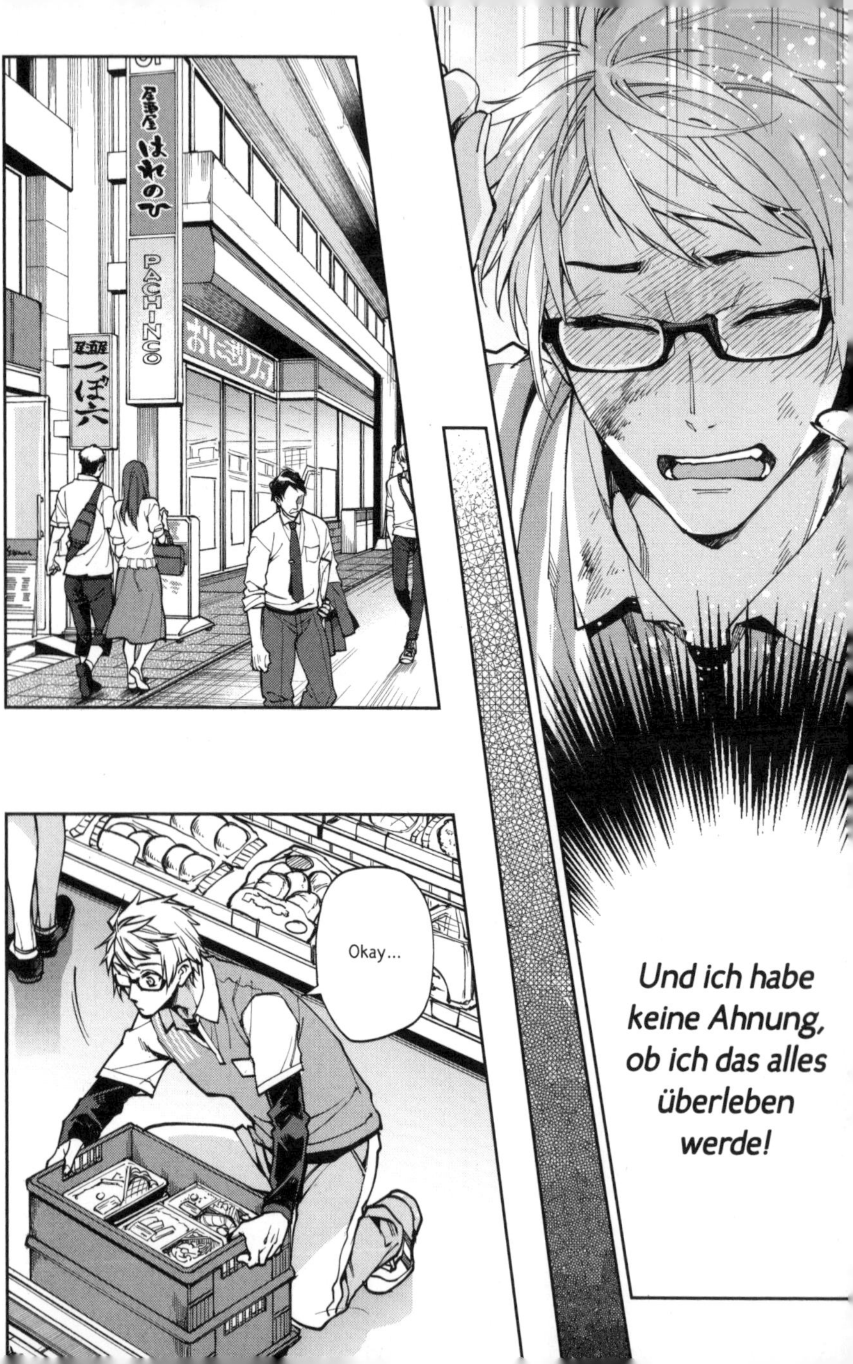
Und ich habe keine Ahnung, ob ich das alles überleben werde!
PACHINCO
Okay…

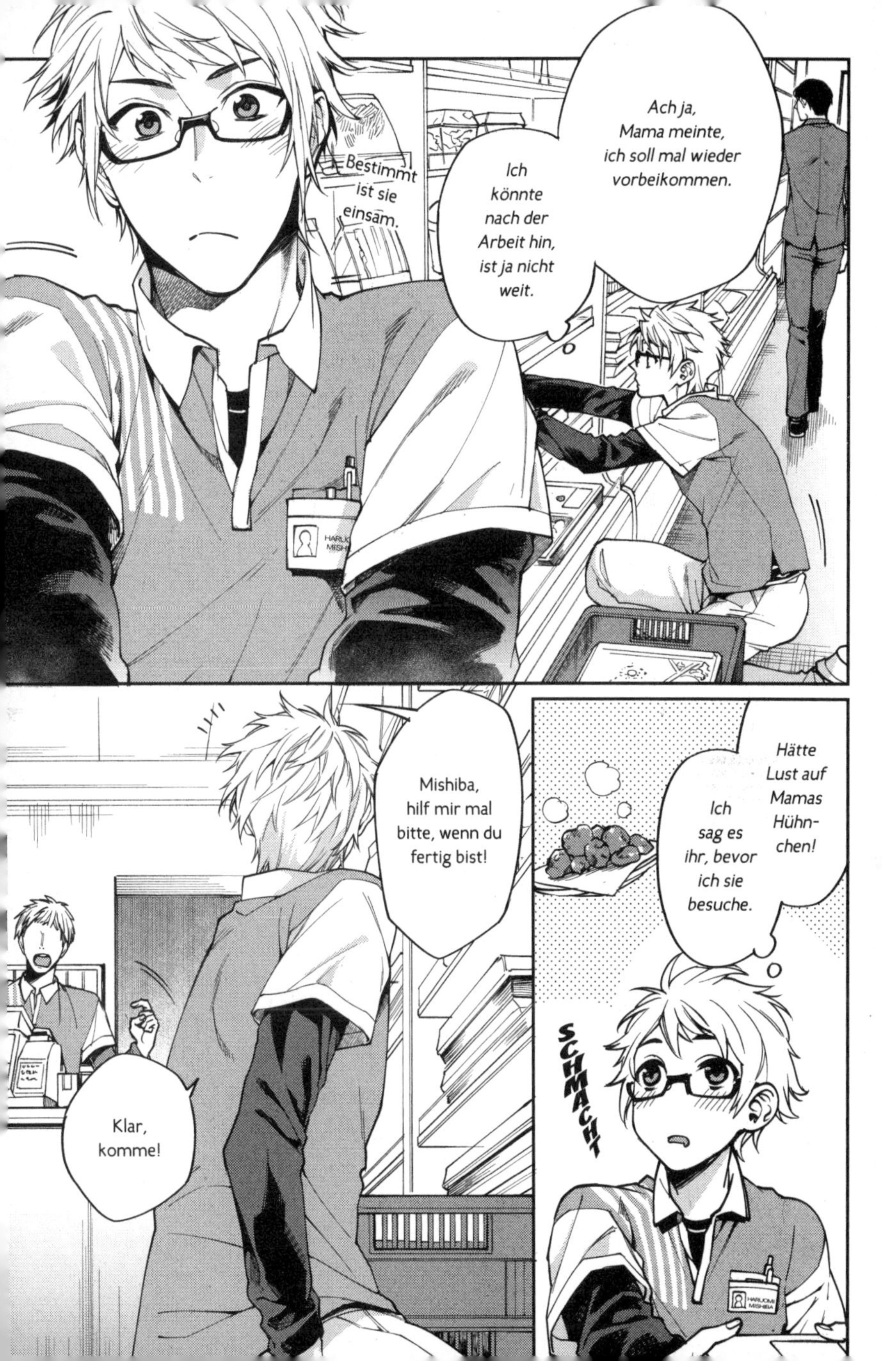
Ach ja, Mama meinte, ich soll mal wieder vorbeikommen.
Ich könnte nach der Arbeit hin, ist ja nicht weit.
Bestimmt ist sie einsam.
HARUOMI MISHIBA
Hätte Lust auf Mamas Hühnchen!
Ich sag es ihr, bevor ich sie besuche.
SCHMACHT
HARUOMI MISHIBA
Mishiba, hilf mir mal bitte, wenn du fertig bist!
Klar, komme!

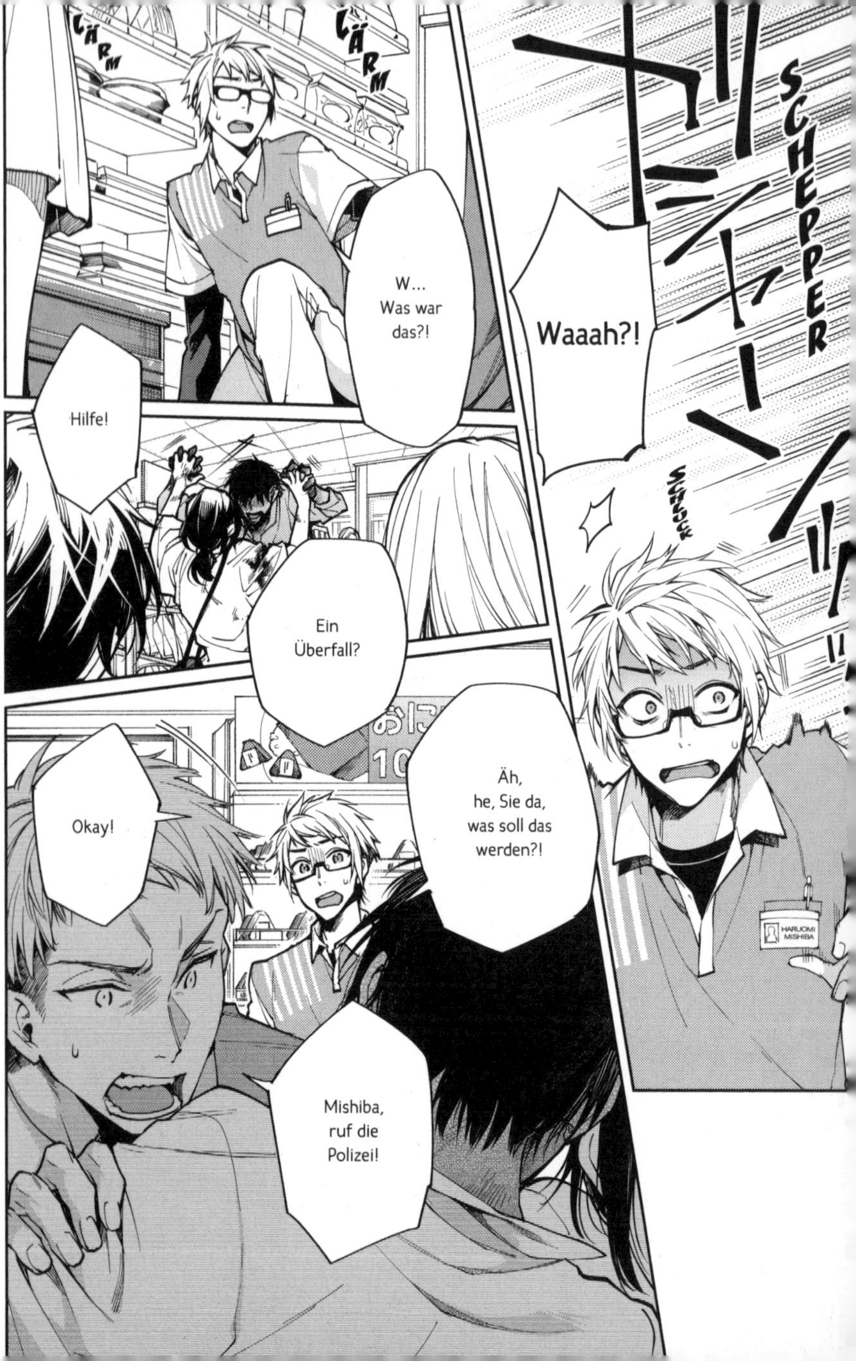
SCHEPPER
Waaah?!
SCHLUCK
LÄRM
LÄRM
W... Was war das?!
Hilfe!
Ein Überfall?
Äh, he, Sie da, was soll das werden?!
HARUOMI MISHIBA
Okay!
Mishiba, ruf die Polizei!

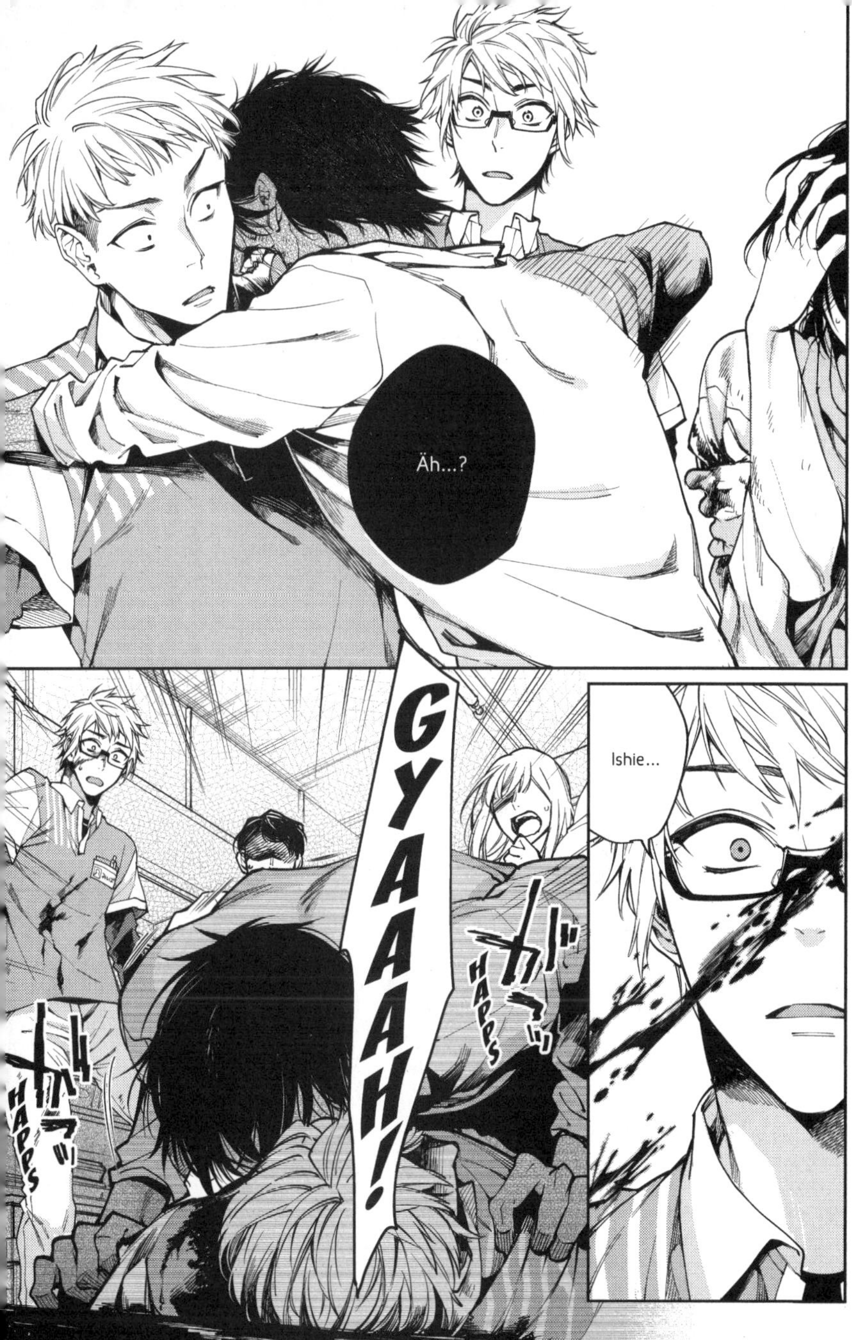
Äh...?
Ishie...
GYAAAAH!
HAPPS
HAPPS

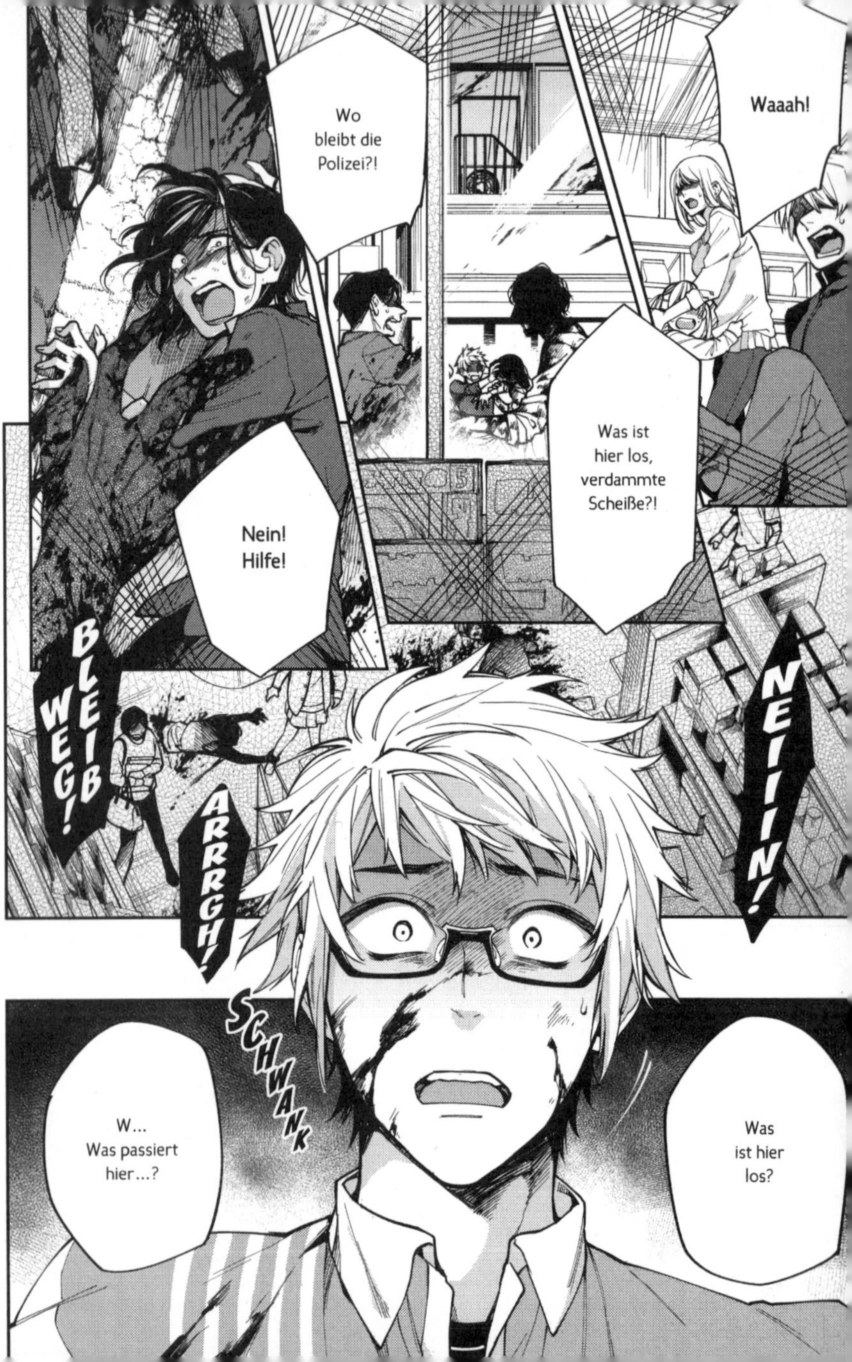
Waaah!
Was ist hier los, verdammte Scheiße?!
Wo bleibt die Polizei?!
Nein! Hilfe!
NEIIIN!
ARRRGH!
BLEIB WEG!
SCHWANK
Was ist hier los?
W… Was passiert hier…?

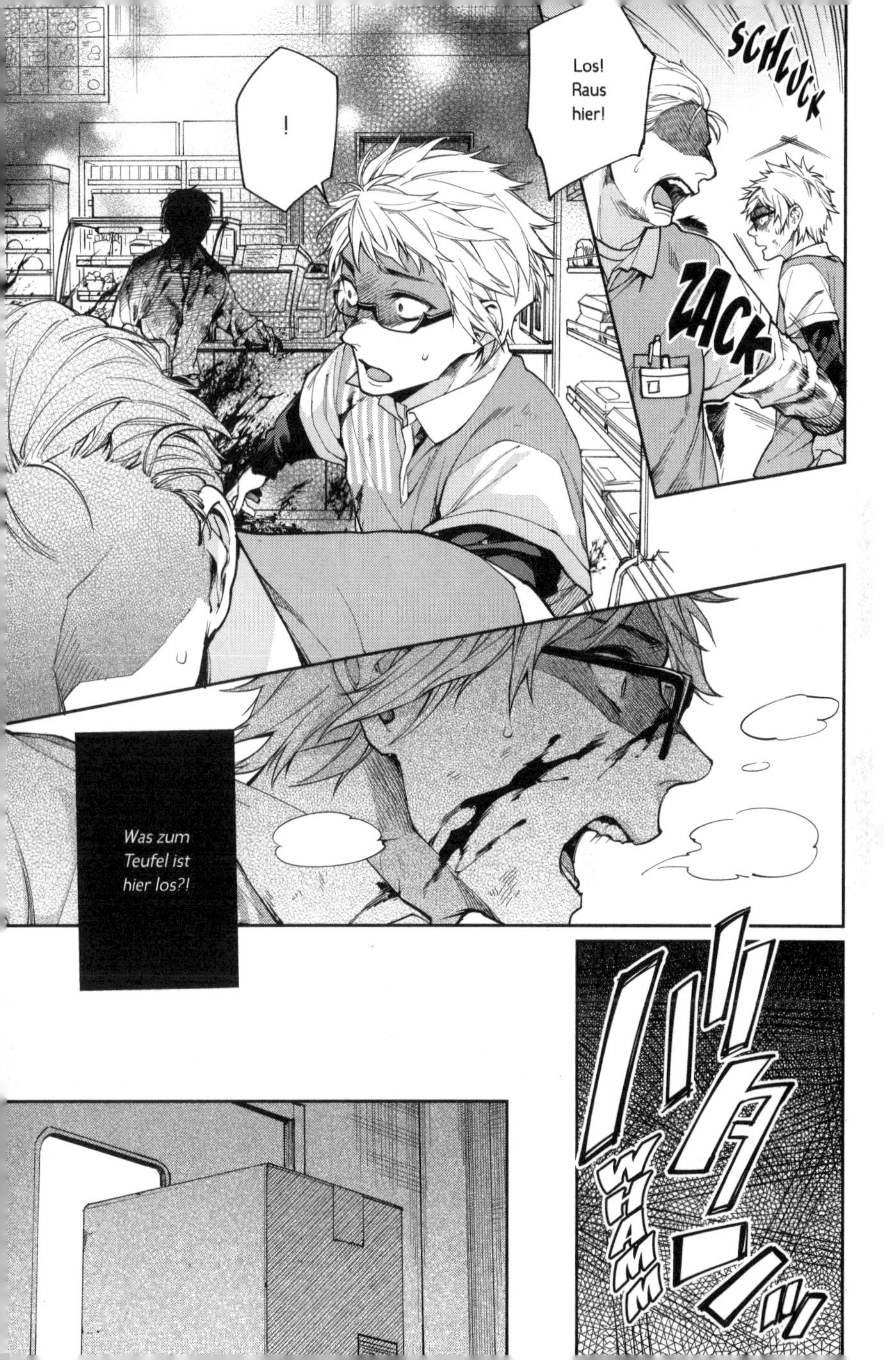

SCHLUCK
Los! Raus hier!
ZACK
!
Was zum Teufel ist hier los?!
WHAMM

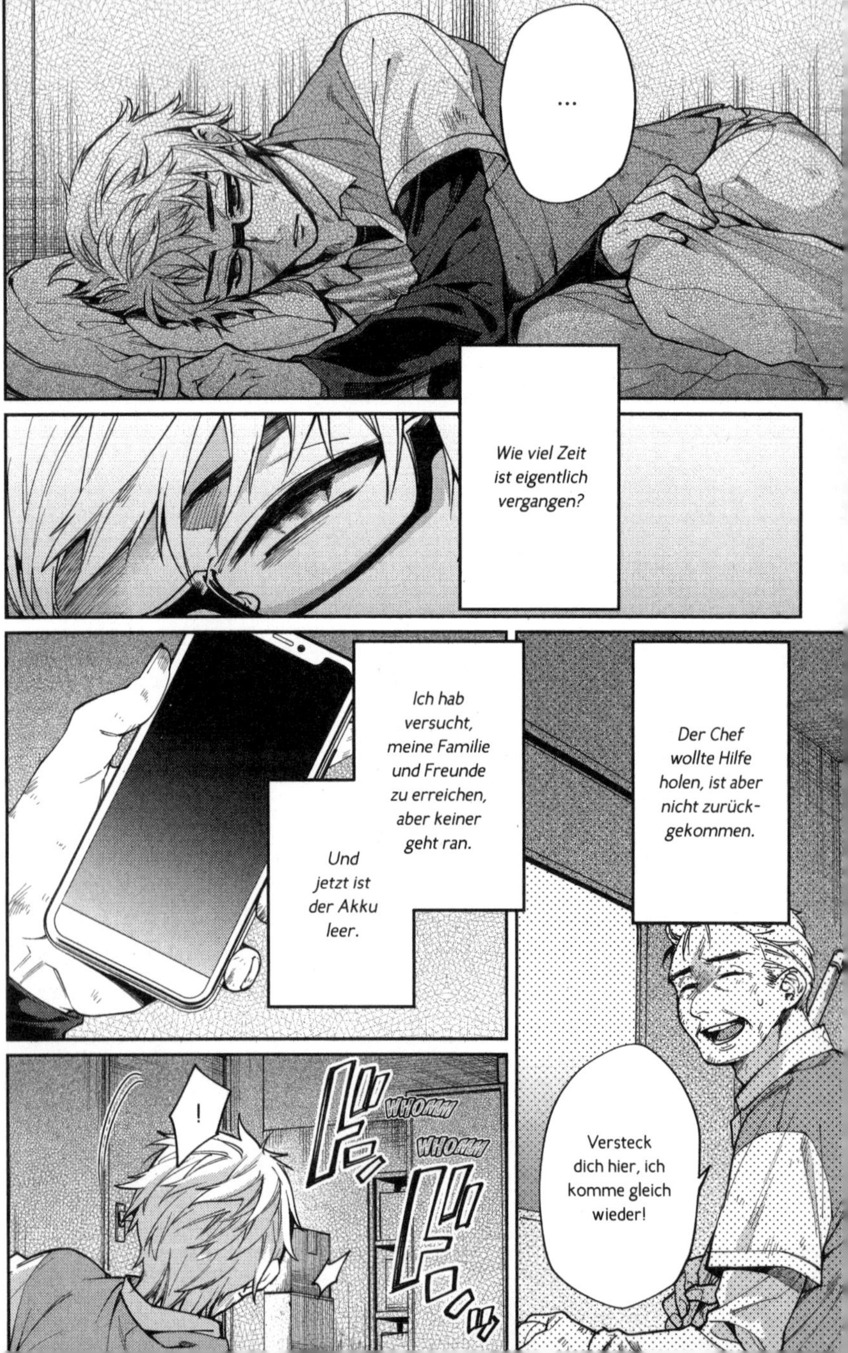
...
Wie viel Zeit ist eigentlich vergangen?
Ich hab versucht, meine Familie und Freunde zu erreichen, aber keiner geht ran.
Und jetzt ist der Akku leer.
Der Chef wollte Hilfe holen, ist aber nicht zurückgekommen.
Versteck dich hier, ich komme gleich wieder!
WHOMM
WHOMM
!

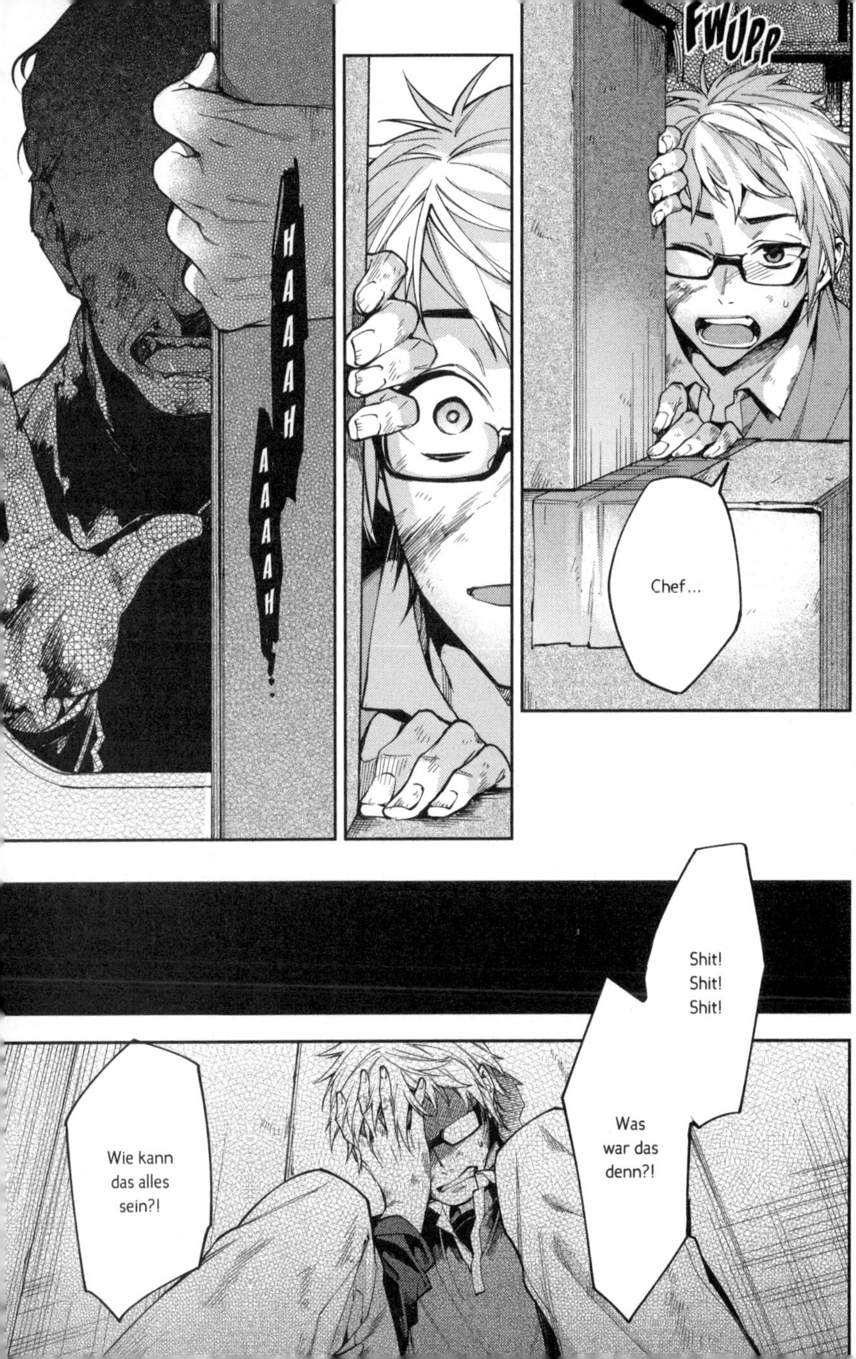
FWUPP
Chef...
HAAAAH
AAAAAH
Shit! Shit! Shit!
Was war das denn?!
Wie kann das alles sein?!

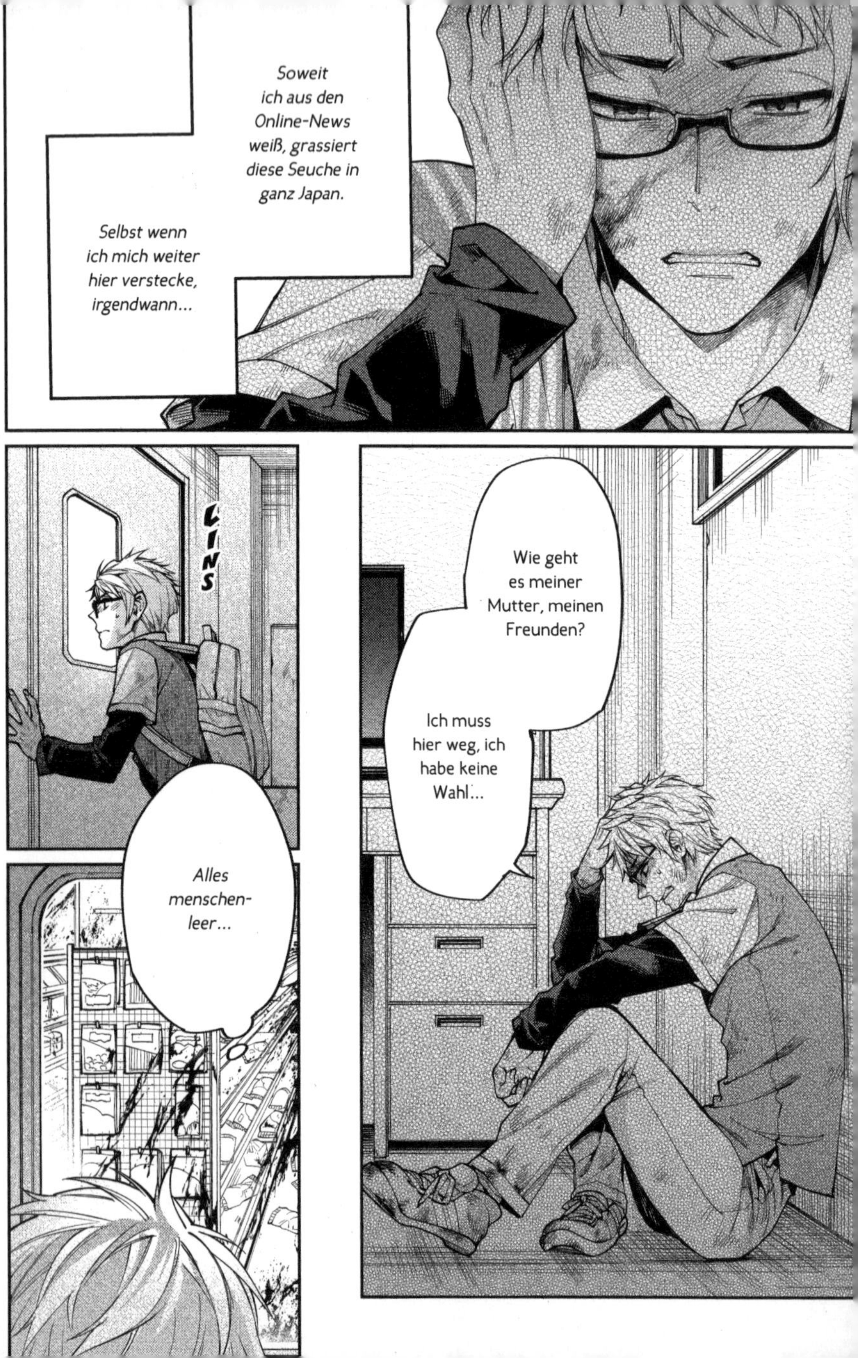
Soweit ich aus den Online-News weiß, grassiert diese Seuche in ganz Japan.
Selbst wenn ich mich weiter hier verstecke, irgendwann...
Wie geht es meiner Mutter, meinen Freunden?
Ich muss hier weg, ich habe keine Wahl...
LINS
Alles menschen-leer...

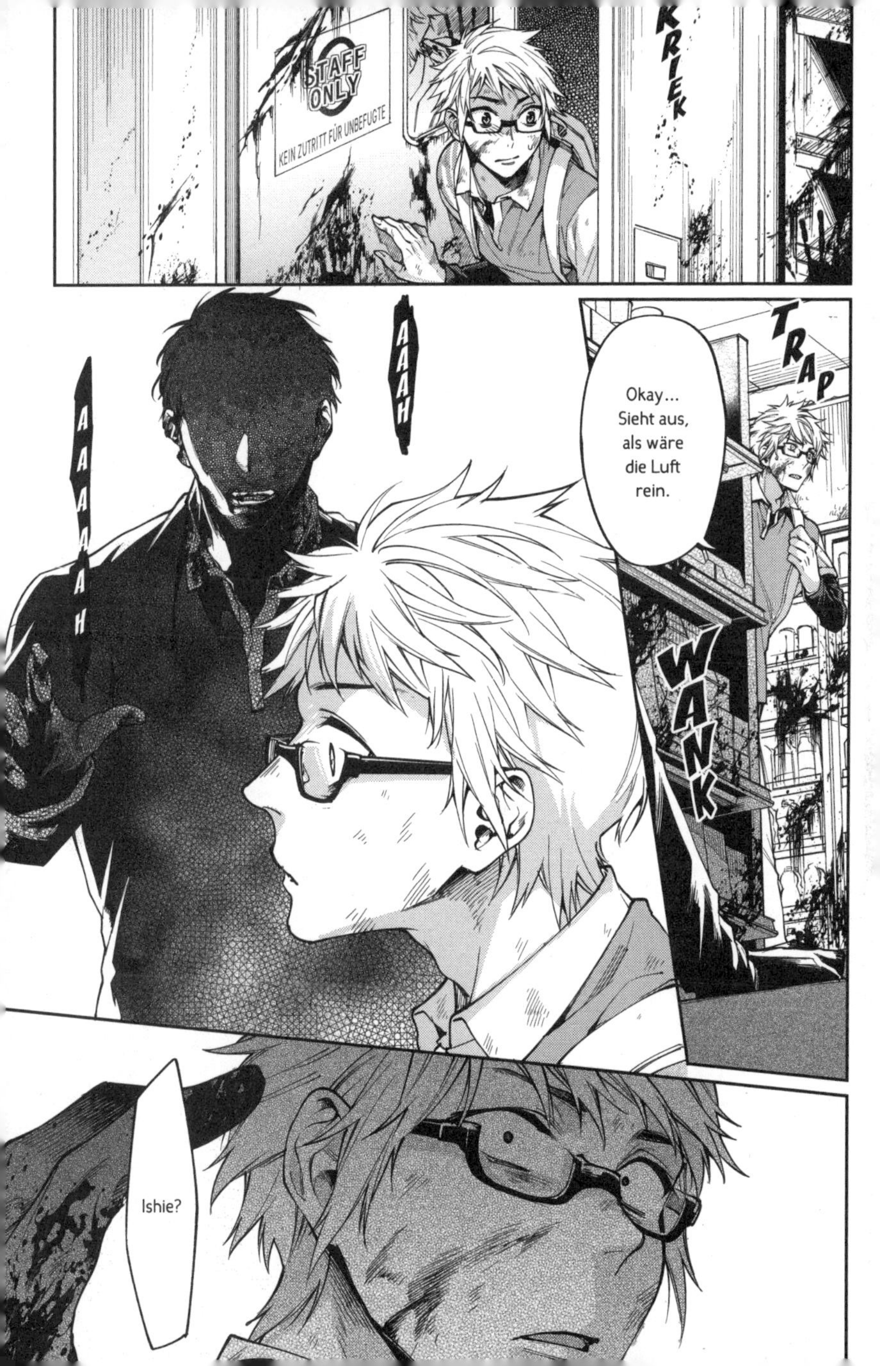

STAFF ONLY
KEIN ZUTRITT FÜR UNBEFUGTE
KRIEK
TRAP
Okay... Sieht aus, als wäre die Luft rein.
WANK
AAAAH
AAAAAAAH
Ishie?

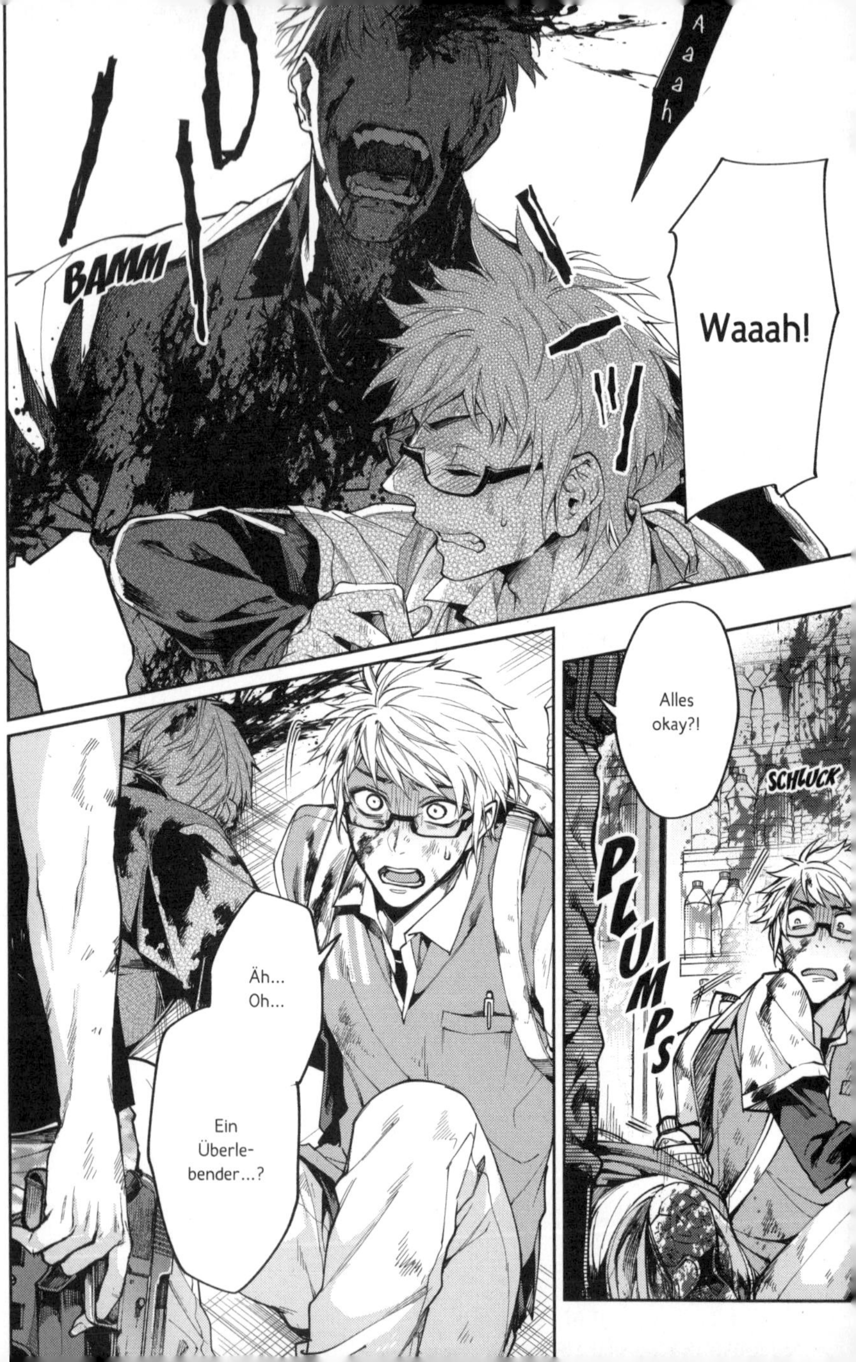
Aaaah
BAMM
Waaah!
Alles okay?!
SCHLUCK
PLUMPS
Äh... Oh...
Ein Überle-bender...?

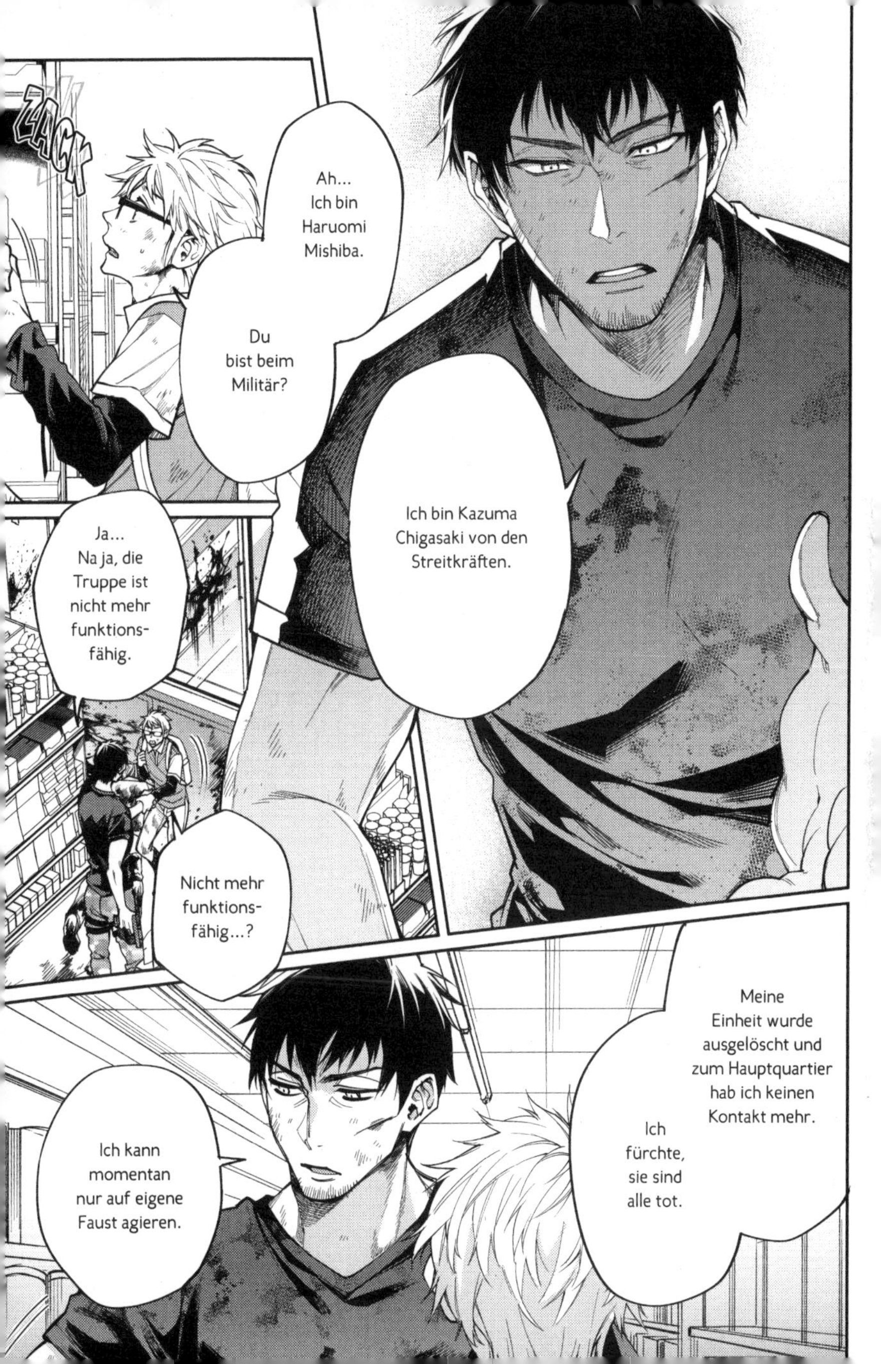

Ich bin Kazuma Chigasaki von den Streitkräften.
Ah... Ich bin Haruomi Mishiba.
Du bist beim Militär?
ZACK
Ja... Na ja, die Truppe ist nicht mehr funktionsfähig.
Nicht mehr funktionsfähig...?
Meine Einheit wurde ausgelöscht und zum Hauptquartier hab ich keinen Kontakt mehr.
Ich fürchte, sie sind alle tot.
Ich kann momentan nur auf eigene Faust agieren.

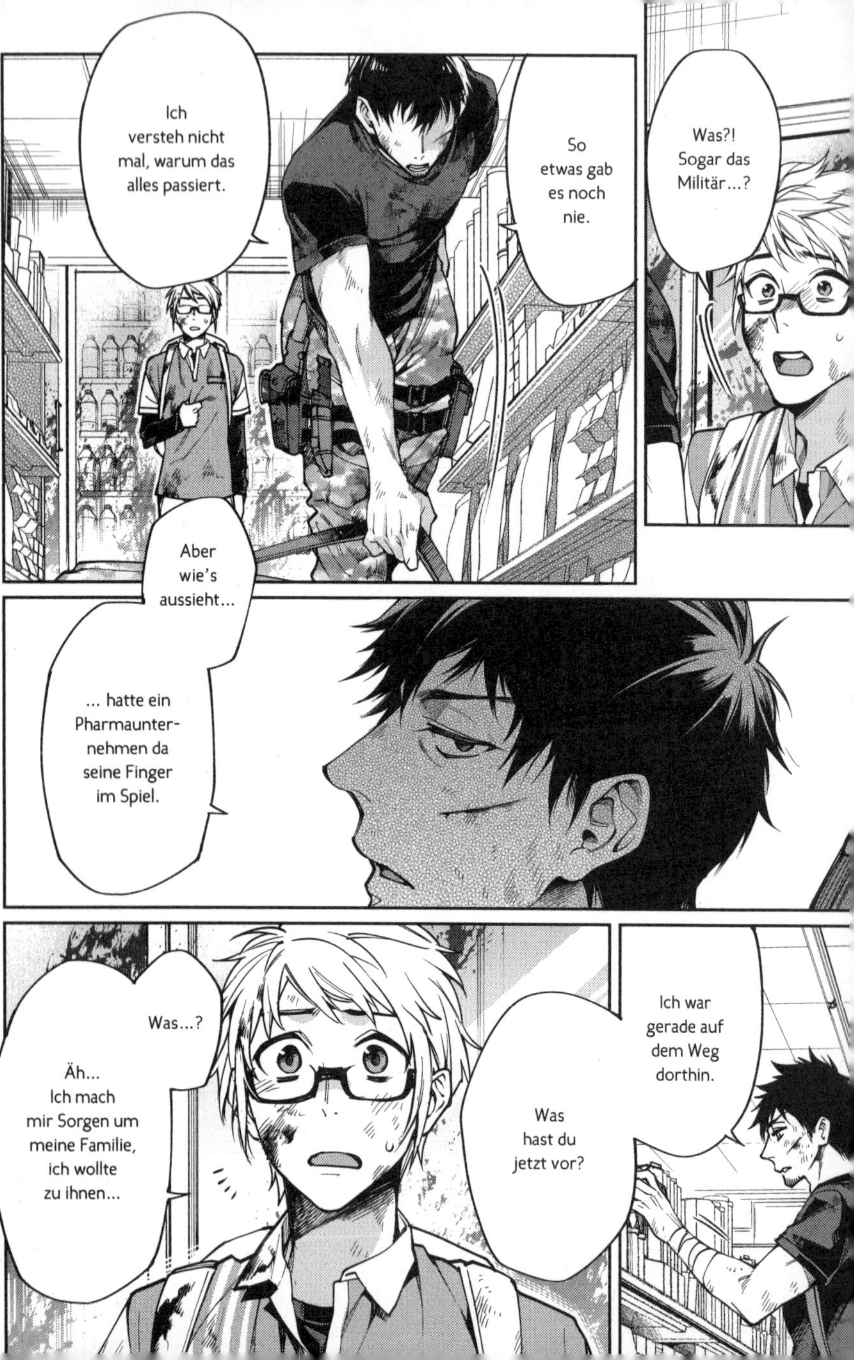

Was?! Sogar das Militär...?
So etwas gab es noch nie.
Ich versteh nicht mal, warum das alles passiert.
Aber wie's aussieht...
... hatte ein Pharmaunter-nehmen da seine Finger im Spiel.
Ich war gerade auf dem Weg dorthin.
Was hast du jetzt vor?
Was...?
Äh... Ich mach mir Sorgen um meine Familie, ich wollte zu ihnen...

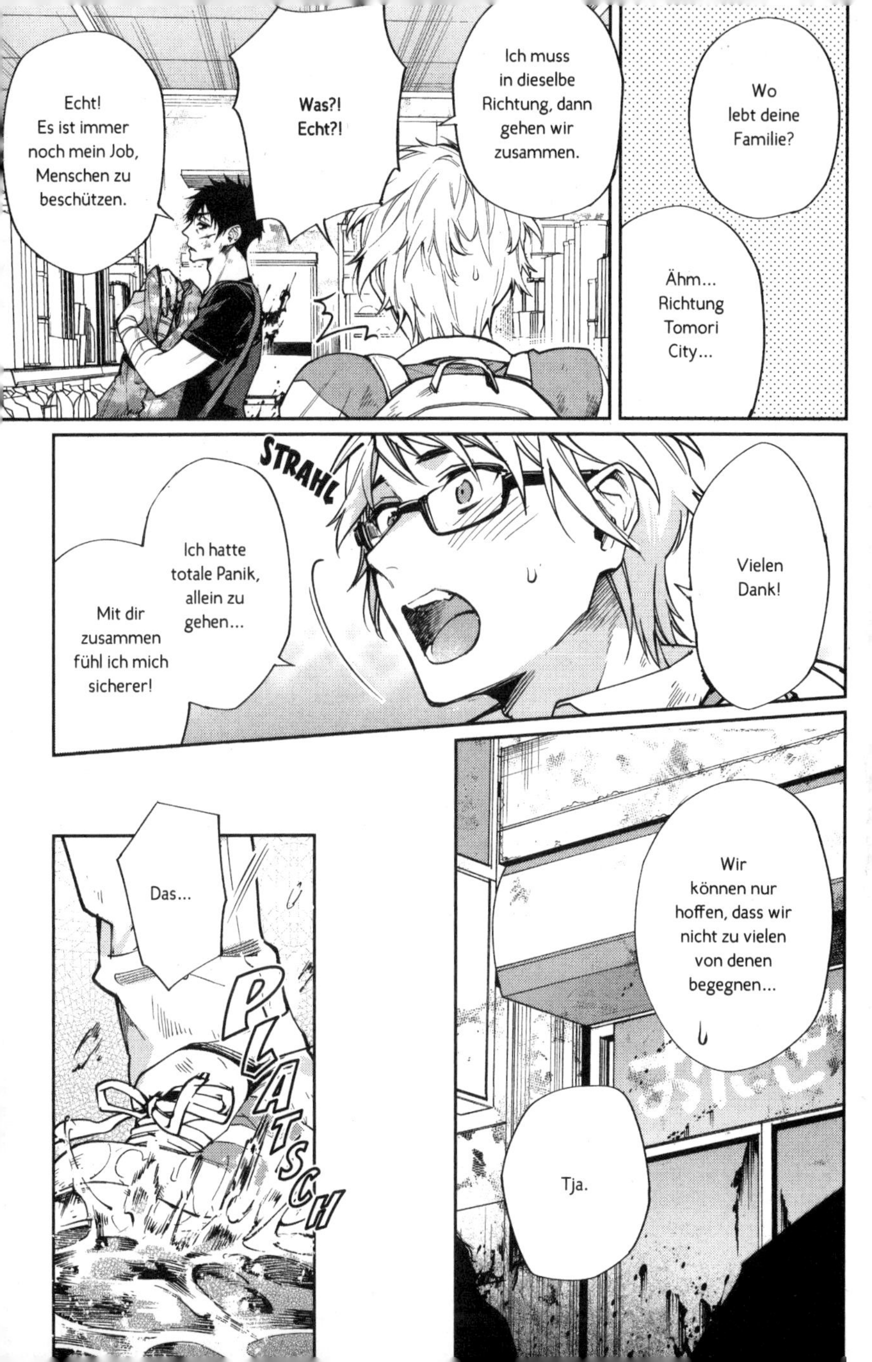
Wo lebt deine Familie?
Ähm... Richtung Tomori City...
Ich muss in dieselbe Richtung, dann gehen wir zusammen.
Was?! Echt?!
Echt! Es ist immer noch mein Job, Menschen zu beschützen.
STRAHL
Vielen Dank!
Ich hatte totale Panik, allein zu gehen...
Mit dir zusammen fühl ich mich sicherer!
Wir können nur hoffen, dass wir nicht zu vielen von denen begegnen...
Tja.
Das...
PLATSCH

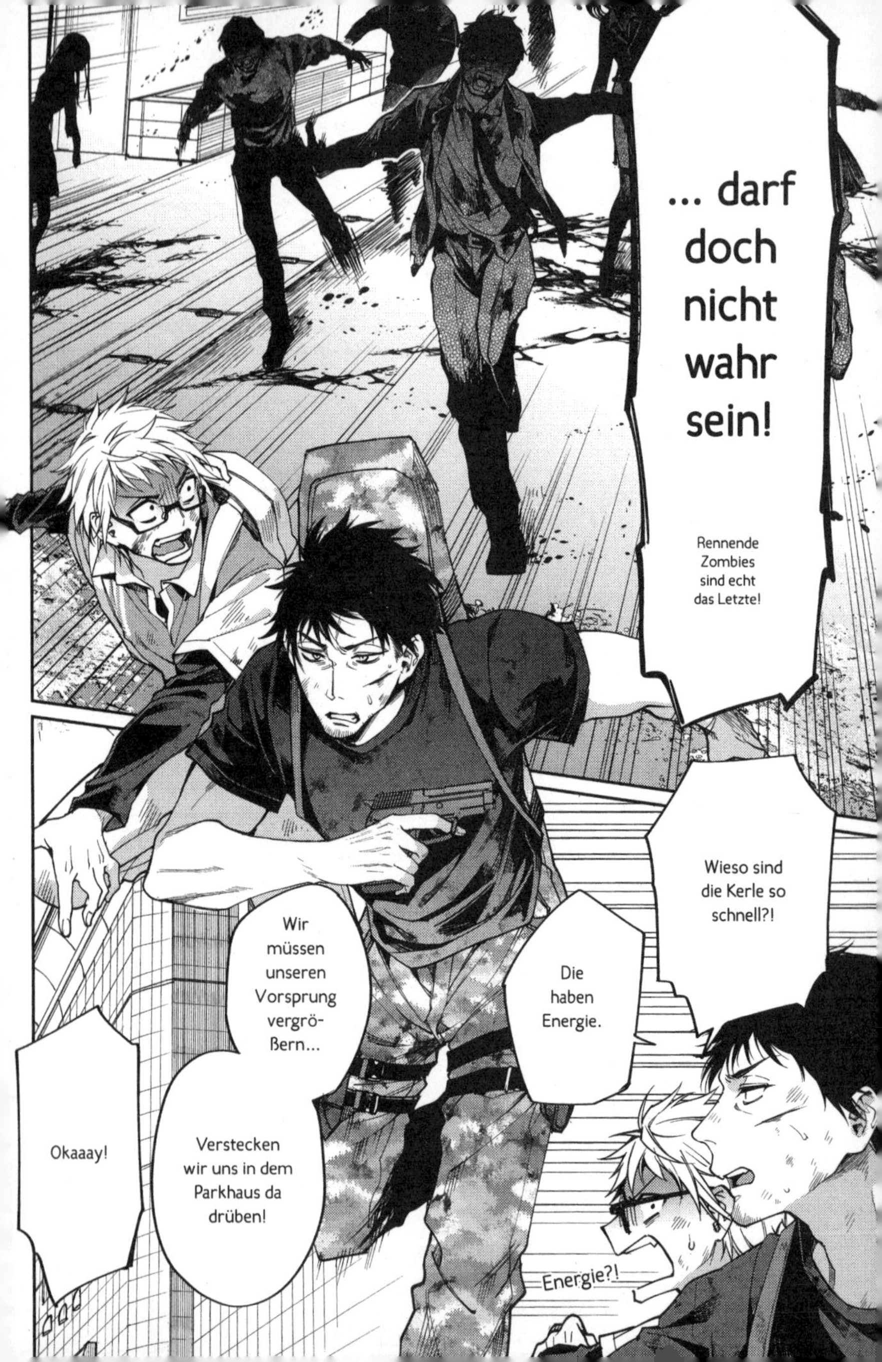
... darf doch nicht wahr sein!
Rennende Zombies sind echt das Letzte!
Wieso sind die Kerle so schnell?!
Die haben Energie.
Wir müssen unseren Vorsprung vergrö-ßern...
Energie?!
Verstecken wir uns in dem Parkhaus da drüben!
Okaaay!

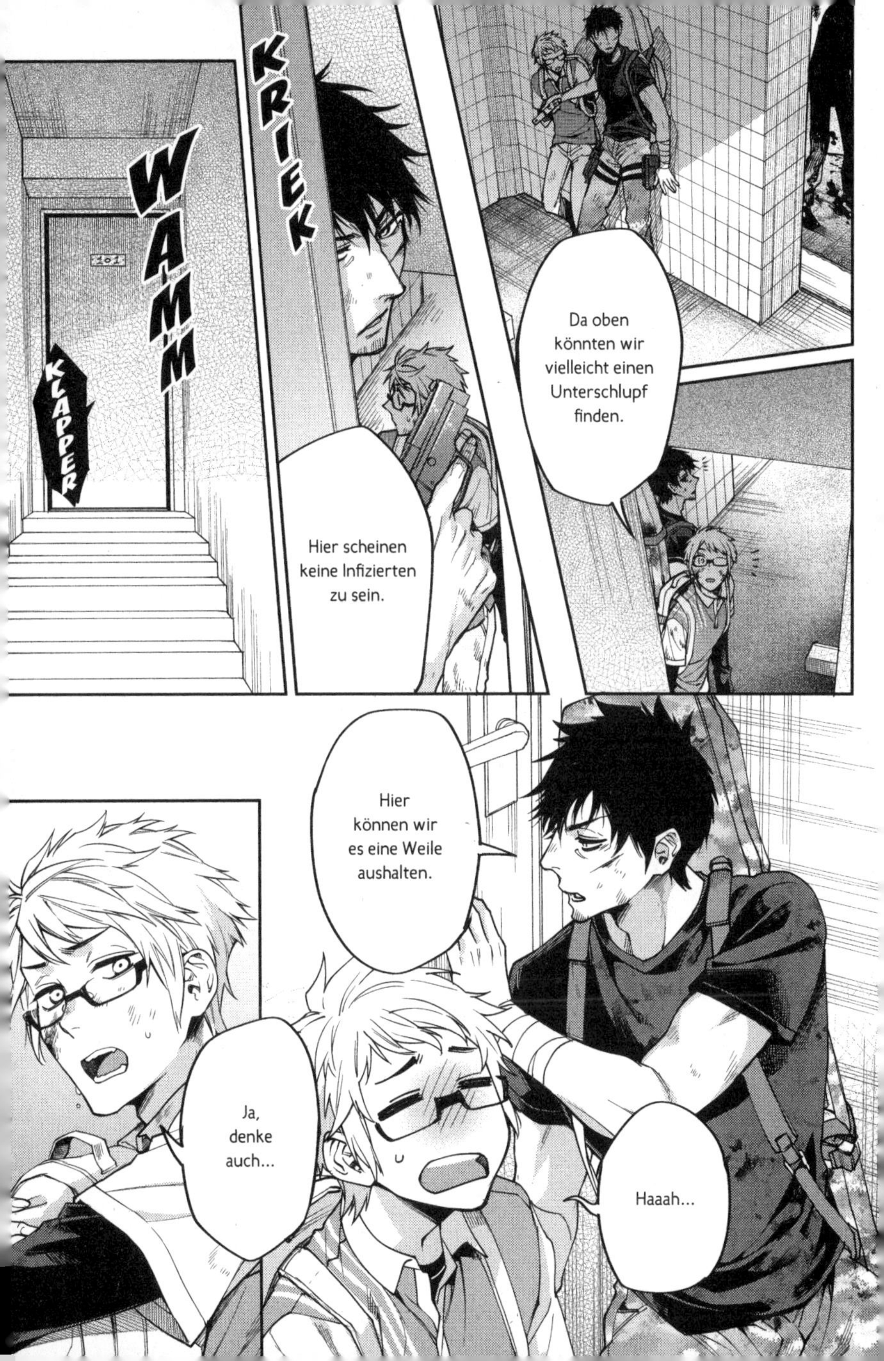
Da oben könnten wir vielleicht einen Unterschlupf finden.
KRIEK
Hier scheinen keine Infizierten zu sein.
WAMM
KLAPPER
Hier können wir es eine Weile aushalten.
Haaah...
Ja, denke auch...

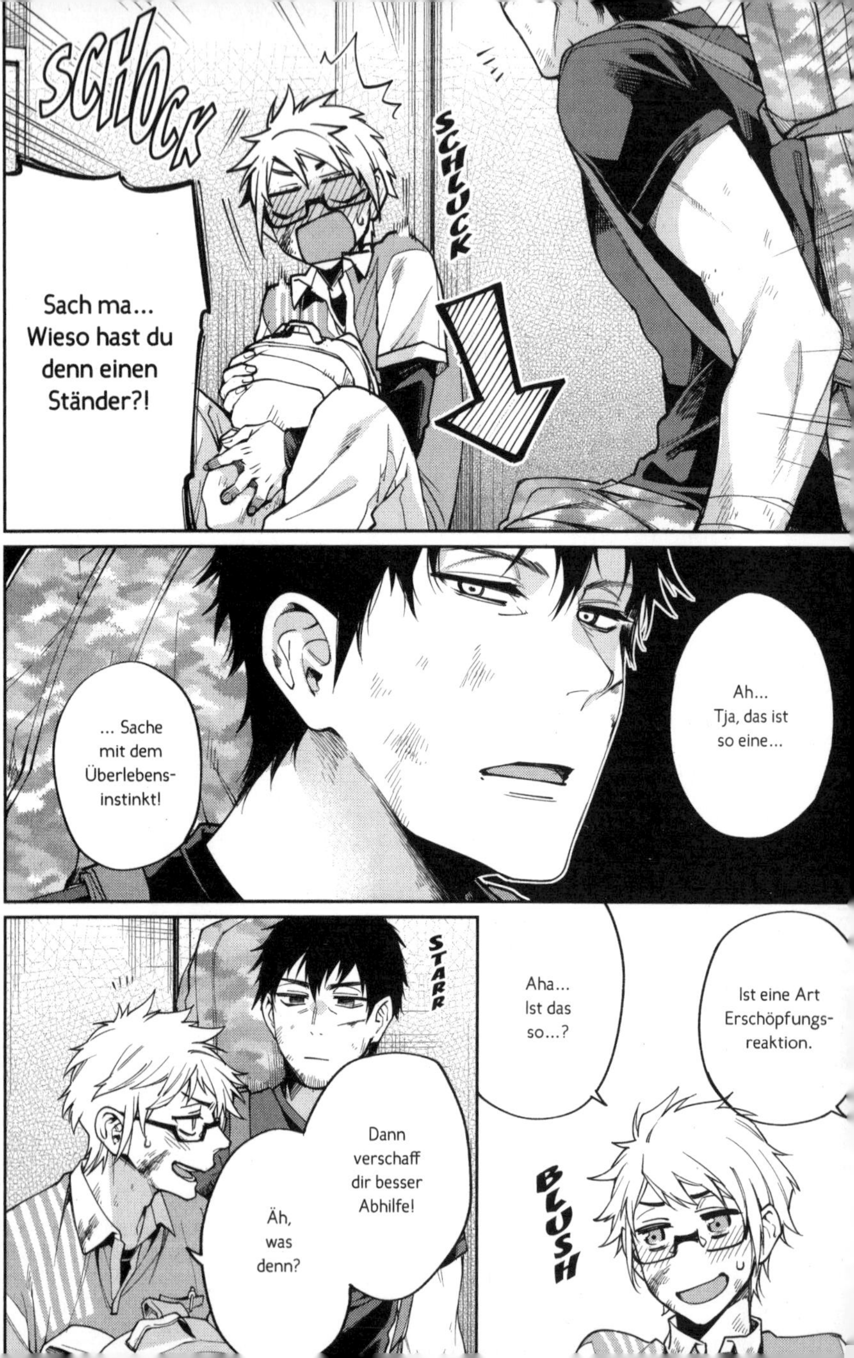
SCHLUCK
SCHOCK
Sach ma... Wieso hast du denn einen Ständer?!
Ah... Tja, das ist so eine...
... Sache mit dem Überlebens-instinkt!
Ist eine Art Erschöpfungs-reaktion.
Aha... Ist das so...?
BLUSH
STARR
Dann verschaff dir besser Abhilfe!
Äh, was denn?

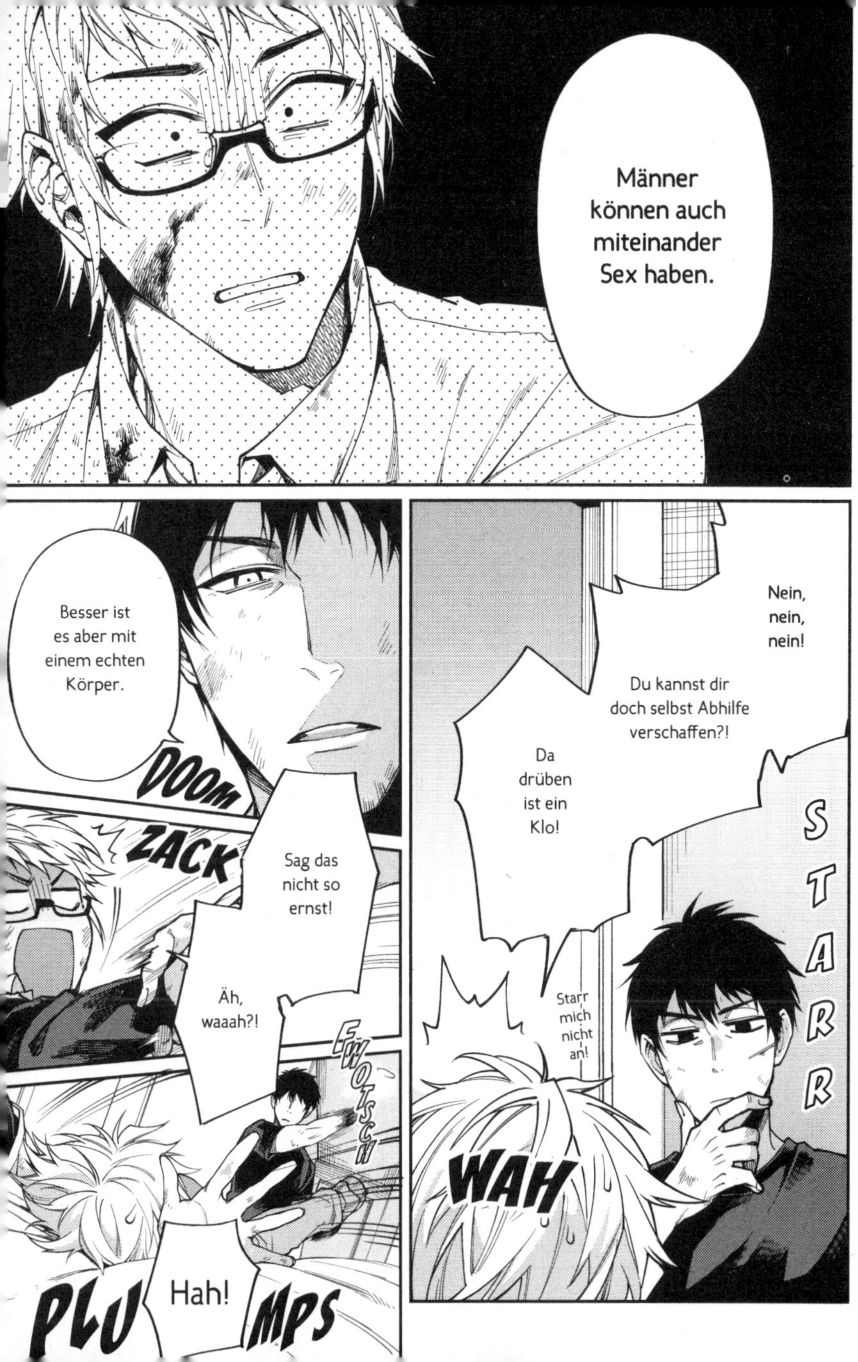
Männer können auch miteinander Sex haben.
Nein, nein, nein!
Du kannst dir doch selbst Abhilfe verschaffen?!
Da drüben ist ein Klo!
STARR
Starr mich nicht an!
WAH
Besser ist es aber mit einem echten Körper.
DOOM
ZACK
Sag das nicht so ernst!
Äh, waaah?!
FWOTSCH
PLU MPS
Hah!

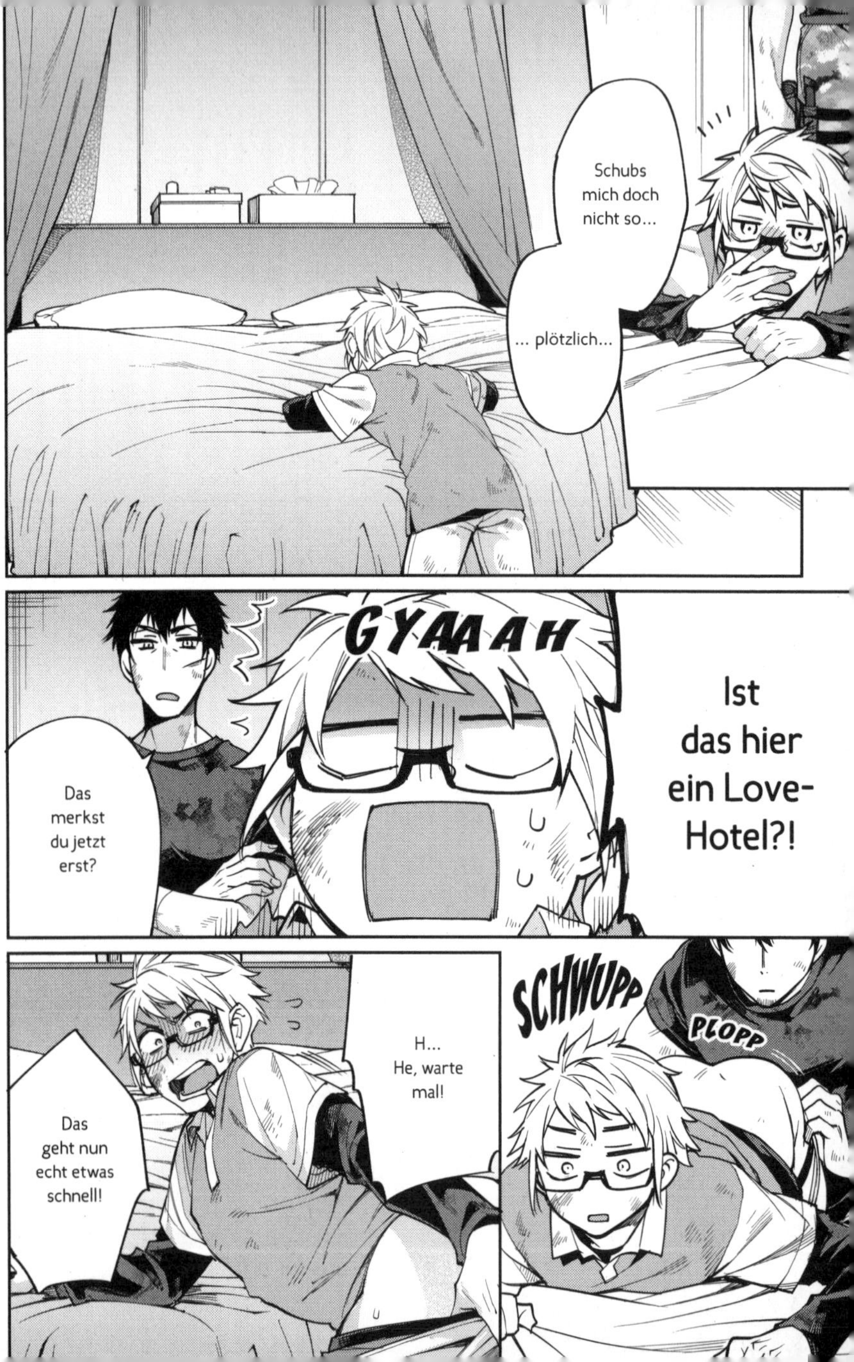
Schubs mich doch nicht so…
… plötzlich…
GYAAAH
Ist das hier ein Love-Hotel?!
Das merkst du jetzt erst?
SCHWUPP
PLOPP
H… He, warte mal!
Das geht nun echt etwas schnell!

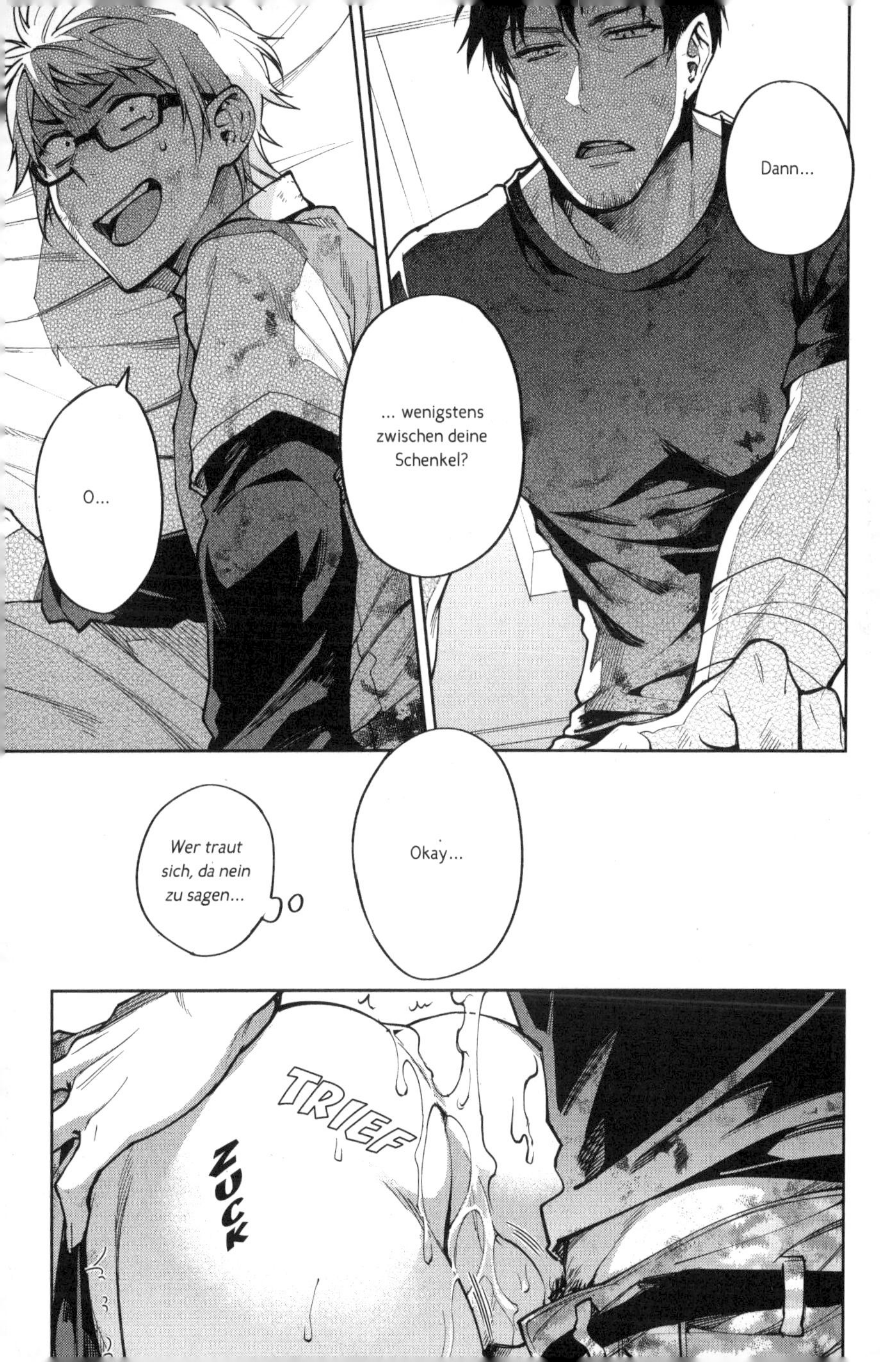
Dann...
... wenigstens zwischen deine Schenkel?
O...
Okay...
Wer traut sich, da nein zu sagen...
TRIEF
ZUCK

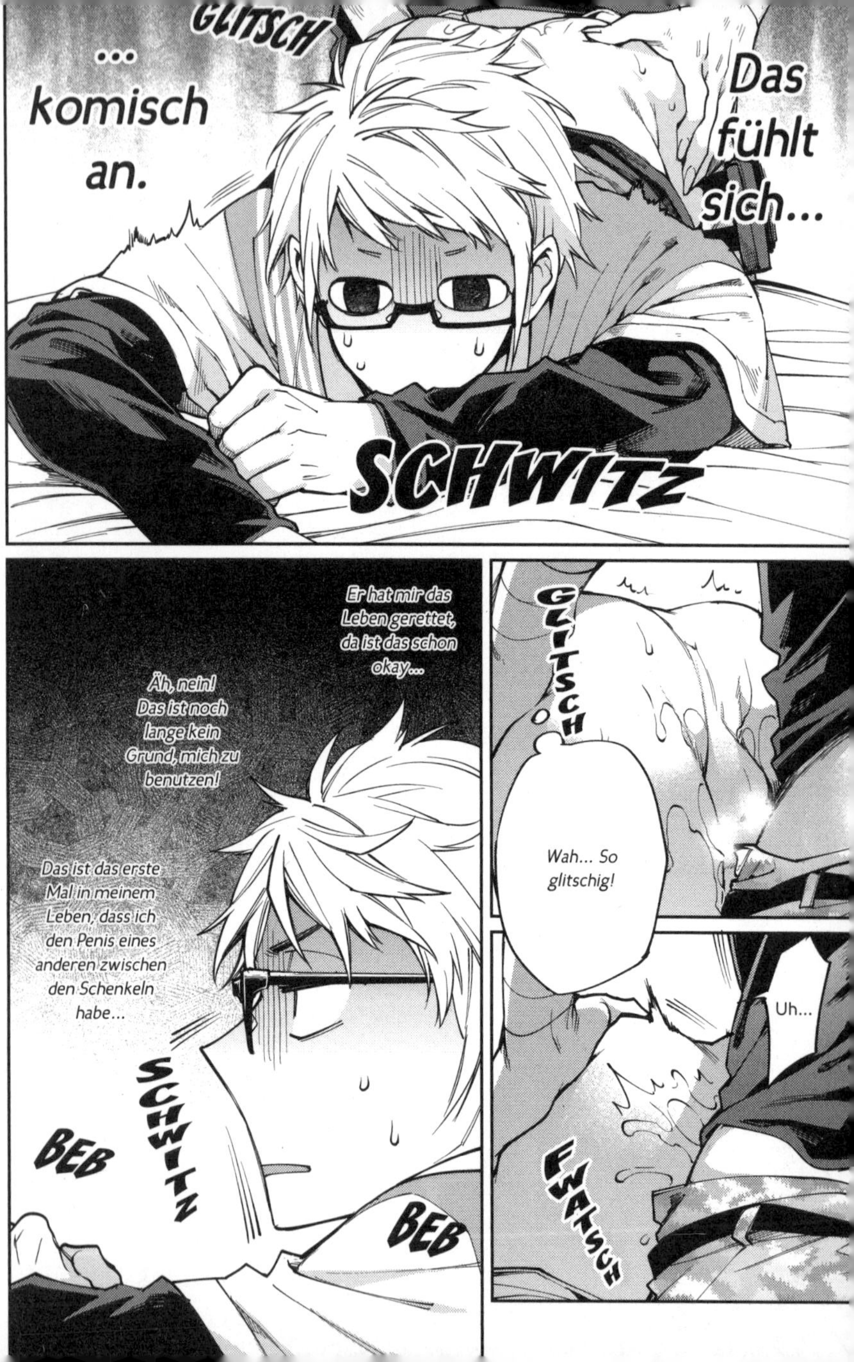
GLITSCH
Das fühlt sich...
... komisch an.
SCHWITZ
GLITSCH
Wah... So glitschig!
Uh...
FWATSCH
Er hat mir das Leben gerettet, da ist das schon okay...
Äh, nein! Das ist noch lange kein Grund, mich zu benutzen!
Das ist das erste Mal in meinem Leben, dass ich den Penis eines anderen zwischen den Schenkeln habe...
SCHWITZ
BEB
BEB

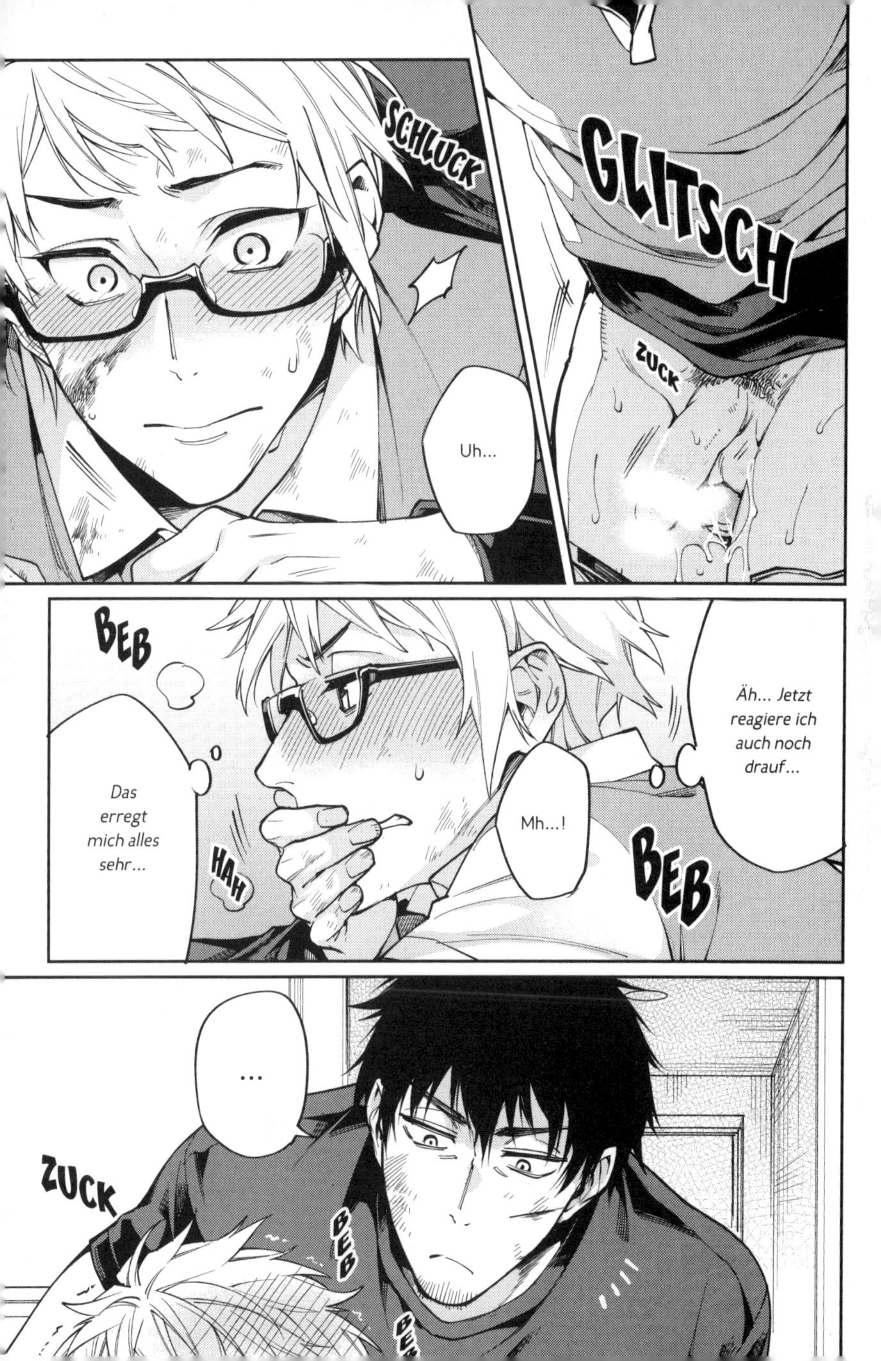
GLITSCH
ZUCK
SCHLUCK
Uh...
Äh... Jetzt reagiere ich auch noch drauf...
BEB
Mh...!
BEB
Das erregt mich alles sehr...
HAH
...
ZUCK
BEB

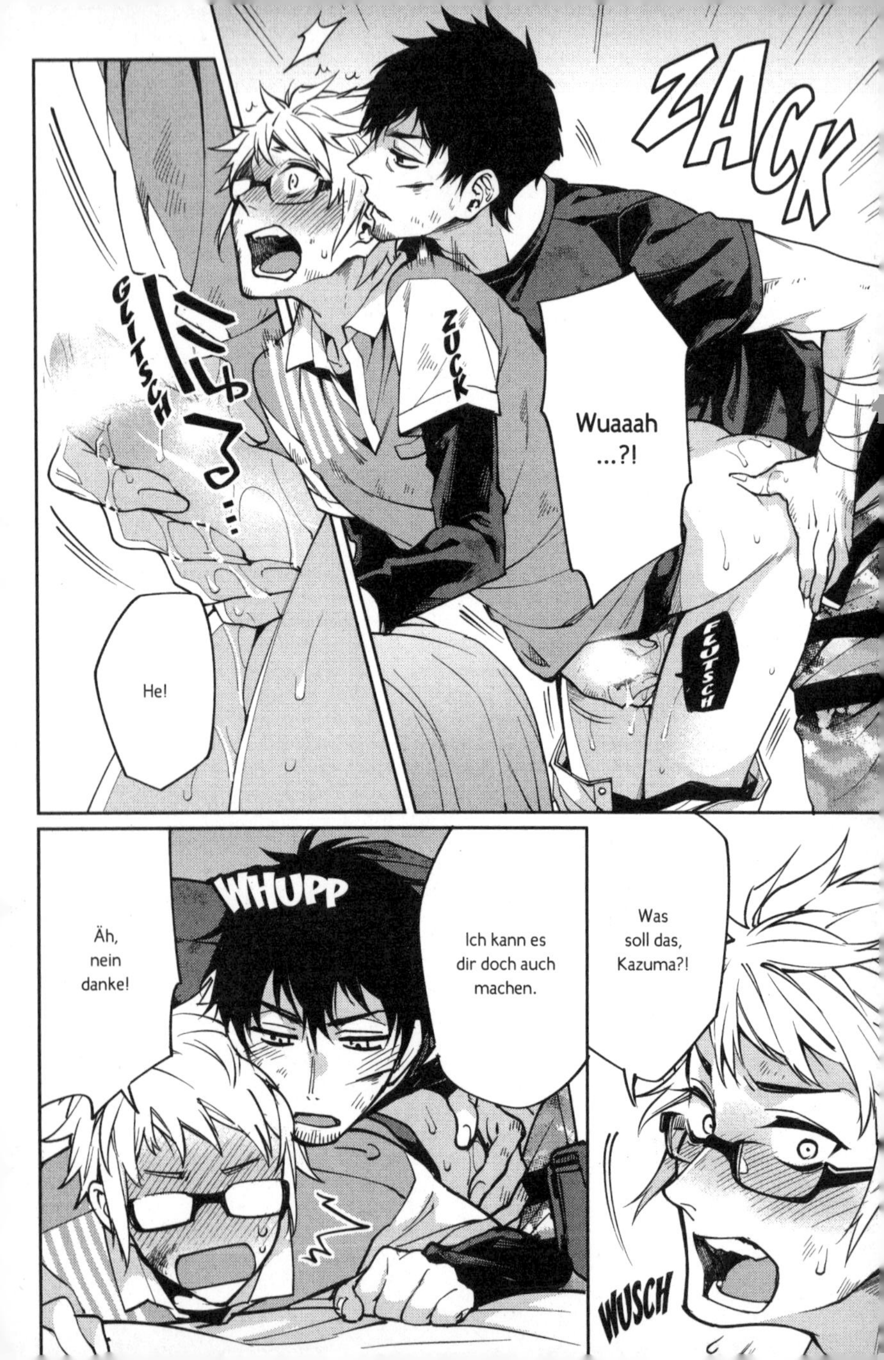
ZACK
ZUCK
GLITSCH
Wuaaah ...?!
FLUTSCH
He!
Was soll das, Kazuma?!
WUSCH
Ich kann es dir doch auch machen.
WHUPP
Äh, nein danke!

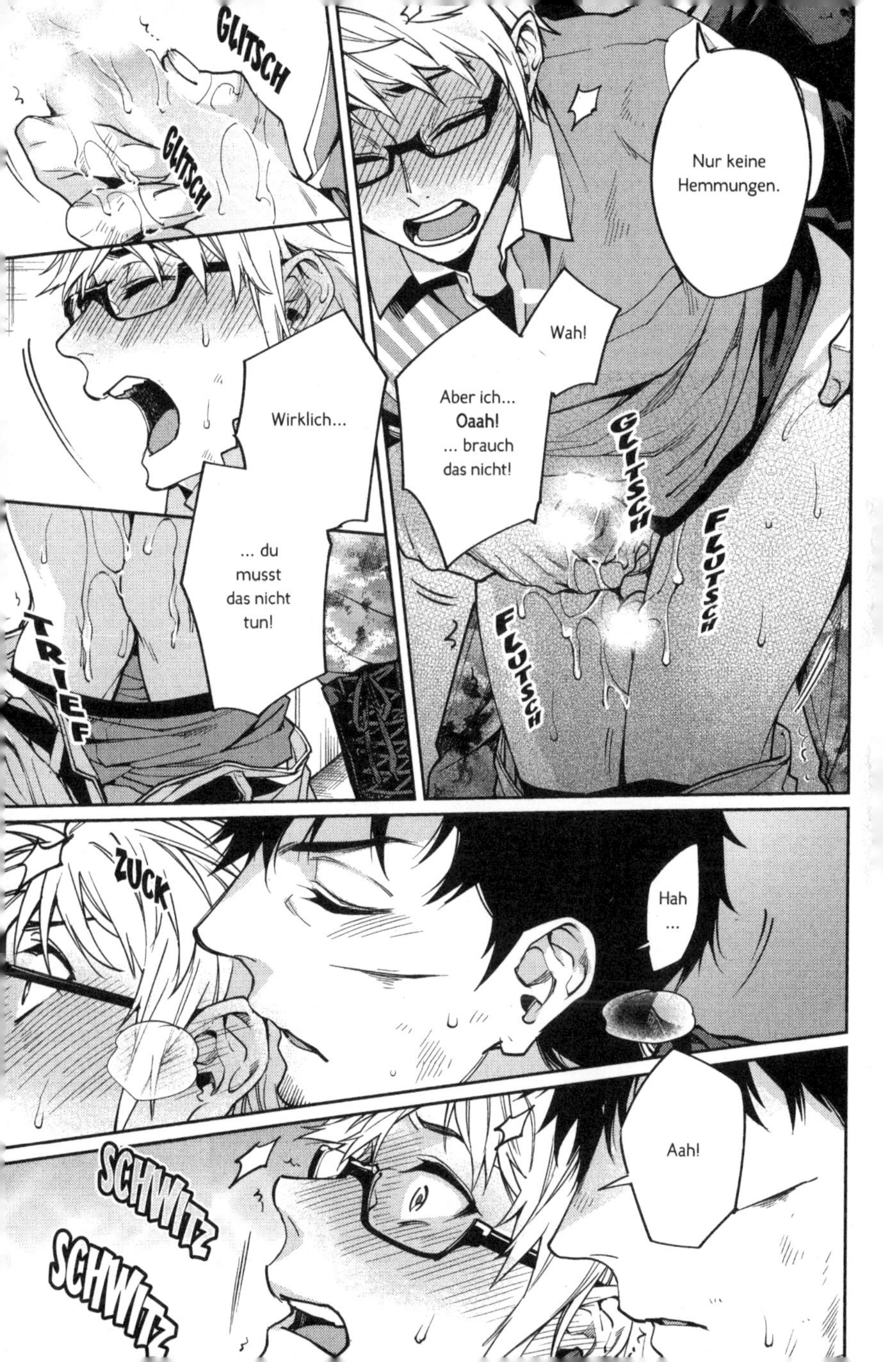
Nur keine Hemmungen.
Wah!
Aber ich... Oaah! ... brauch das nicht!
GLITSCH
FLUTSCH
FLUTSCH
GLITSCH
GLITSCH
Wirklich...
... du musst das nicht tun!
TRIEF
Hah ...
ZUCK
Aah!
SCHWITZ
SCHWITZ

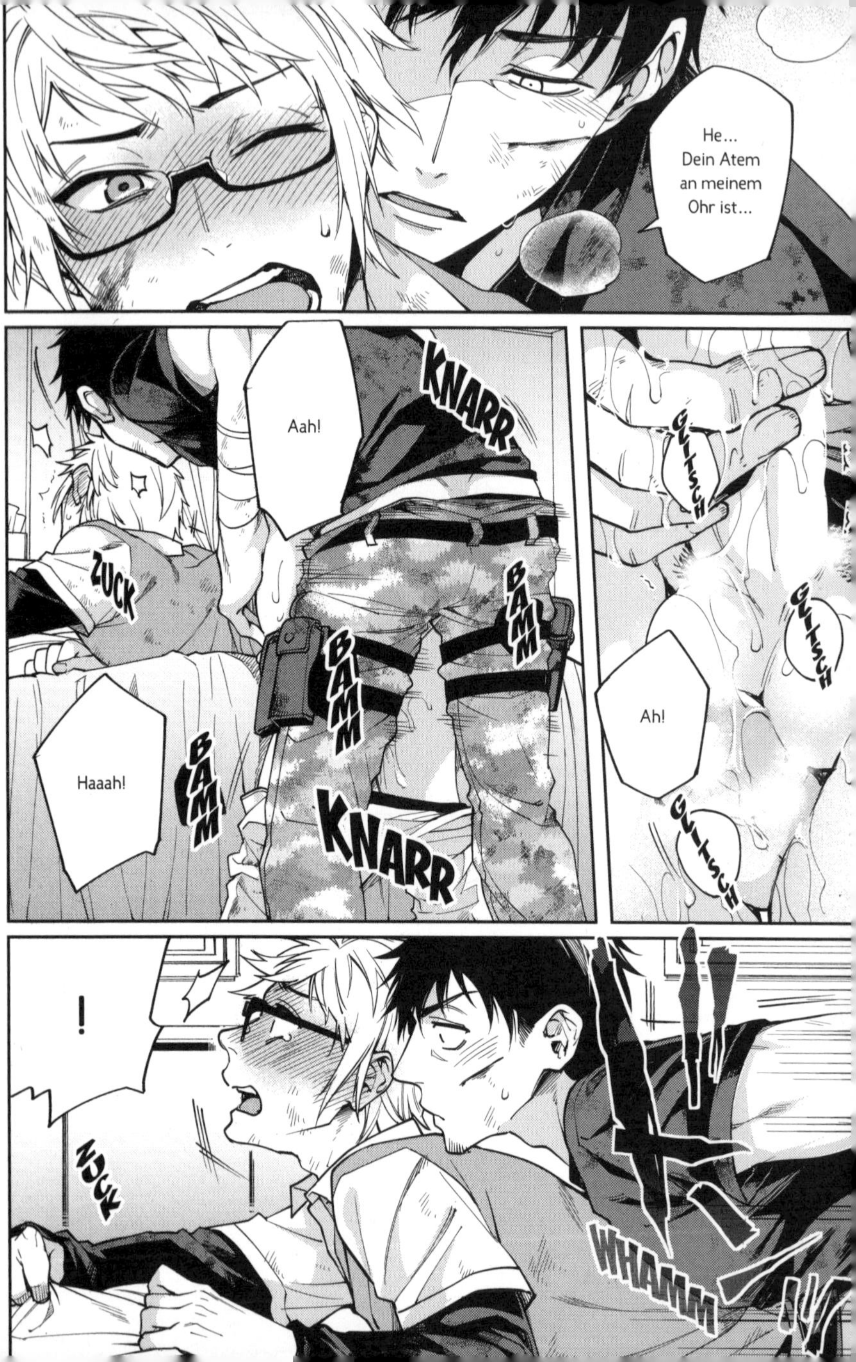
He...
Dein Atem
an meinem
Ohr ist...
GLITSCH
GLITSCH
Ah!
GLITSCH
KNARR
Aah!
BAMM
ZUCK
BAMM
Haaah!
BAMM
KNARR
WHAMM
!
ZUCK

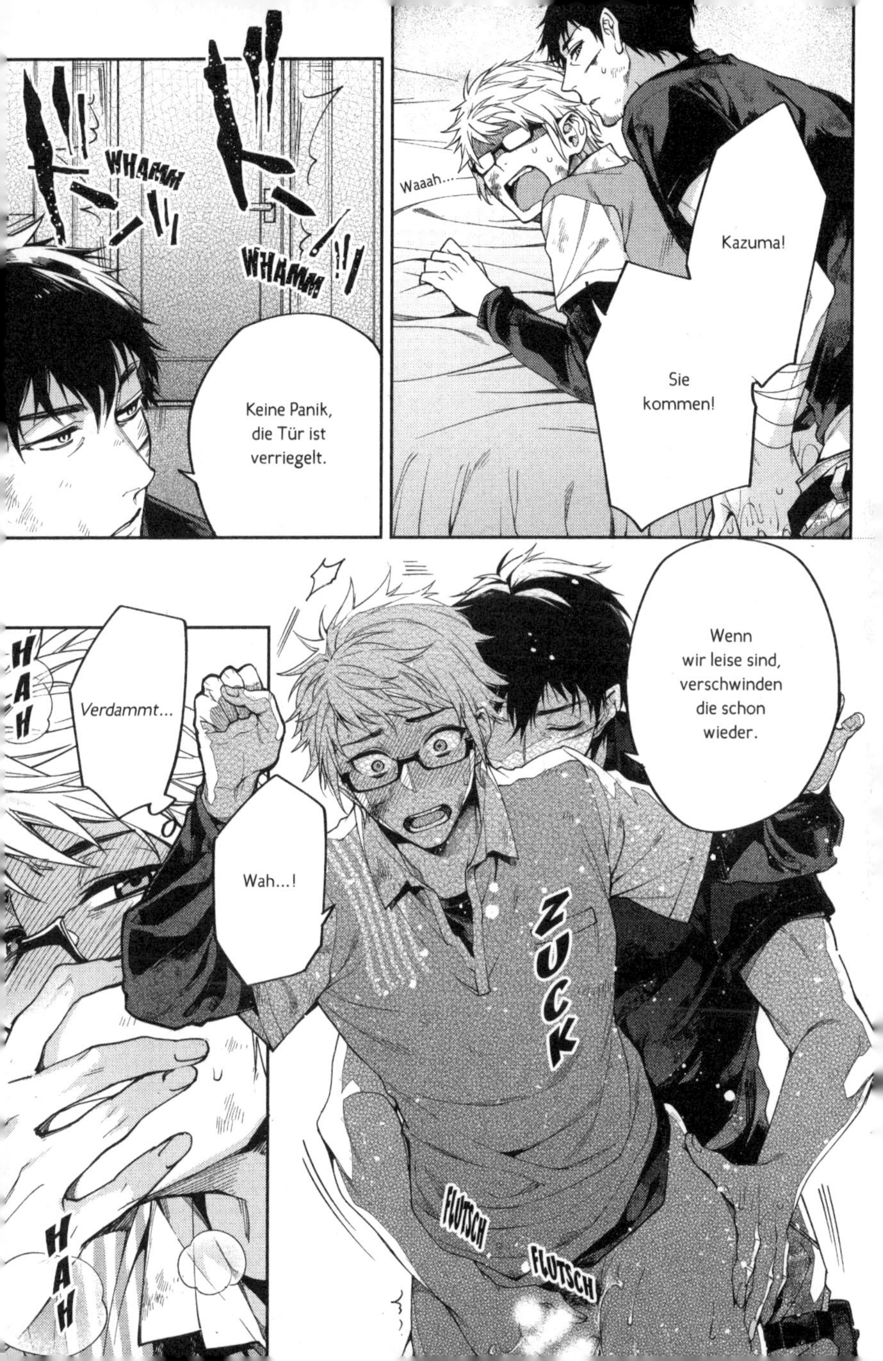
Waaah...
Kazuma!
Sie kommen!
WHAMM
WHAMM
Keine Panik, die Tür ist verriegelt.
Wenn wir leise sind, verschwinden die schon wieder.
ZUCK
Wah...!
FLUTSCH
FLUTSCH
HAH
Verdammt...
HAH

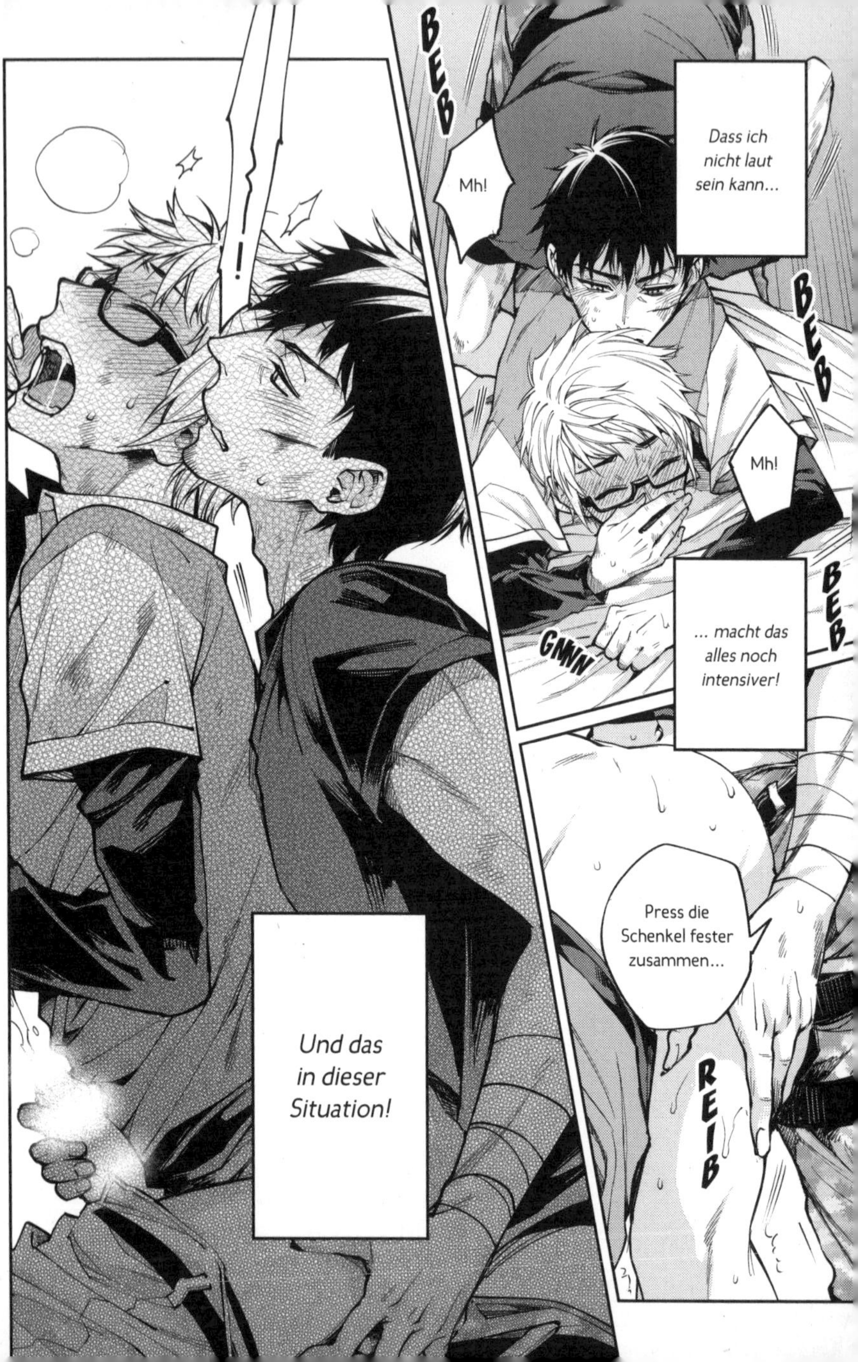

BEB
Dass ich nicht laut sein kann…
Mh!
BEB
Mh!
BEB
… macht das alles noch intensiver!
GNNN
Press die Schenkel fester zusammen…
REIB
!
Und das in dieser Situation!

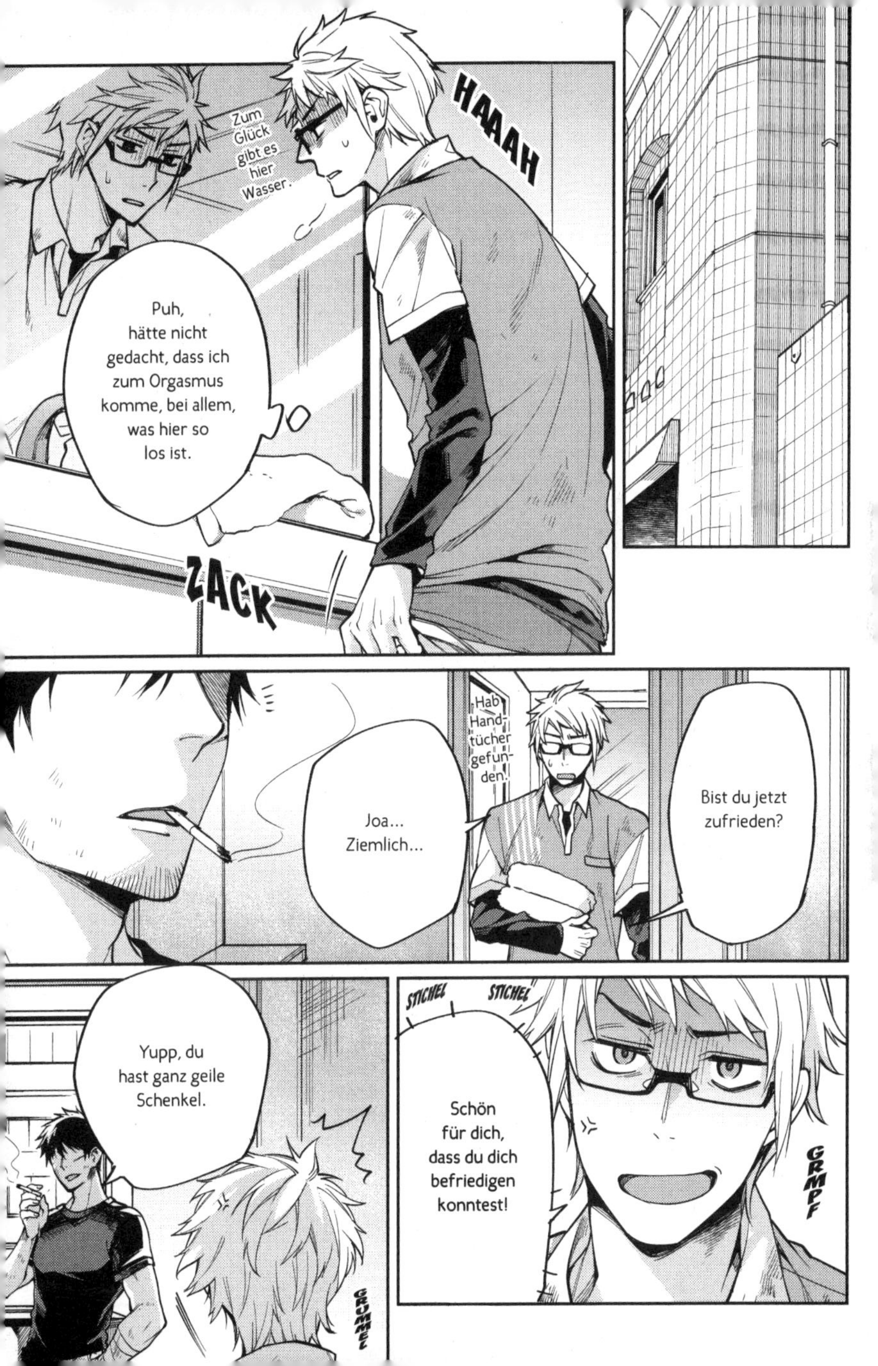
HAAAAH
Zum Glück gibt es hier Wasser.
Puh, hätte nicht gedacht, dass ich zum Orgasmus komme, bei allem, was hier so los ist.
ZACK
Bist du jetzt zufrieden?
Hab Handtücher gefunden.
Joa... Ziemlich...
STICHEL
STICHEL
Schön für dich, dass du dich befriedigen konntest!
GRMPF
Yupp, du hast ganz geile Schenkel.
GRUMMEL

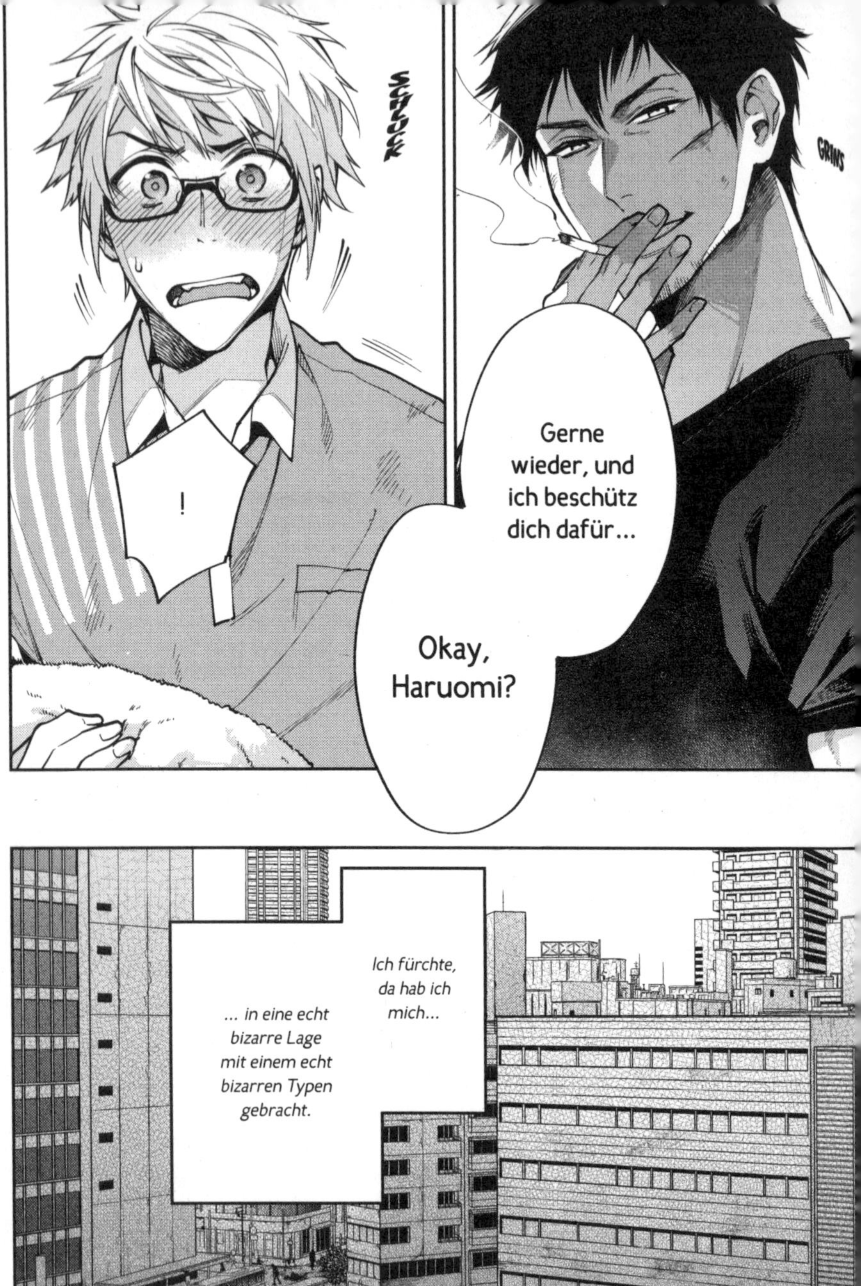
GRINS
Gerne wieder, und ich beschütz dich dafür…
Okay, Haruomi?
SCHLUCK
!
Ich fürchte, da hab ich mich…
… in eine echt bizarre Lage mit einem echt bizarren Typen gebracht.

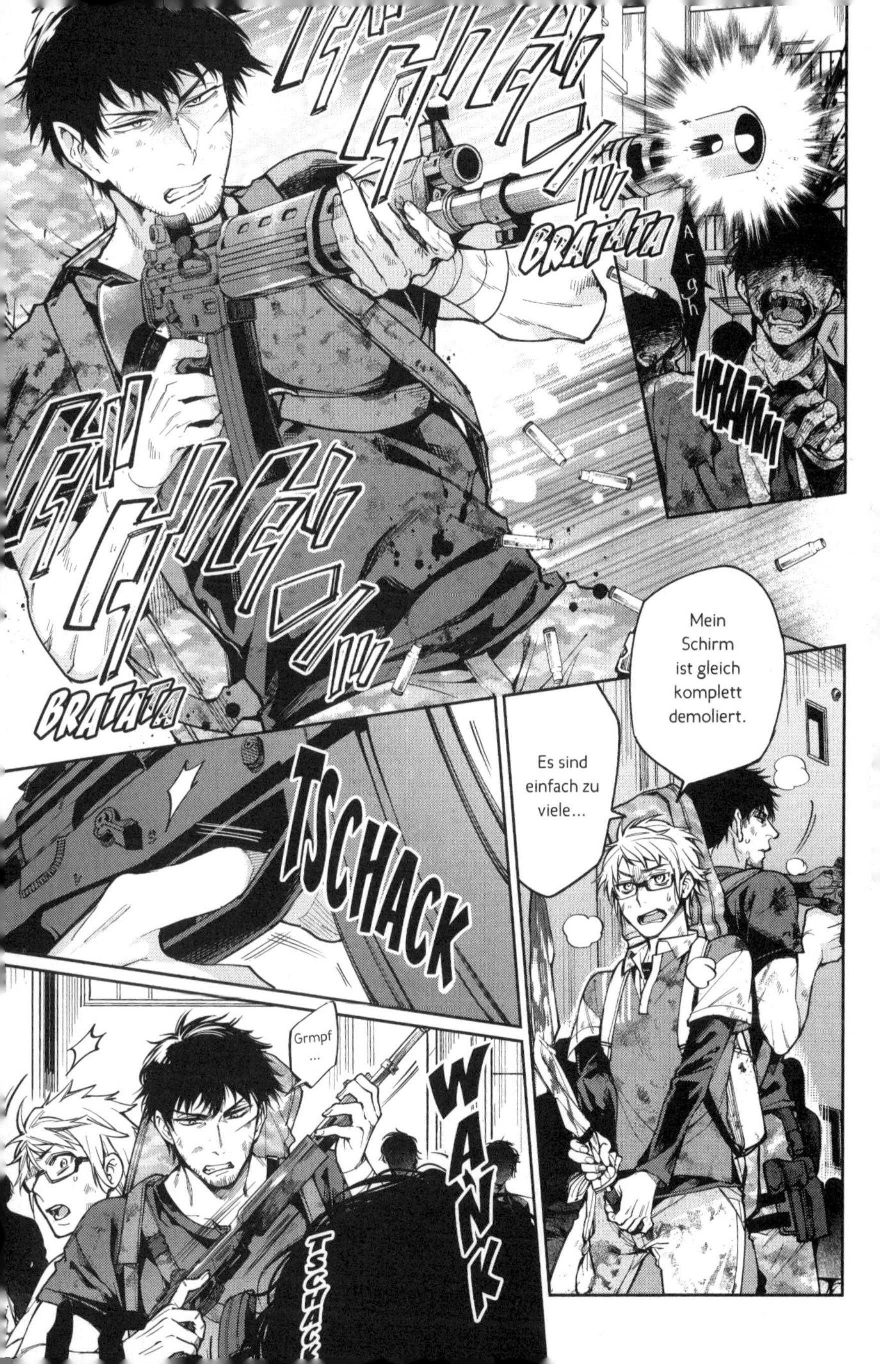

BRATATA
Argh
WHAMM
BRATATA
Mein Schirm ist gleich komplett demoliert.
Es sind einfach zu viele…
TSCHACK
Grmpf …
WANK
TSCHACK

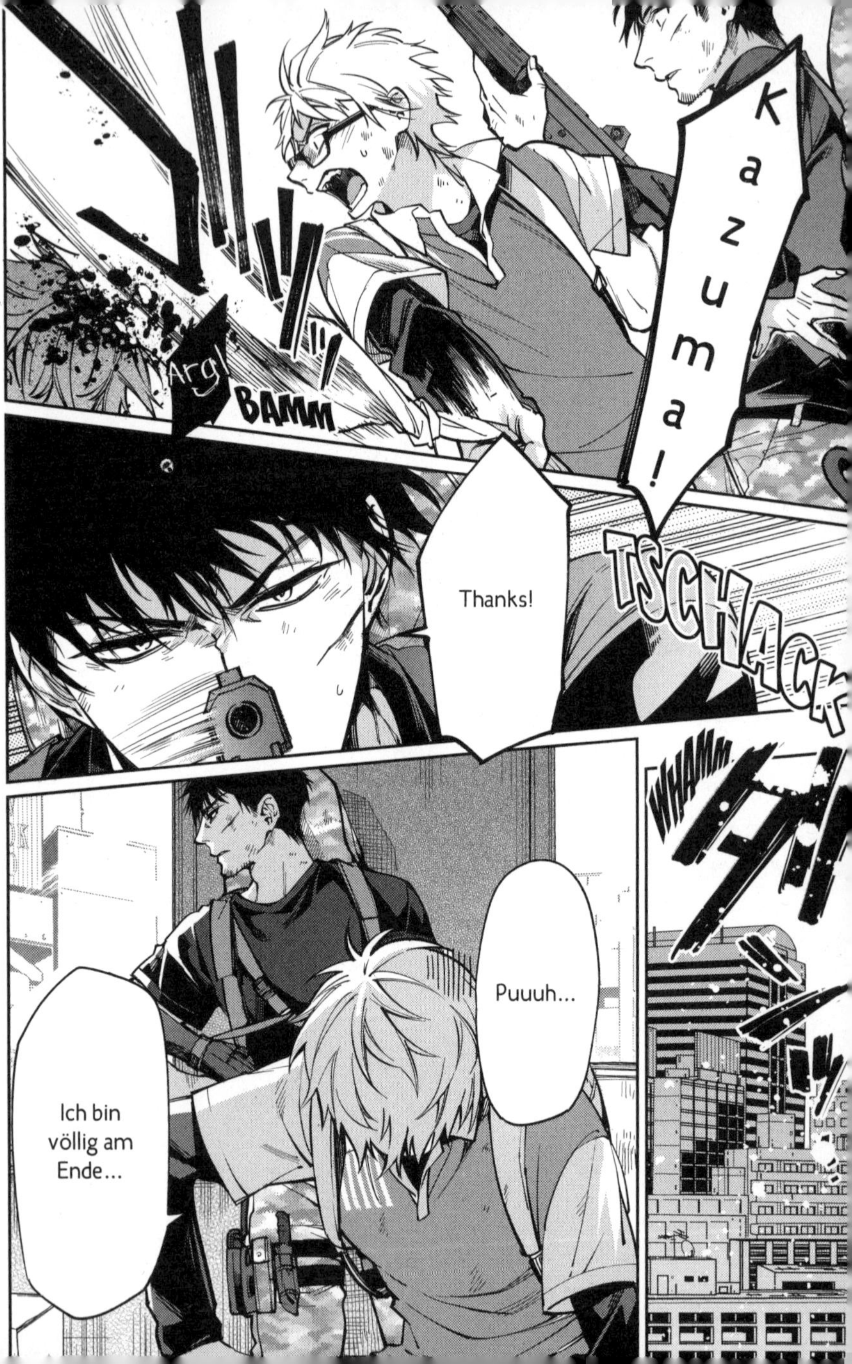

Kazuma!
Argl
BAMM
TSCHACK
Thanks!
WHAMM
Puuuh...
Ich bin völlig am Ende...

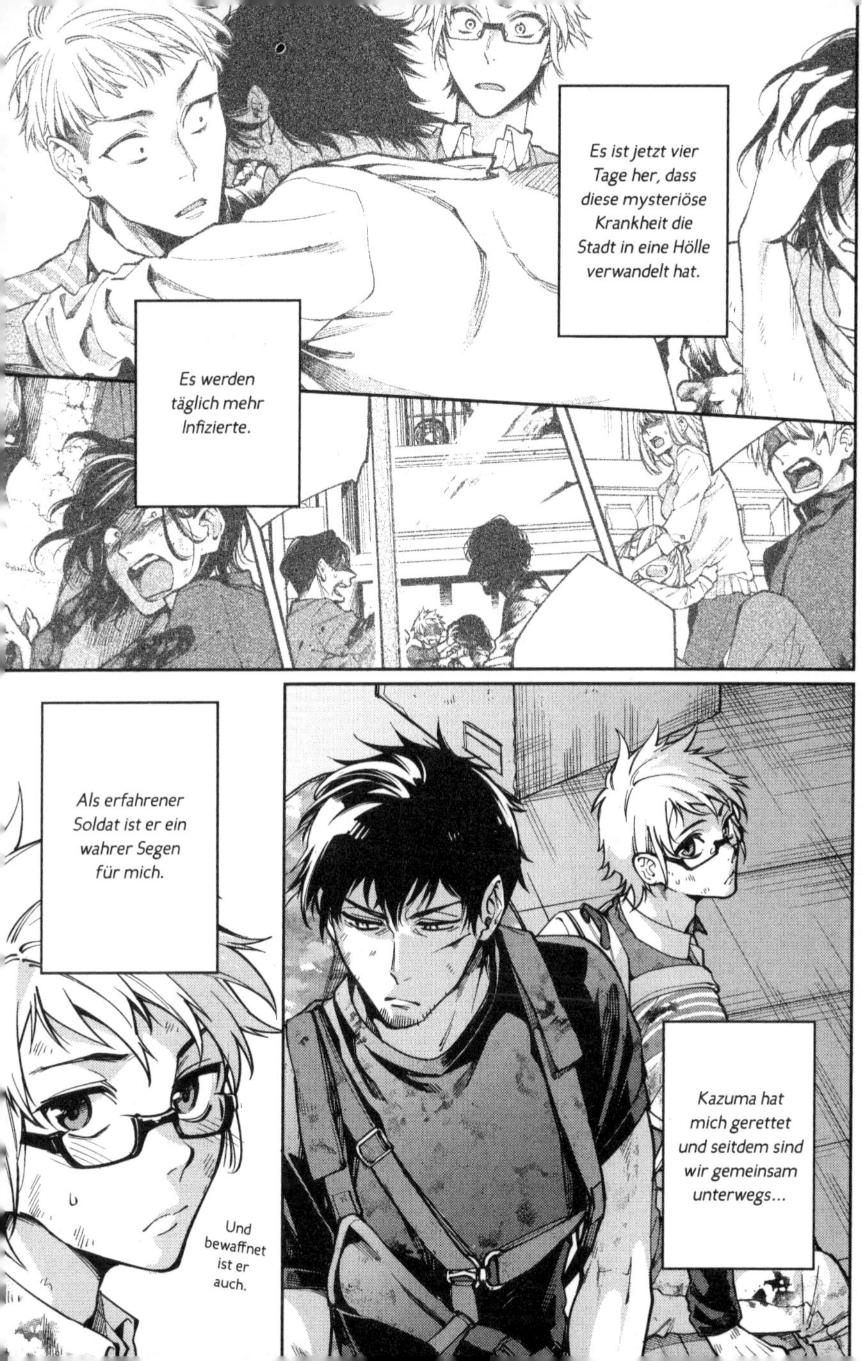
Es ist jetzt vier Tage her, dass diese mysteriöse Krankheit die Stadt in eine Hölle verwandelt hat.
Es werden täglich mehr Infizierte.
Kazuma hat mich gerettet und seitdem sind wir gemeinsam unterwegs...
Als erfahrener Soldat ist er ein wahrer Segen für mich.
Und bewaffnet ist er auch.

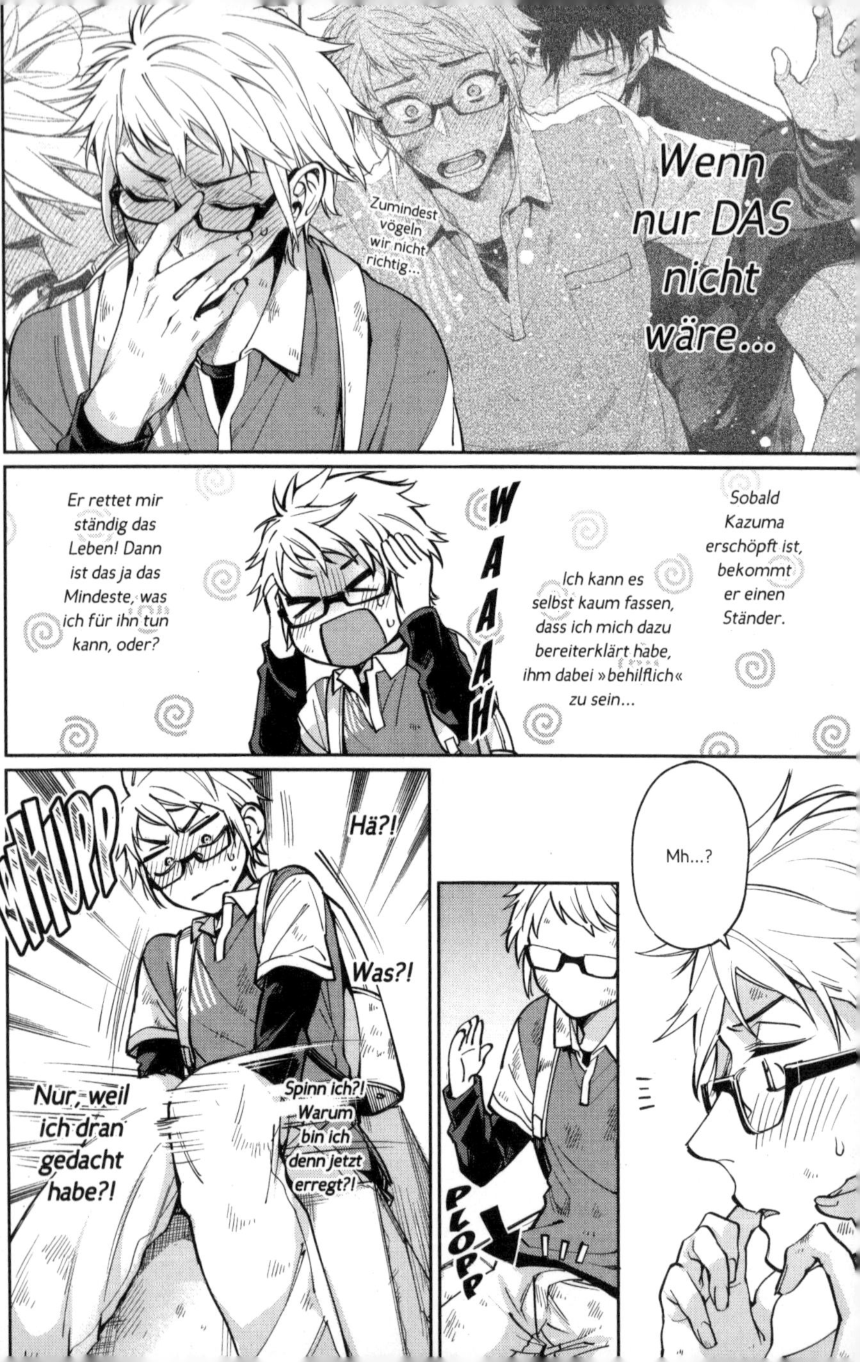

Wenn nur DAS nicht wäre...
Zumindest vögeln wir nicht richtig...
Sobald Kazuma erschöpft ist, bekommt er einen Ständer.
Ich kann es selbst kaum fassen, dass ich mich dazu bereiterklärt habe, ihm dabei »behilflich« zu sein...
WAAAAH
Er rettet mir ständig das Leben! Dann ist das ja das Mindeste, was ich für ihn tun kann, oder?
Mh...?
PLOPP
Hä?!
Was?!
WHOPP
Spinn ich?! Warum bin ich denn jetzt erregt?!
Nur, weil ich dran gedacht habe?!

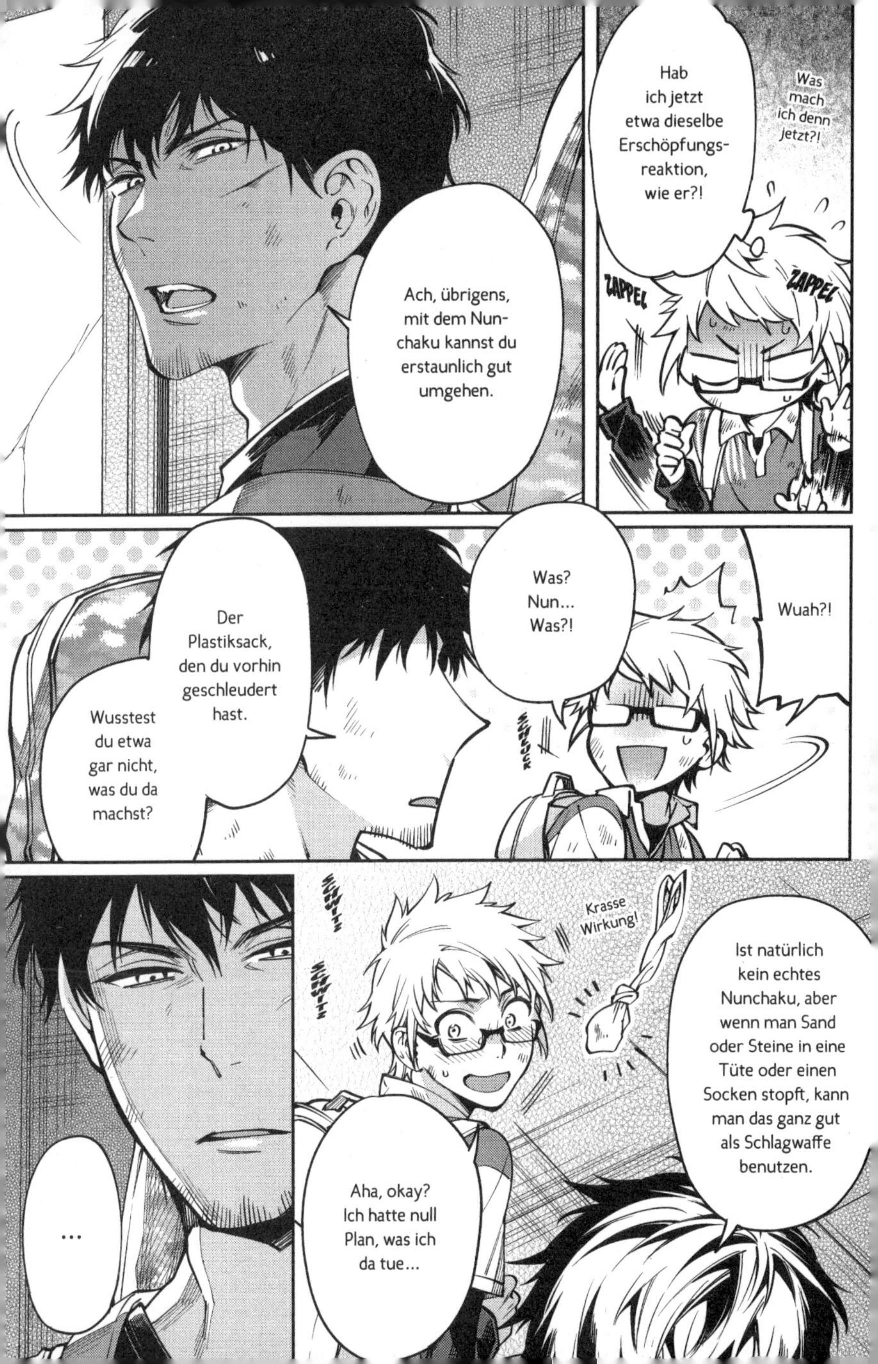
Hab ich jetzt etwa dieselbe Erschöpfungsreaktion, wie er?!
Was mach ich denn jetzt?!
ZAPPEL
ZAPPEL
Ach, übrigens, mit dem Nunchaku kannst du erstaunlich gut umgehen.
Wuah?!
Was? Nun... Was?!
SCHLUCK
Der Plastiksack, den du vorhin geschleudert hast.
Wusstest du etwa gar nicht, was du da machst?
Ist natürlich kein echtes Nunchaku, aber wenn man Sand oder Steine in eine Tüte oder einen Socken stopft, kann man das ganz gut als Schlagwaffe benutzen.
Krasse Wirkung!
SCHWITZ
SCHWITZ
Aha, okay? Ich hatte null Plan, was ich da tue...
...

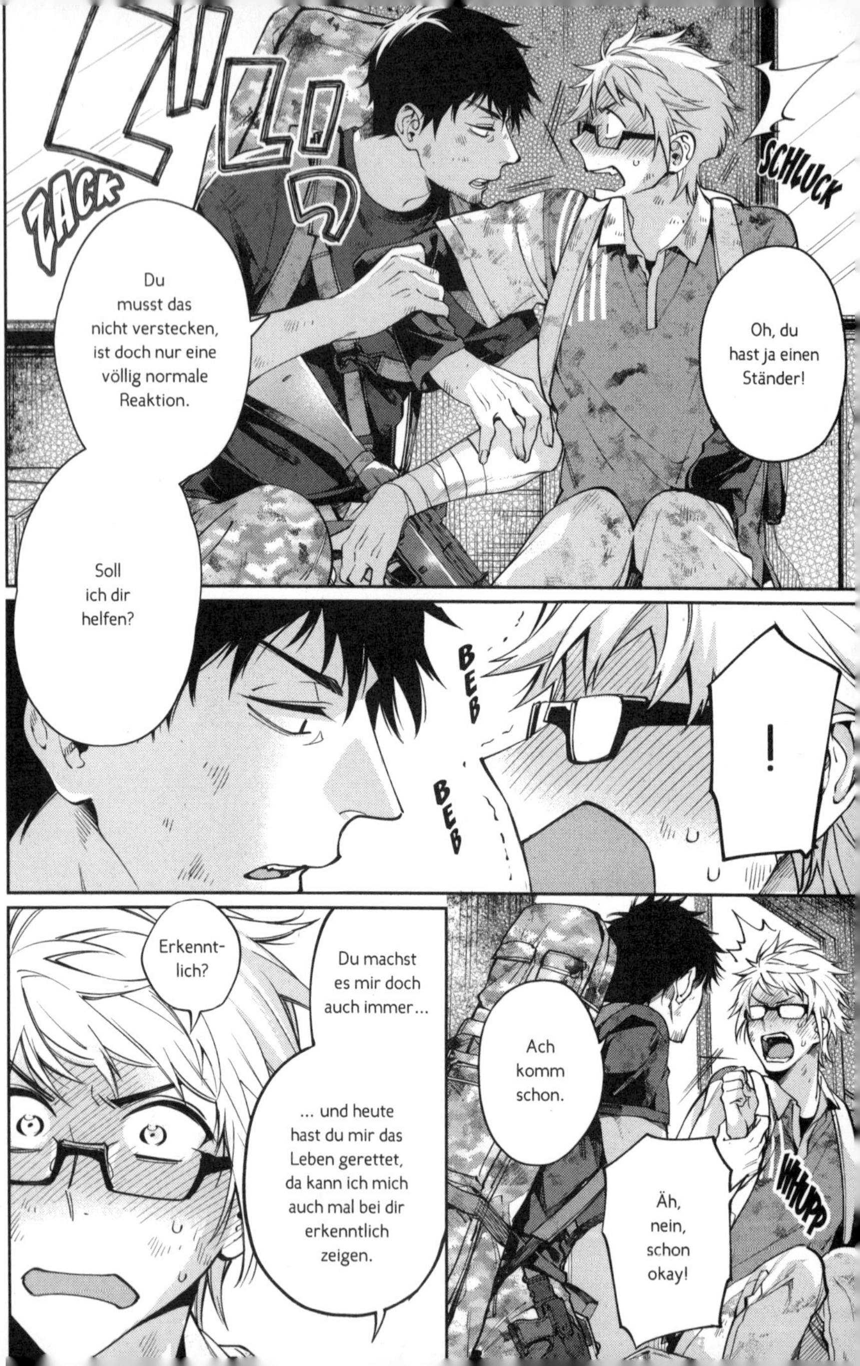
Oh, du hast ja einen Ständer!
SCHLUCK
ZACK
Du musst das nicht verstecken, ist doch nur eine völlig normale Reaktion.
Soll ich dir helfen?
!
BEB
BEB
Ach komm schon.
WHUPP
Äh, nein, schon okay!
Du machst es mir doch auch immer…
… und heute hast du mir das Leben gerettet, da kann ich mich auch mal bei dir erkenntlich zeigen.
Erkennt-lich?

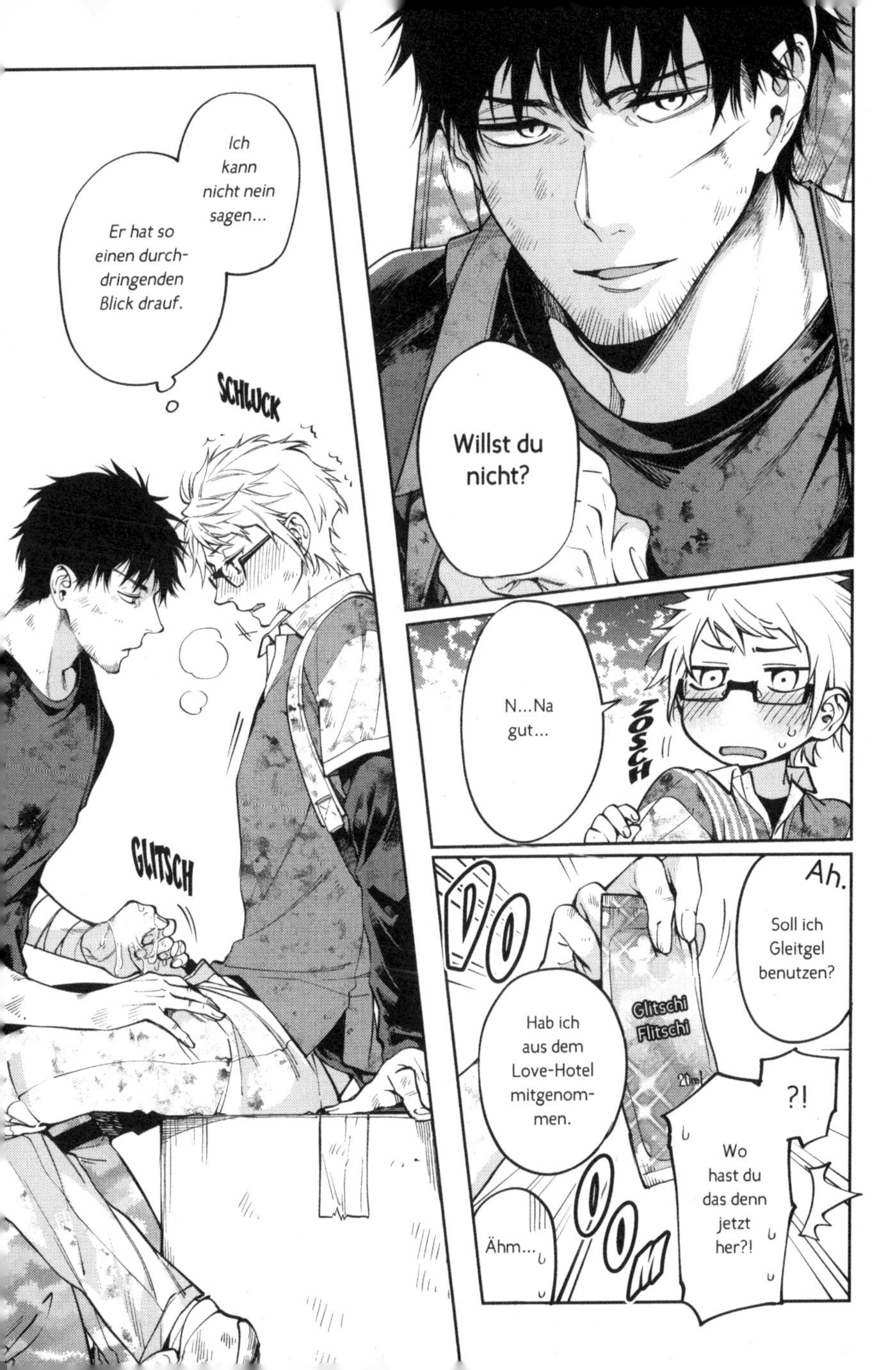

Willst du nicht?
N...Na gut...
ZOSCH
Ah.
Soll ich Gleitgel benutzen?
Glitschi Flitschi
Hab ich aus dem Love-Hotel mitgenommen.
?!
Wo hast du das denn jetzt her?!
Ähm...
Ich kann nicht nein sagen...
Er hat so einen durchdringenden Blick drauf.
SCHLUCK
GLITSCH

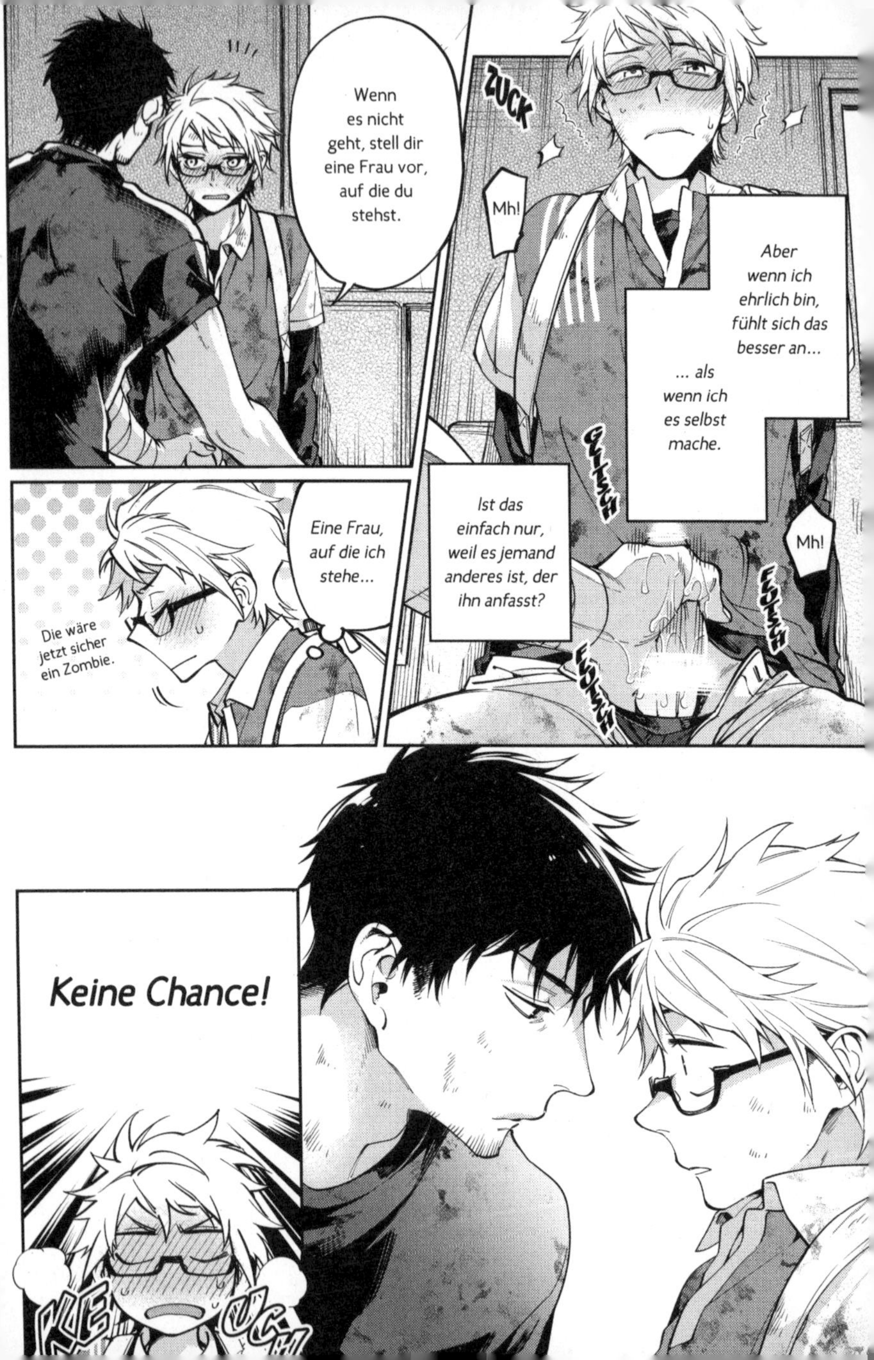
Wenn es nicht geht, stell dir eine Frau vor, auf die du stehst.
Eine Frau, auf die ich stehe…
Die wäre jetzt sicher ein Zombie.
ZUCK
Mh!
Aber wenn ich ehrlich bin, fühlt sich das besser an…
… als wenn ich es selbst mache.
GLITSCH
Ist das einfach nur, weil es jemand anderes ist, der ihn anfasst?
Mh!
FLUTSCH
FLUTSCH
Keine Chance!

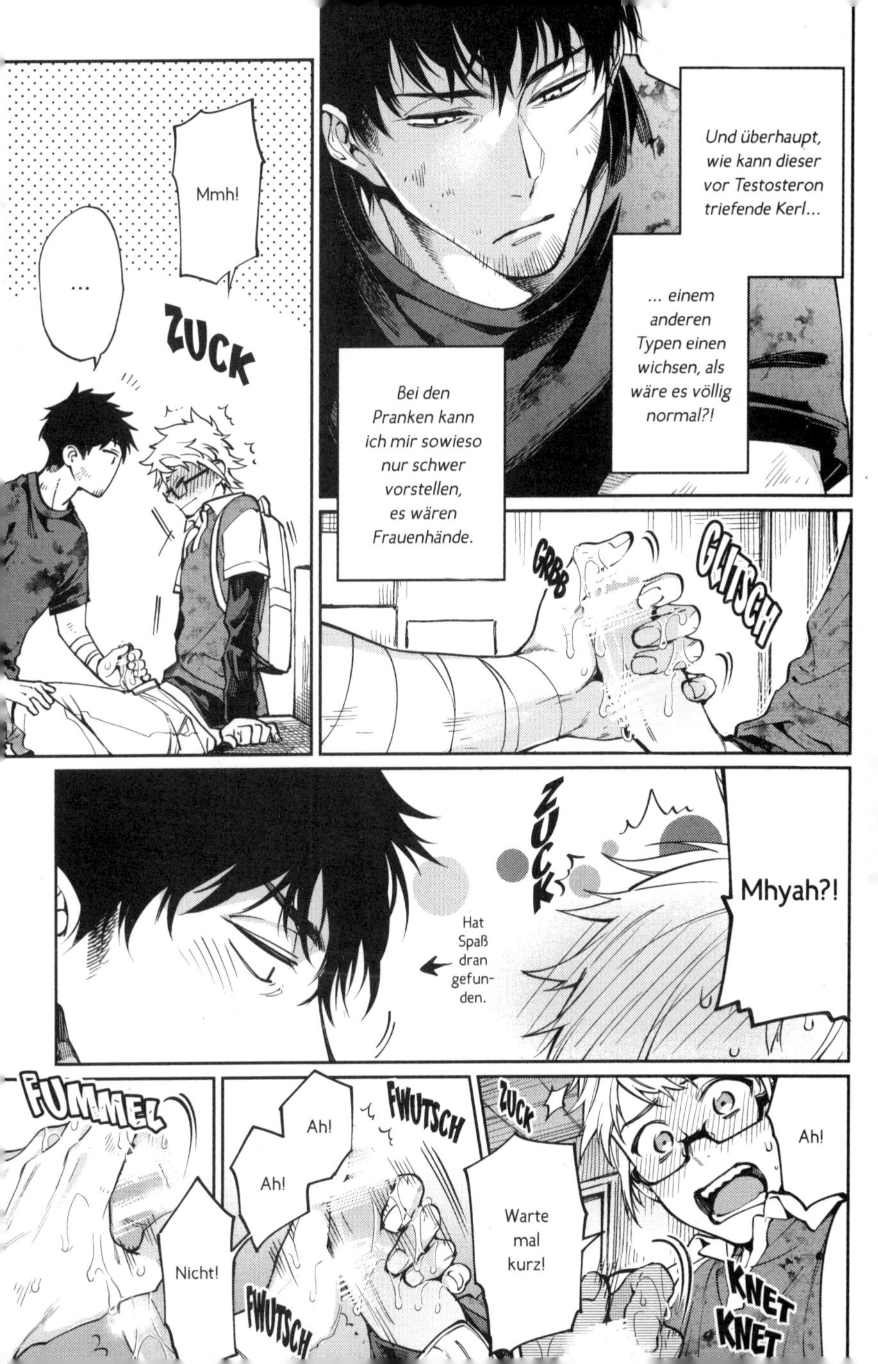

Und überhaupt, wie kann dieser vor Testosteron triefende Kerl…
… einem anderen Typen einen wichsen, als wäre es völlig normal?!
Bei den Pranken kann ich mir sowieso nur schwer vorstellen, es wären Frauenhände.
Mmh!
…
ZUCK
GLITSCH
GRBB
Mhyah?!
ZUCK
Hat Spaß dran gefunden.
Ah!
ZUCK
KNET KNET
Warte mal kurz!
FWUTSCH
Ah!
Ah!
FWUTSCH
Nicht!
FUMMEL

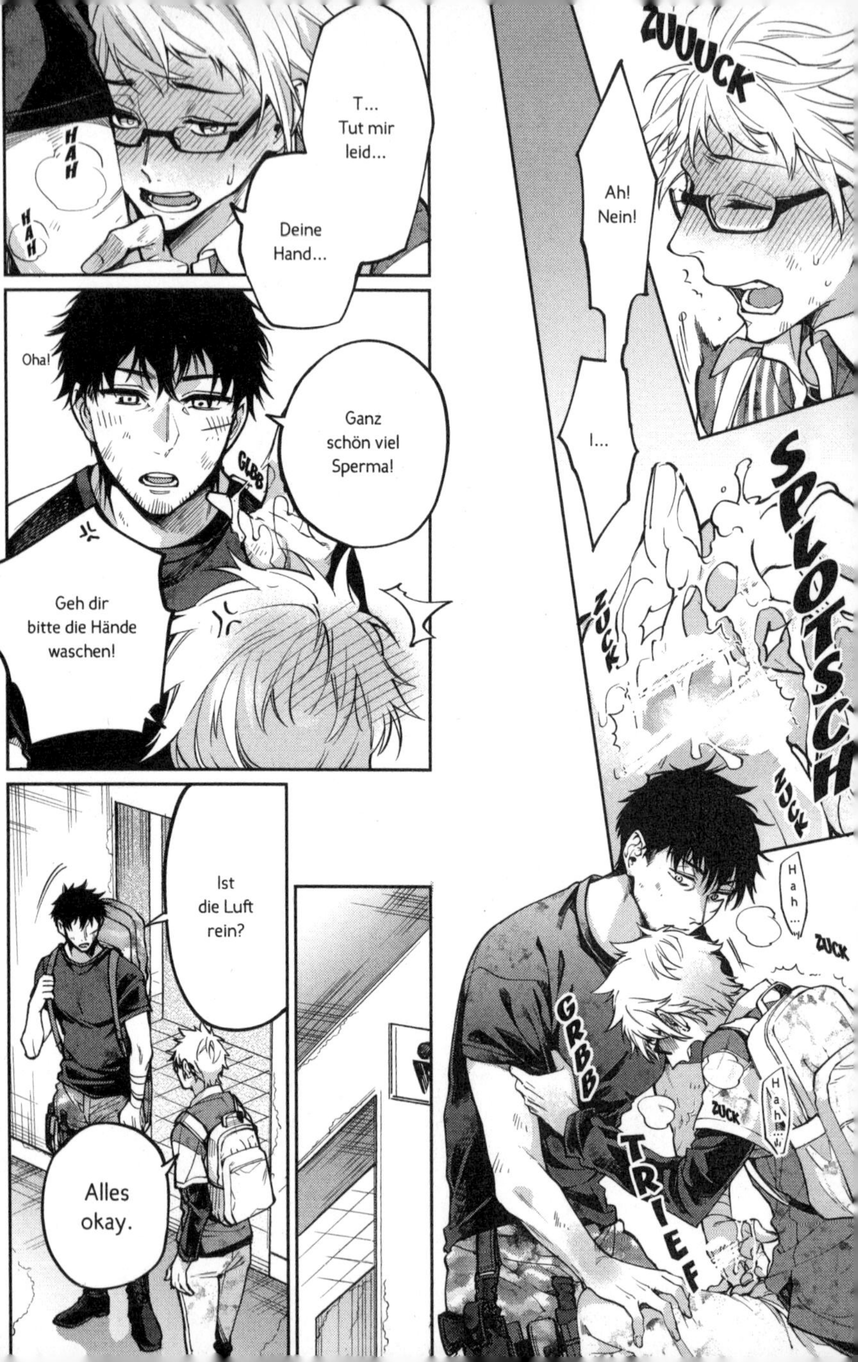
ZUUUCK
Ah! Nein!
I...
SPLOTSCH
ZUCK
ZUCK
Hah...
ZUCK
GRBB
ZUCK
TRIEF
Hah...
T... Tut mir leid...
Deine Hand...
HAH
HAH
Oha!
Ganz schön viel Sperma!
GLBB
Geh dir bitte die Hände waschen!
Ist die Luft rein?
Alles okay.

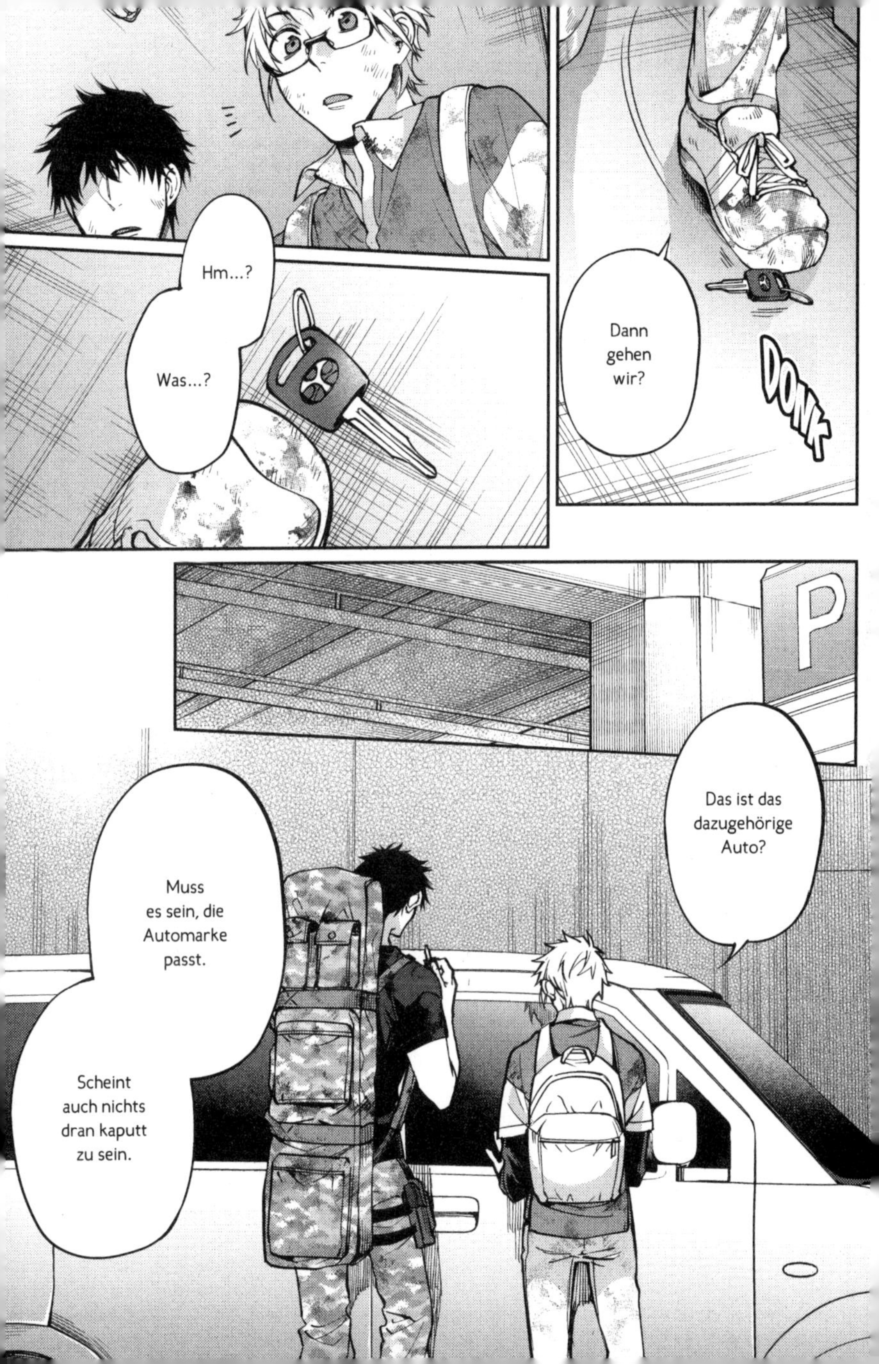
Dann gehen wir?
DONK
Hm…?
Was…?
Das ist das dazugehörige Auto?
Muss es sein, die Automarke passt.
Scheint auch nichts dran kaputt zu sein.

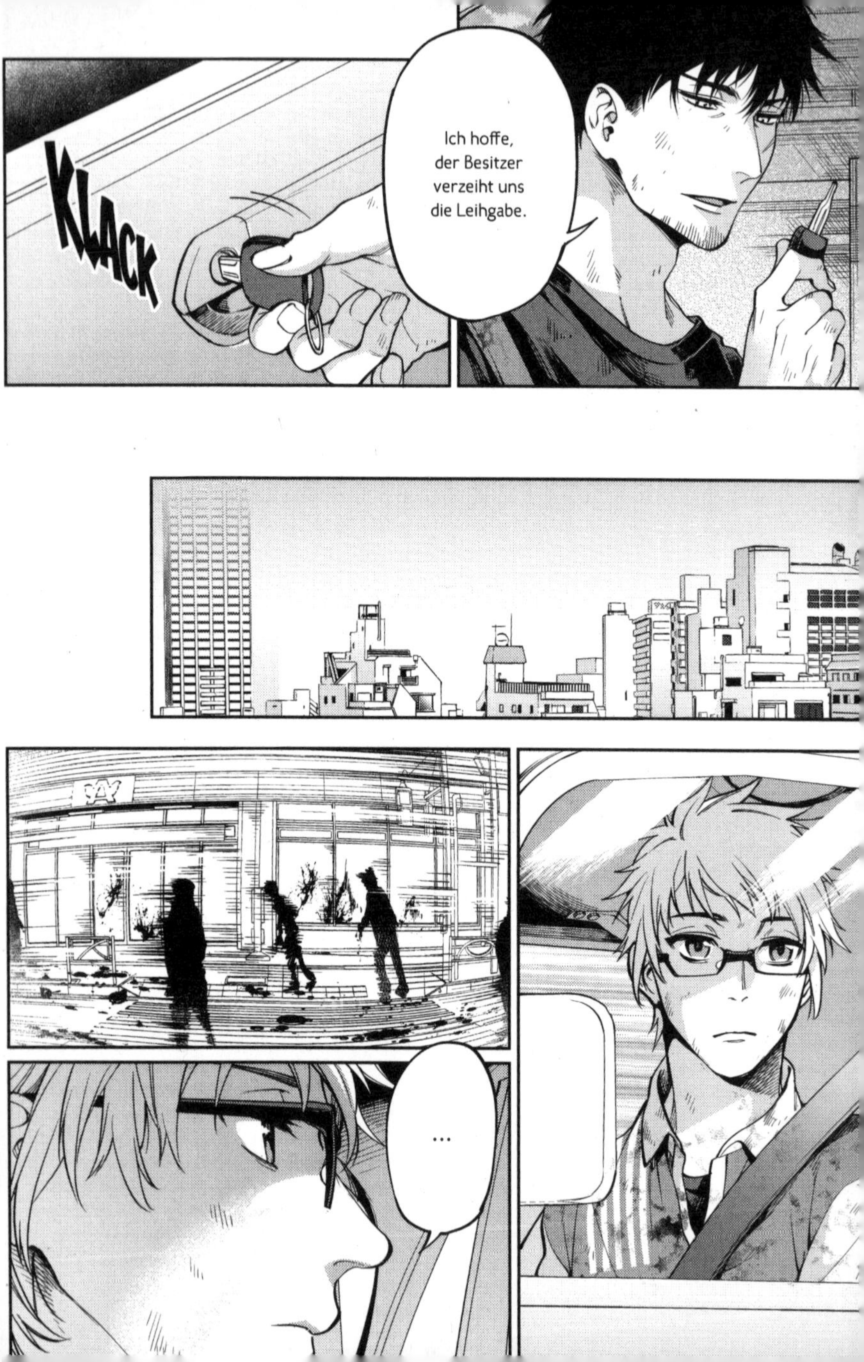
Ich hoffe, der Besitzer verzeiht uns die Leihgabe.
KLACK
...

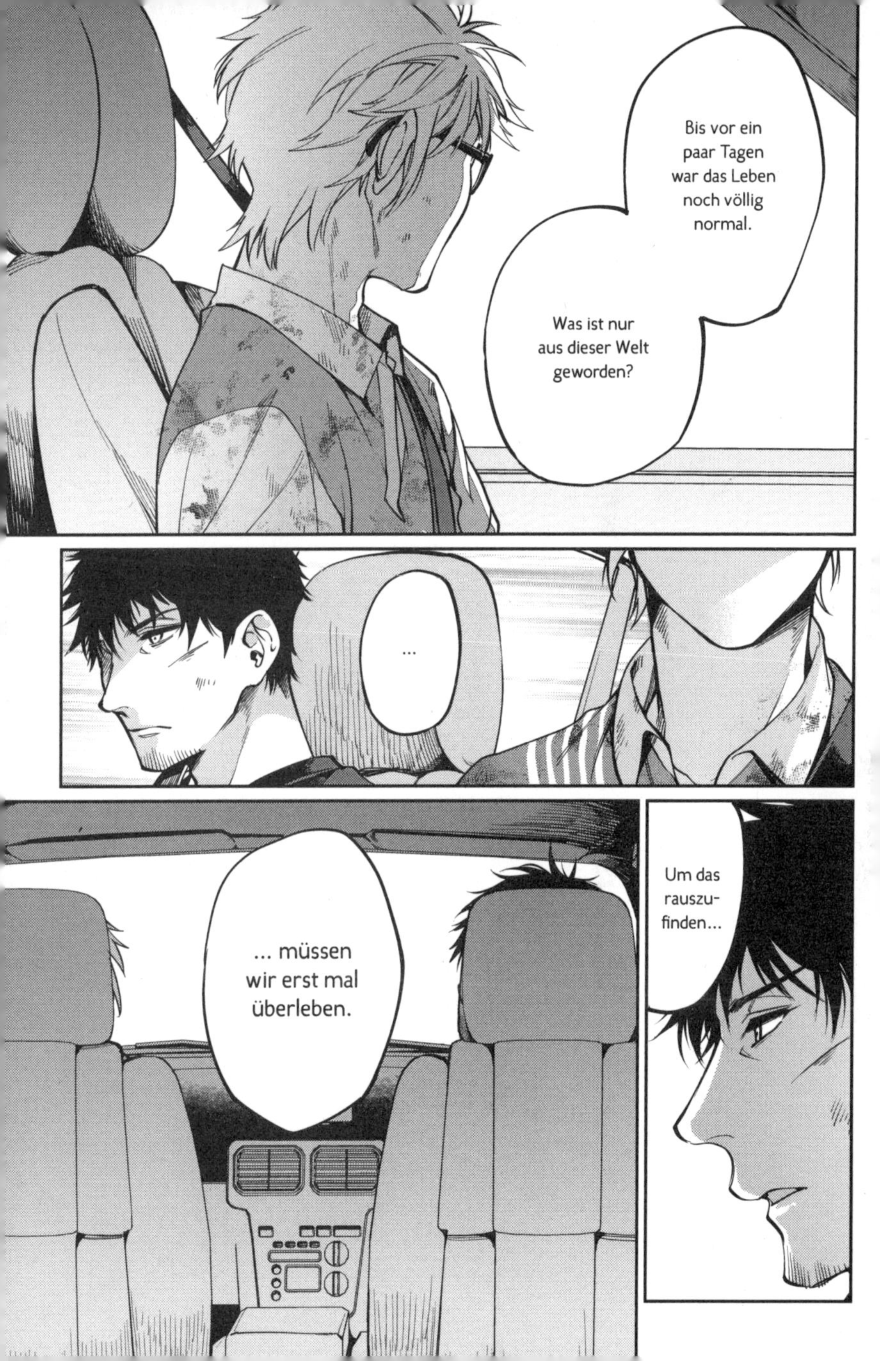
Bis vor ein paar Tagen war das Leben noch völlig normal.
Was ist nur aus dieser Welt geworden?
...
Um das rauszu- finden...
... müssen wir erst mal überleben.

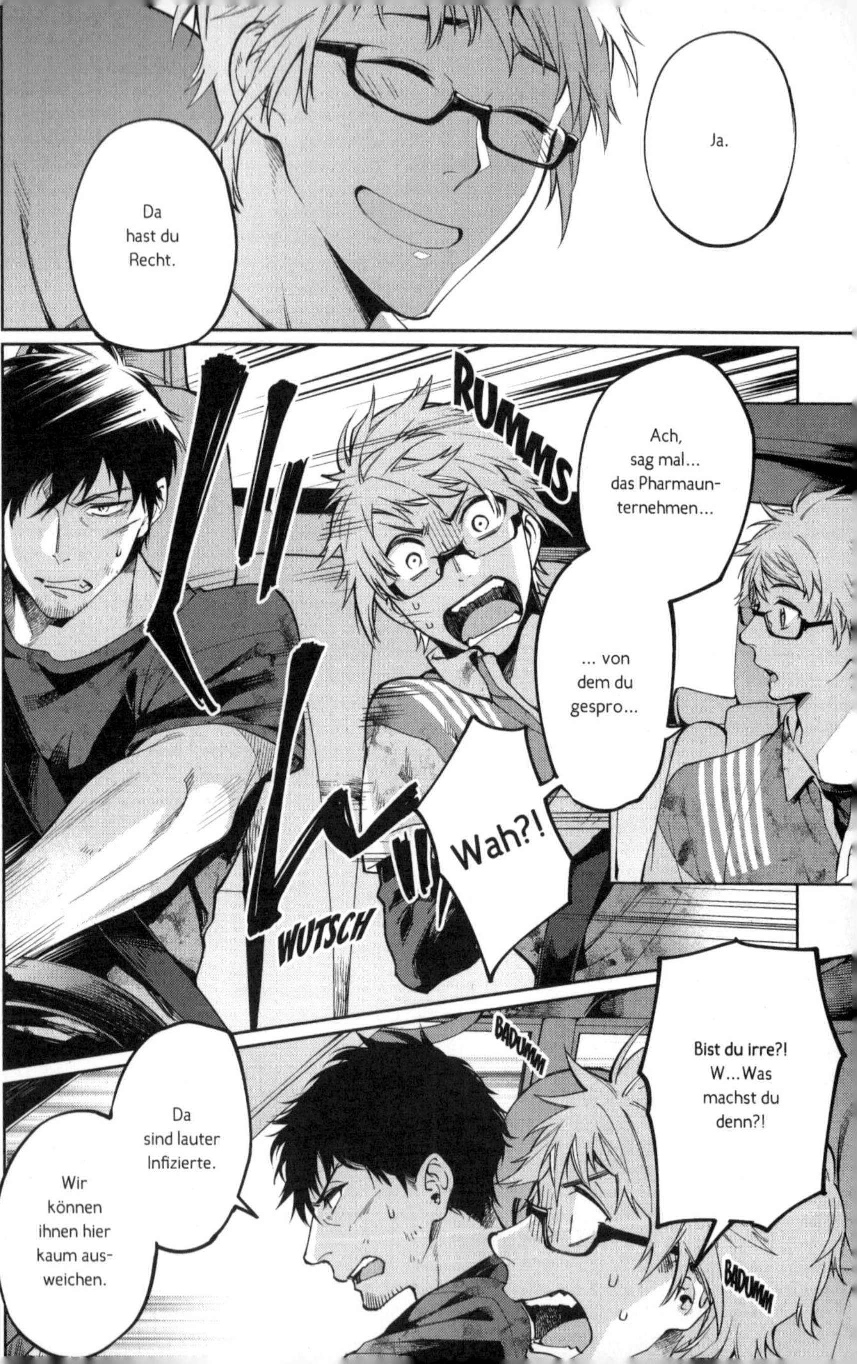
Ja.
Da hast du Recht.
Ach, sag mal... das Pharmaunternehmen...
RUMMS
... von dem du gespro...
Wah?!
WUTSCH
Bist du irre?! W...Was machst du denn?!
BADUMM
Da sind lauter Infizierte.
Wir können ihnen hier kaum ausweichen.
BADUMM

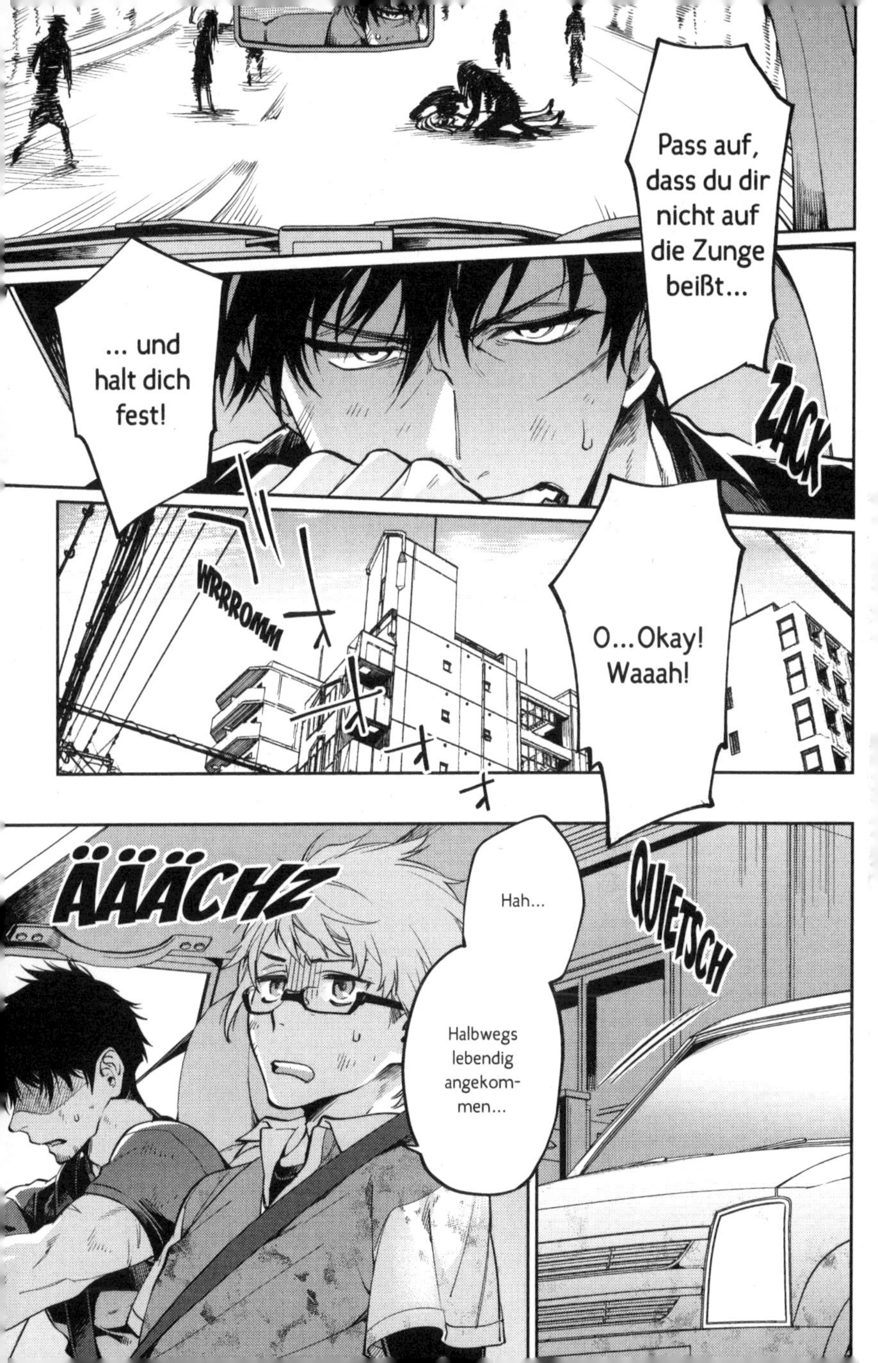
Pass auf, dass du dir nicht auf die Zunge beißt…
… und halt dich fest!
ZACK
WRRROMM
O…Okay! Waaah!
QUIETSCH
ÄÄÄCHZ
Hah…
Halbwegs lebendig angekom-men…

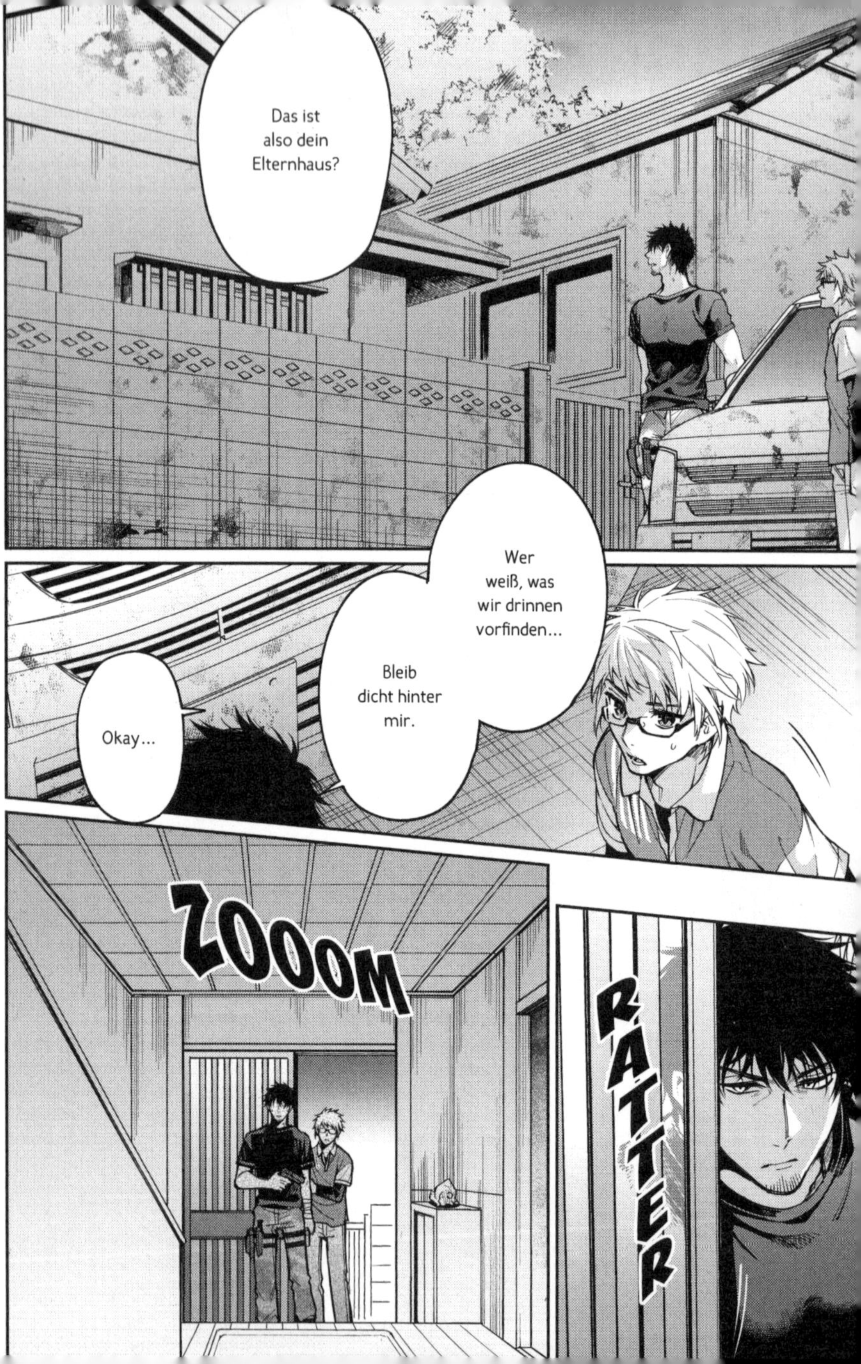
Das ist also dein Elternhaus?
Wer weiß, was wir drinnen vorfinden...
Bleib dicht hinter mir.
Okay...
RATTER
ZOOOM

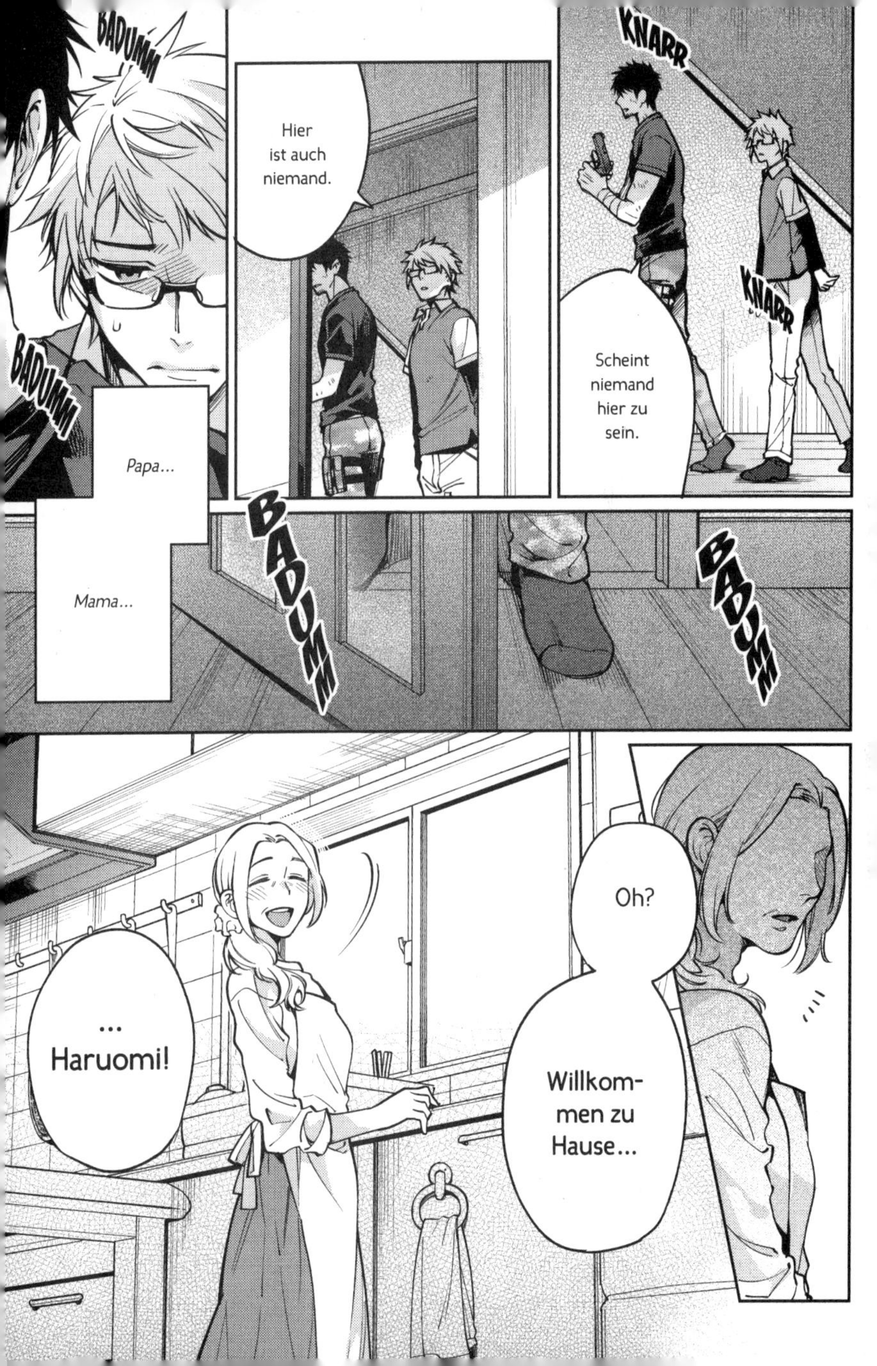
KNARR
KNARR
Scheint niemand hier zu sein.
Hier ist auch niemand.
BADUMM
BADUMM
Papa...
Mama...
BADUMM
BADUMM
Oh?
Willkommen zu Hause...
... Haruomi!

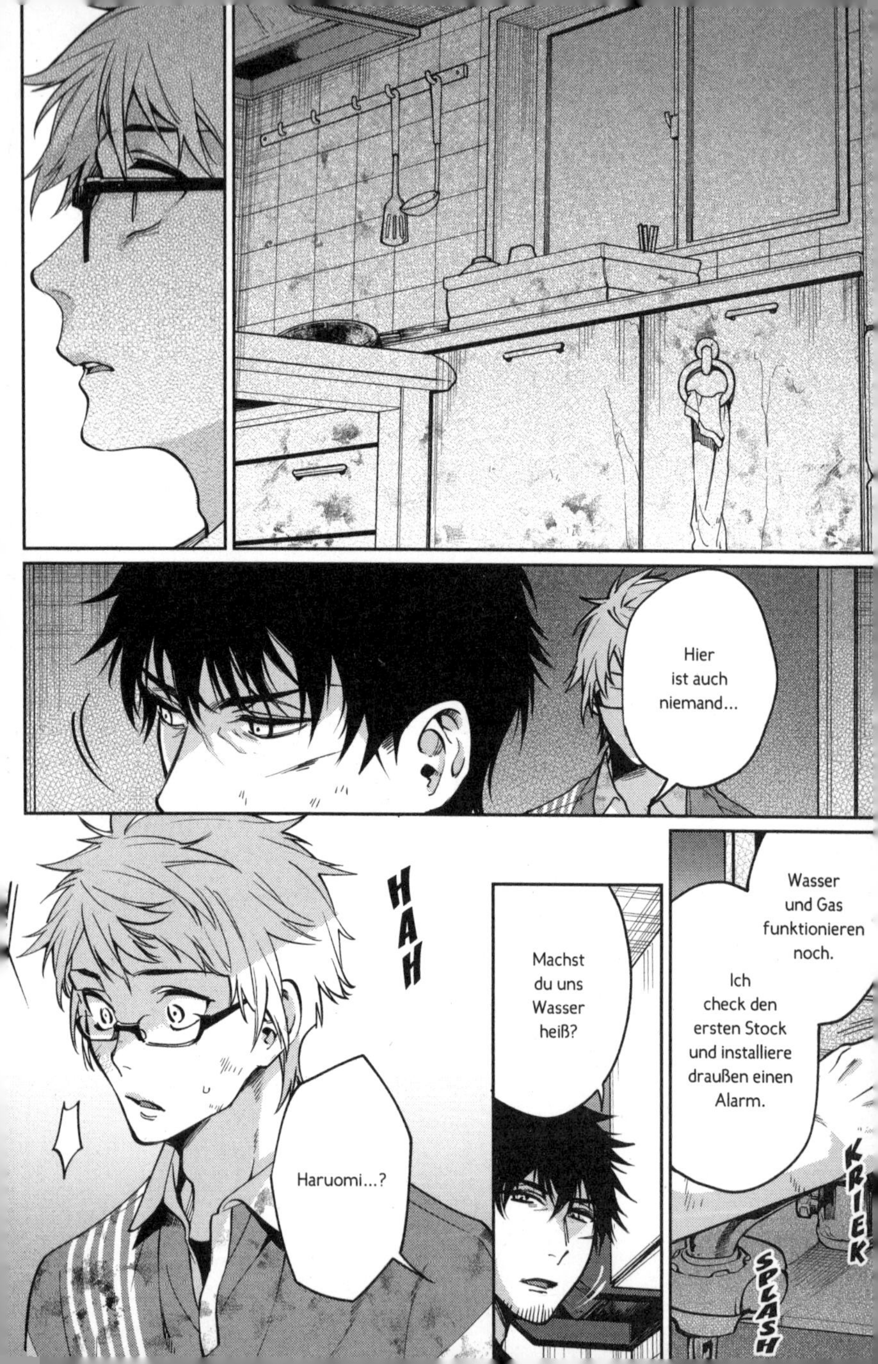
Hier ist auch niemand...
Wasser und Gas funktionieren noch.
Ich check den ersten Stock und installiere draußen einen Alarm.
KRIEK
SPLASH
Machst du uns Wasser heiß?
HAH
Haruomi...?

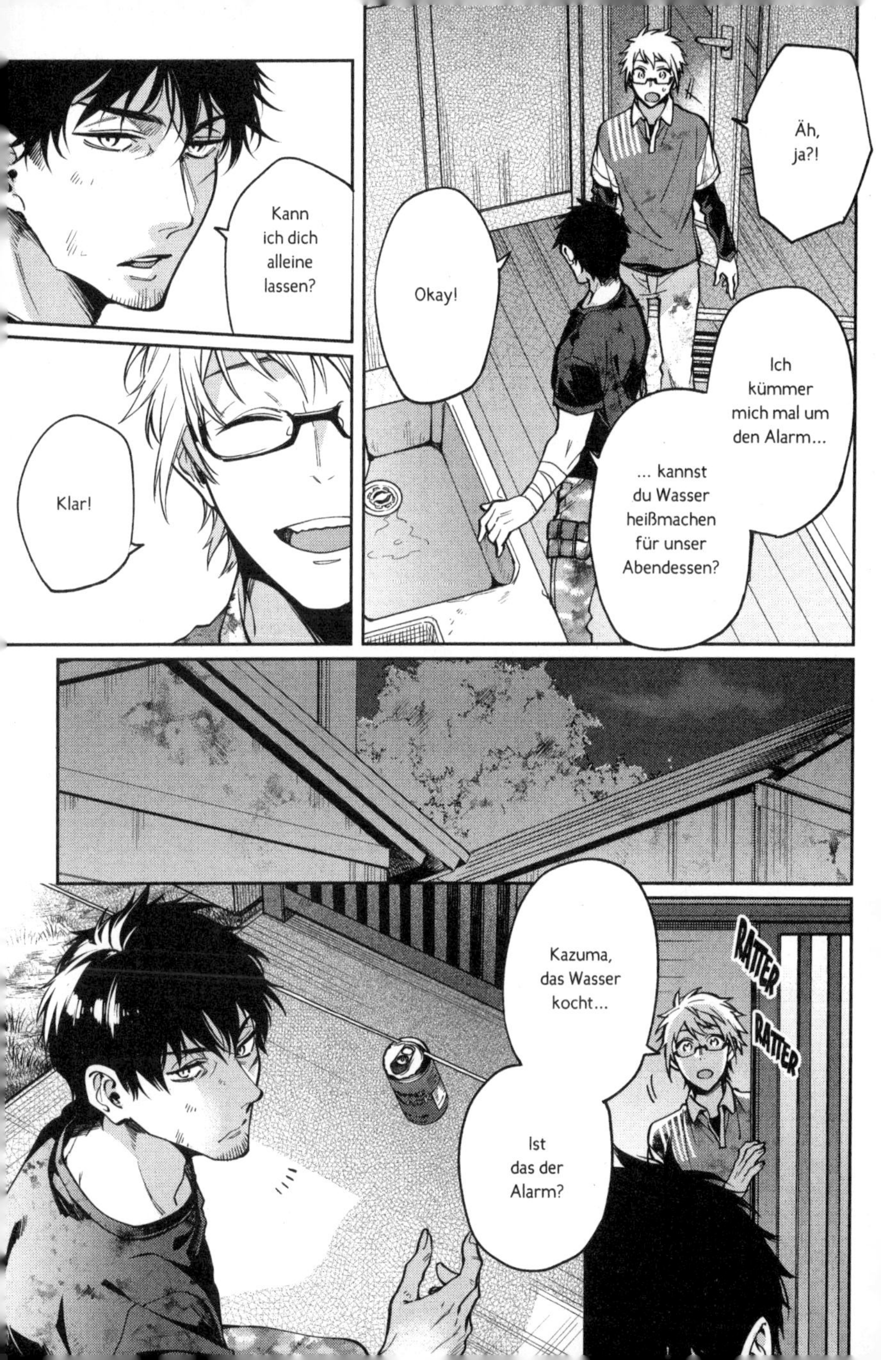
Äh, ja?!
Ich kümmer mich mal um den Alarm...
... kannst du Wasser heißmachen für unser Abendessen?
Okay!
Kann ich dich alleine lassen?
Klar!
RATTER
RATTER
Kazuma, das Wasser kocht...
Ist das der Alarm?

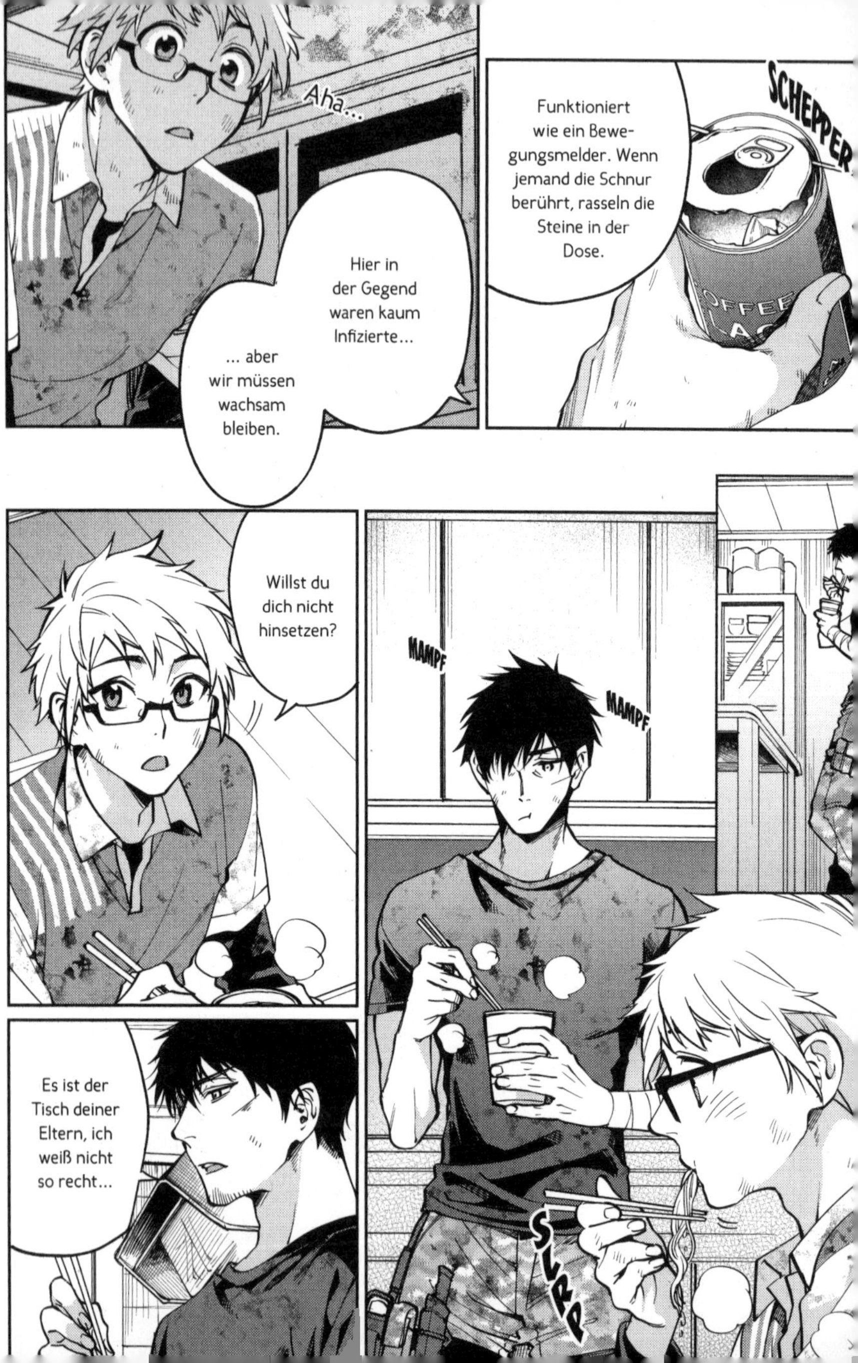
SCHEPPER
Funktioniert wie ein Bewegungsmelder. Wenn jemand die Schnur berührt, rasseln die Steine in der Dose.
Aha...
Hier in der Gegend waren kaum Infizierte...
... aber wir müssen wachsam bleiben.
MAMPF
MAMPF
SLRP
Willst du dich nicht hinsetzen?
Es ist der Tisch deiner Eltern, ich weiß nicht so recht...

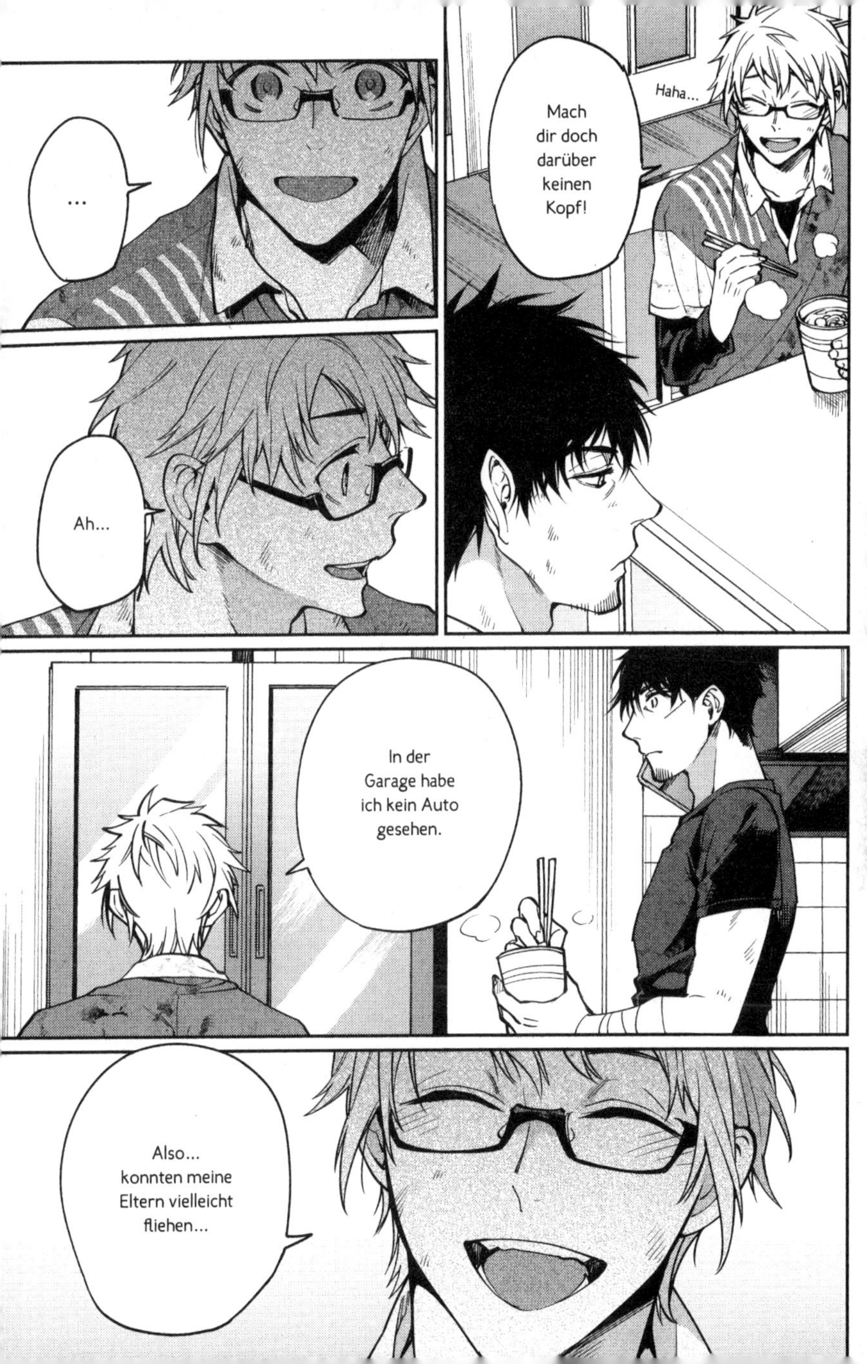
Haha...
Mach dir doch darüber keinen Kopf!
...
Ah...
In der Garage habe ich kein Auto gesehen.
Also... konnten meine Eltern vielleicht fliehen...

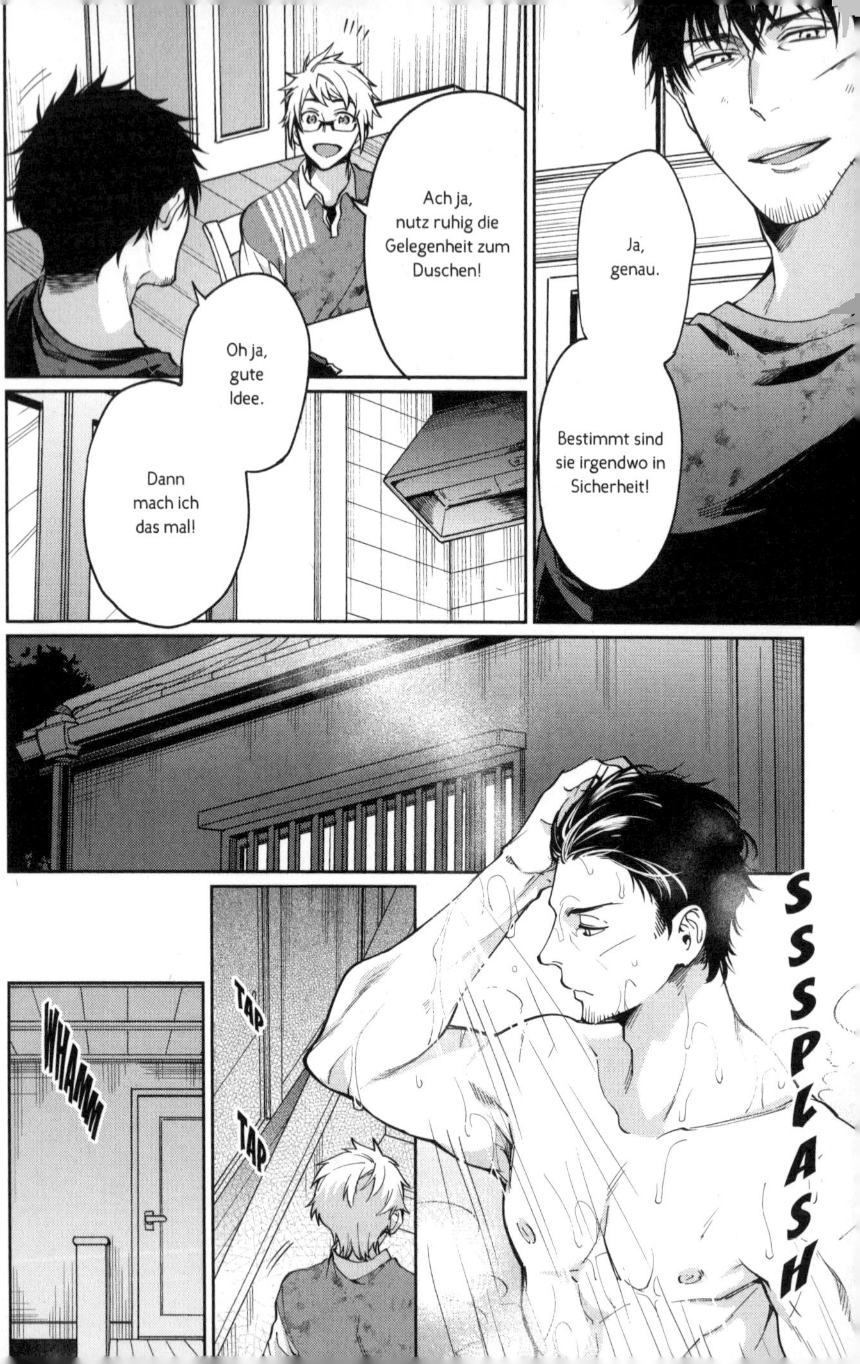

Ja, genau.
Bestimmt sind sie irgendwo in Sicherheit!
Ach ja, nutz ruhig die Gelegenheit zum Duschen!
Oh ja, gute Idee.
Dann mach ich das mal!
SSSPLASH
TAP
TAP
WHAMM

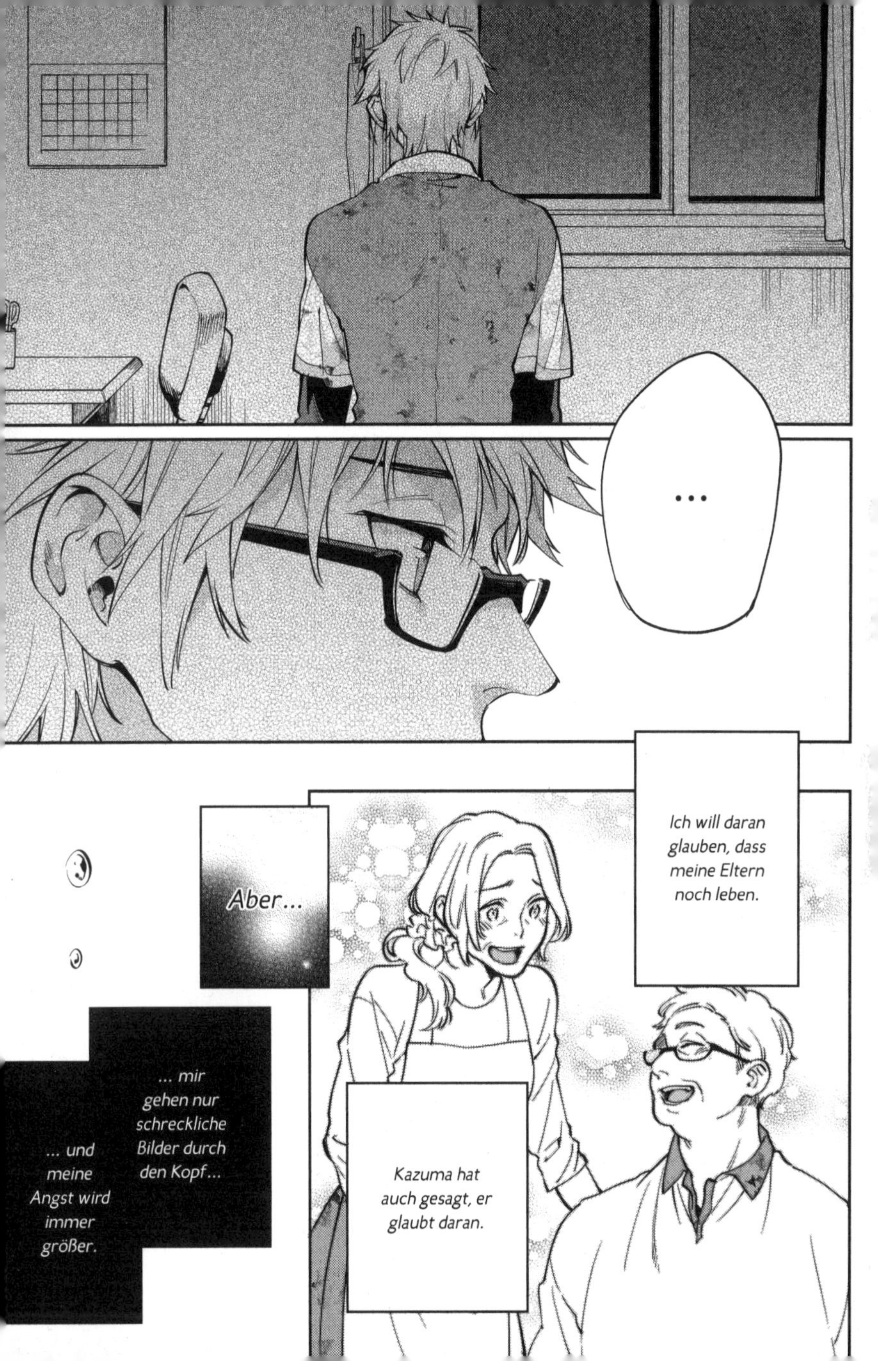
...
Ich will daran glauben, dass meine Eltern noch leben.
Aber...
Kazuma hat auch gesagt, er glaubt daran.
... mir gehen nur schreckliche Bilder durch den Kopf...
... und meine Angst wird immer größer.

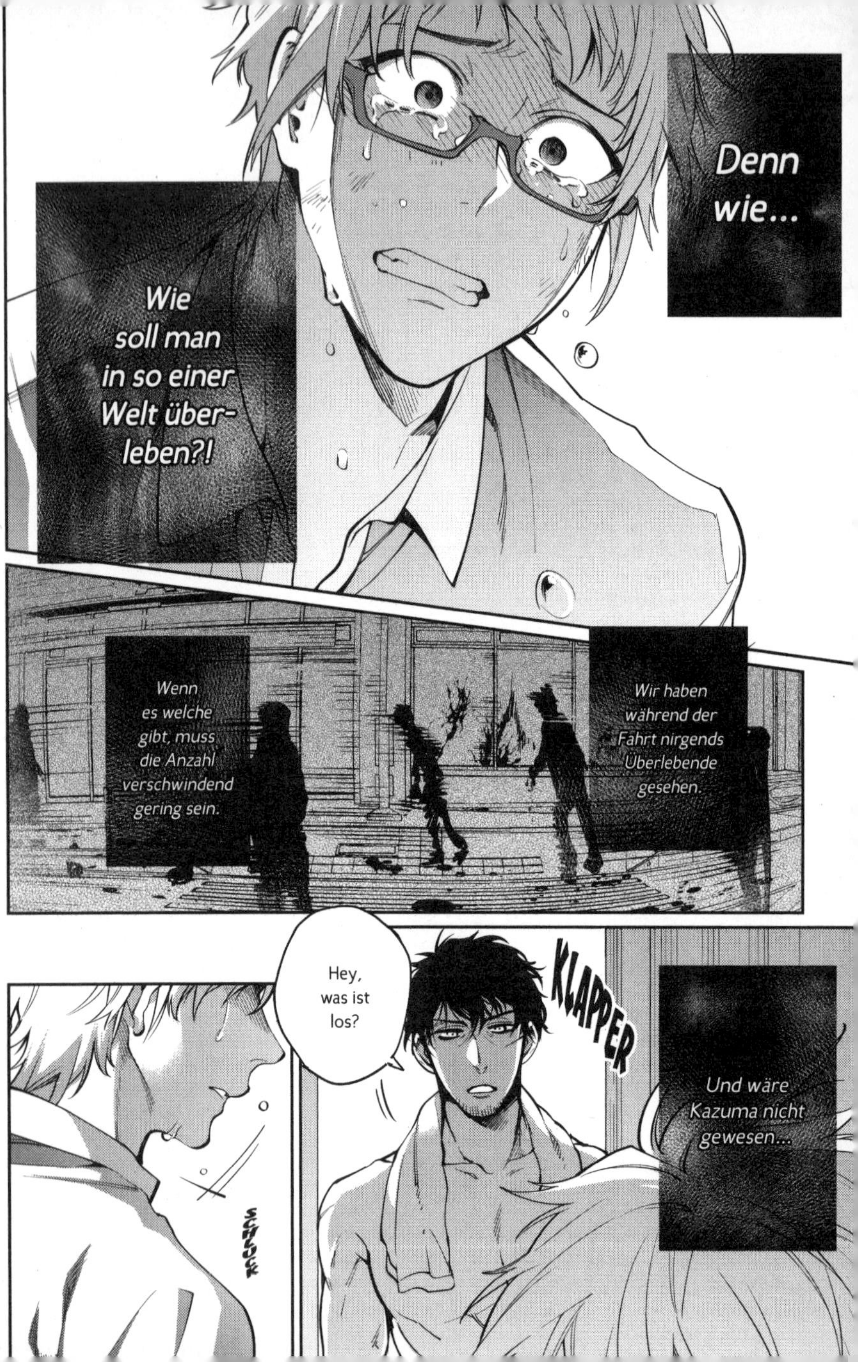
Denn wie...
Wie soll man in so einer Welt überleben?!
Wir haben während der Fahrt nirgends Überlebende gesehen.
Wenn es welche gibt, muss die Anzahl verschwindend gering sein.
Und wäre Kazuma nicht gewesen...
KLAPPER
Hey, was ist los?
SCHLUCK

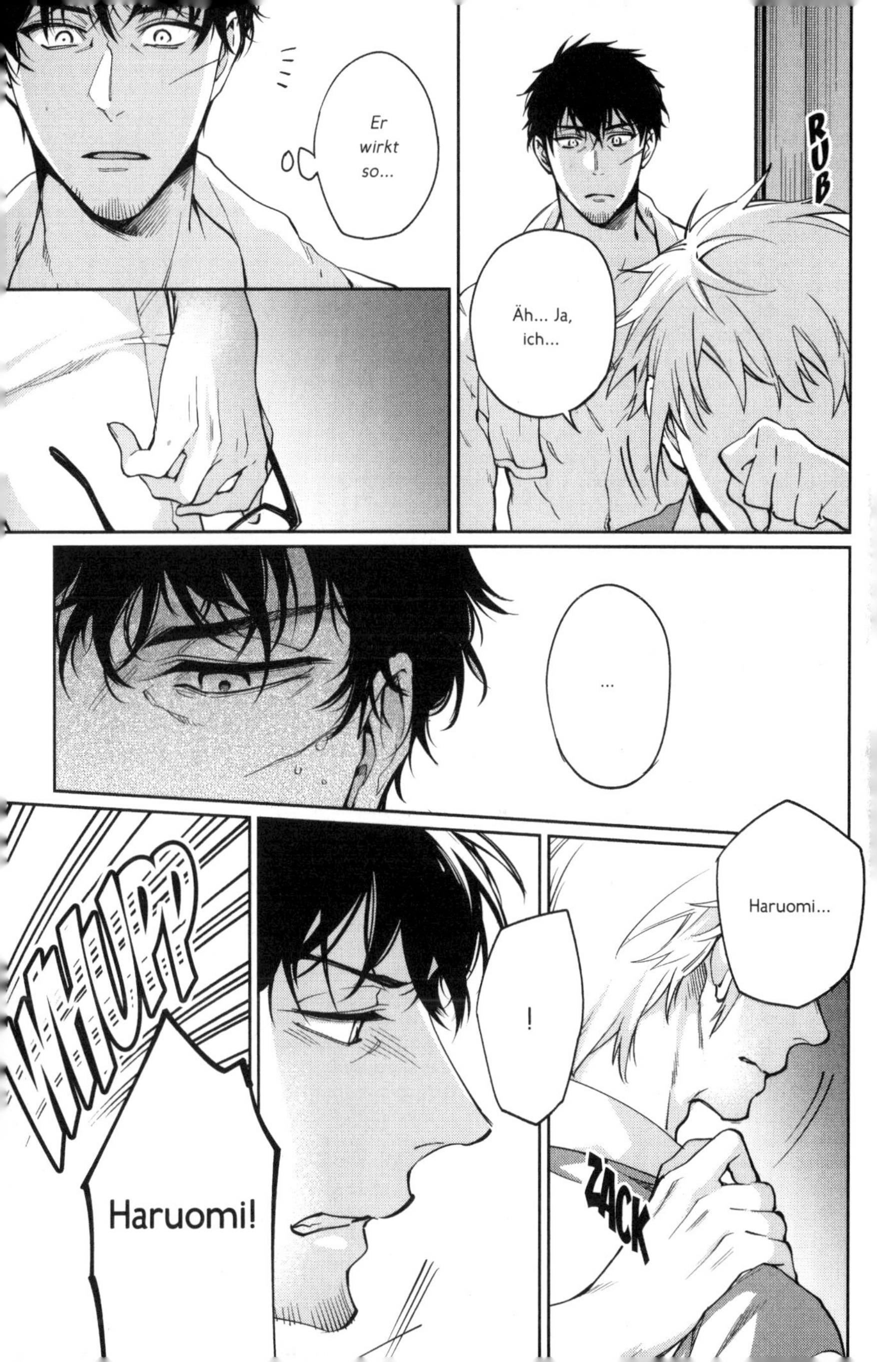
RUB
Äh... Ja, ich...
Er wirkt so...
...
Haruomi...
ZACK
!
WHUPP
Haruomi!

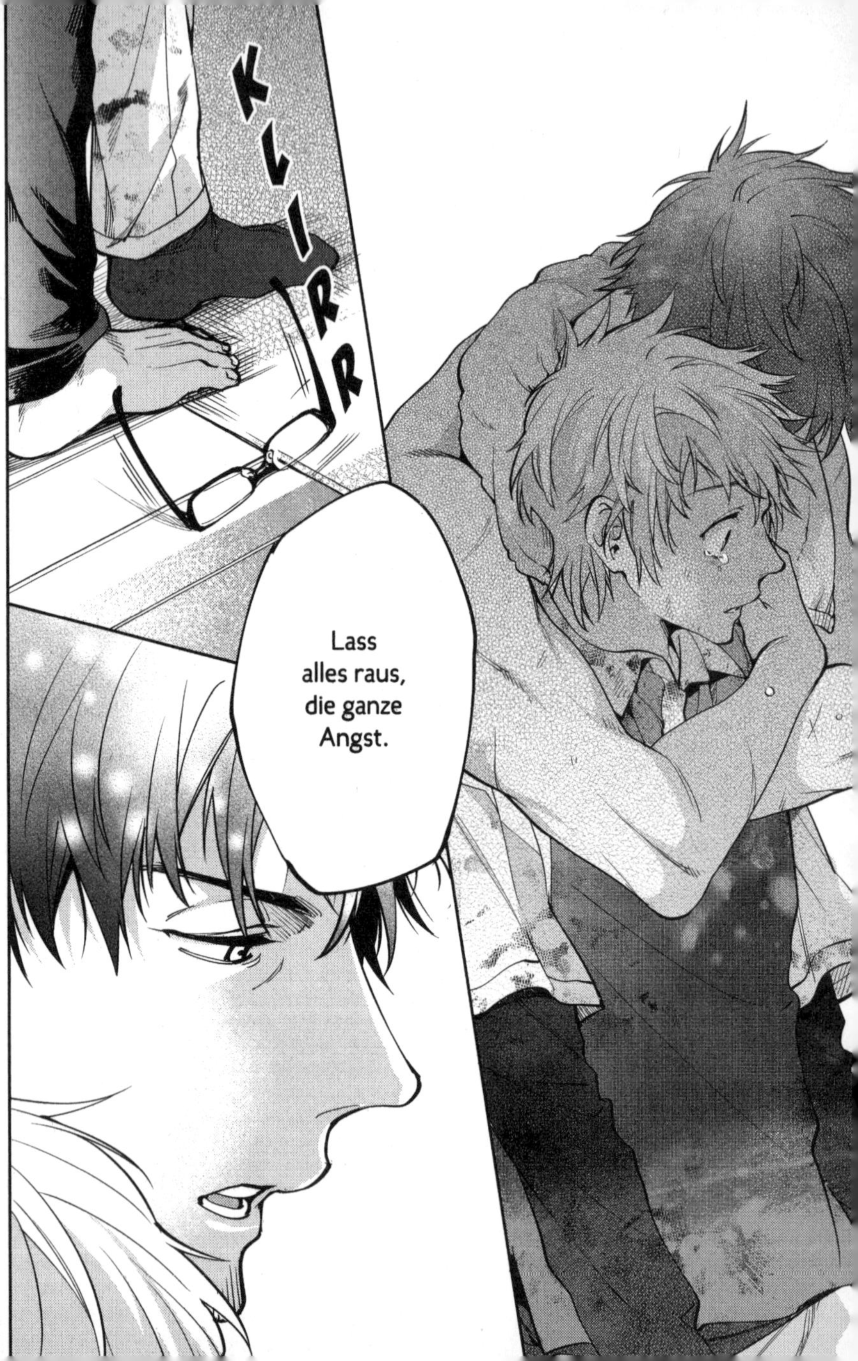
KLIRR
Lass alles raus, die ganze Angst.

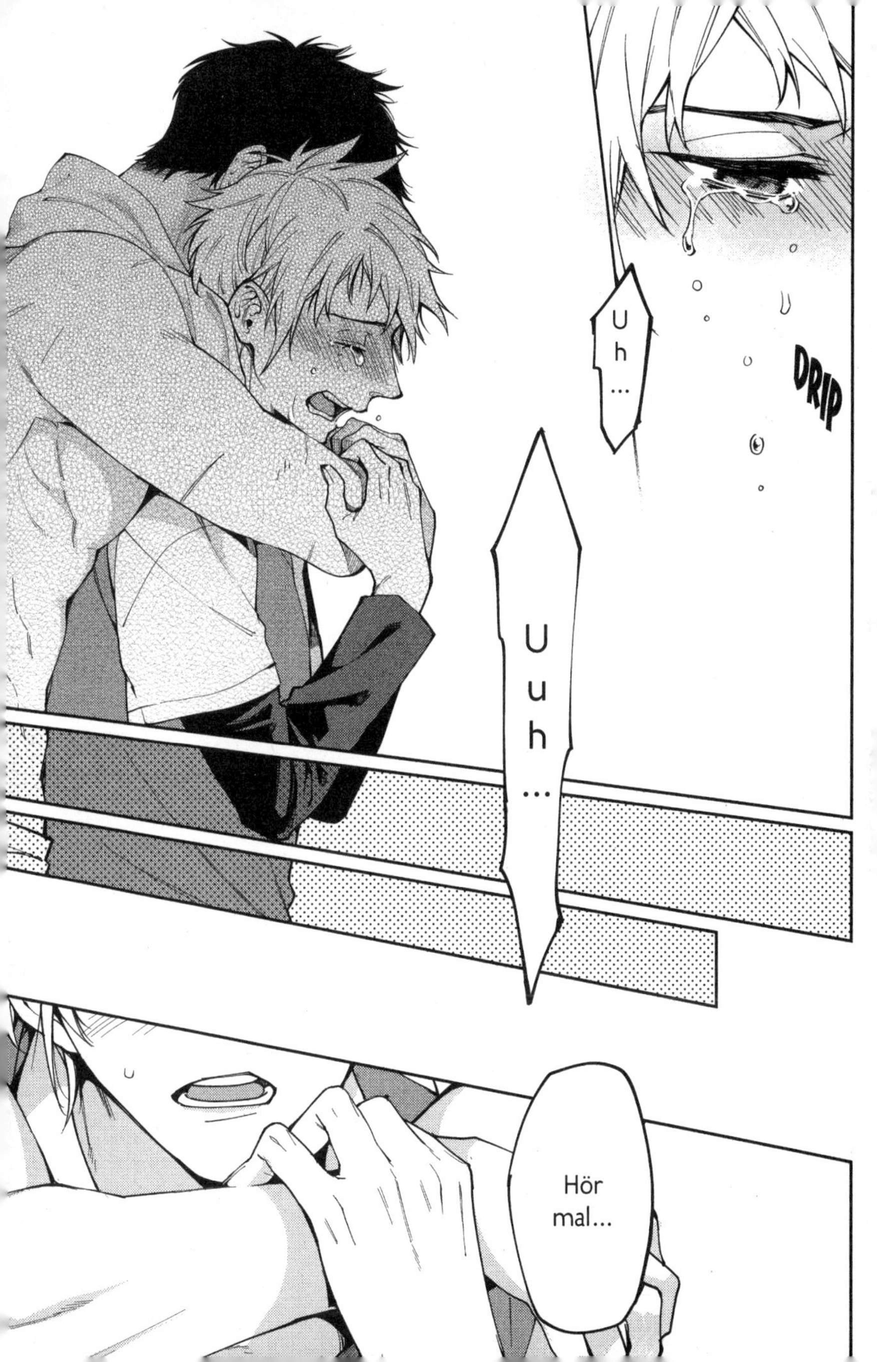
DRIP
Uh...
Uuh...
Hör mal...

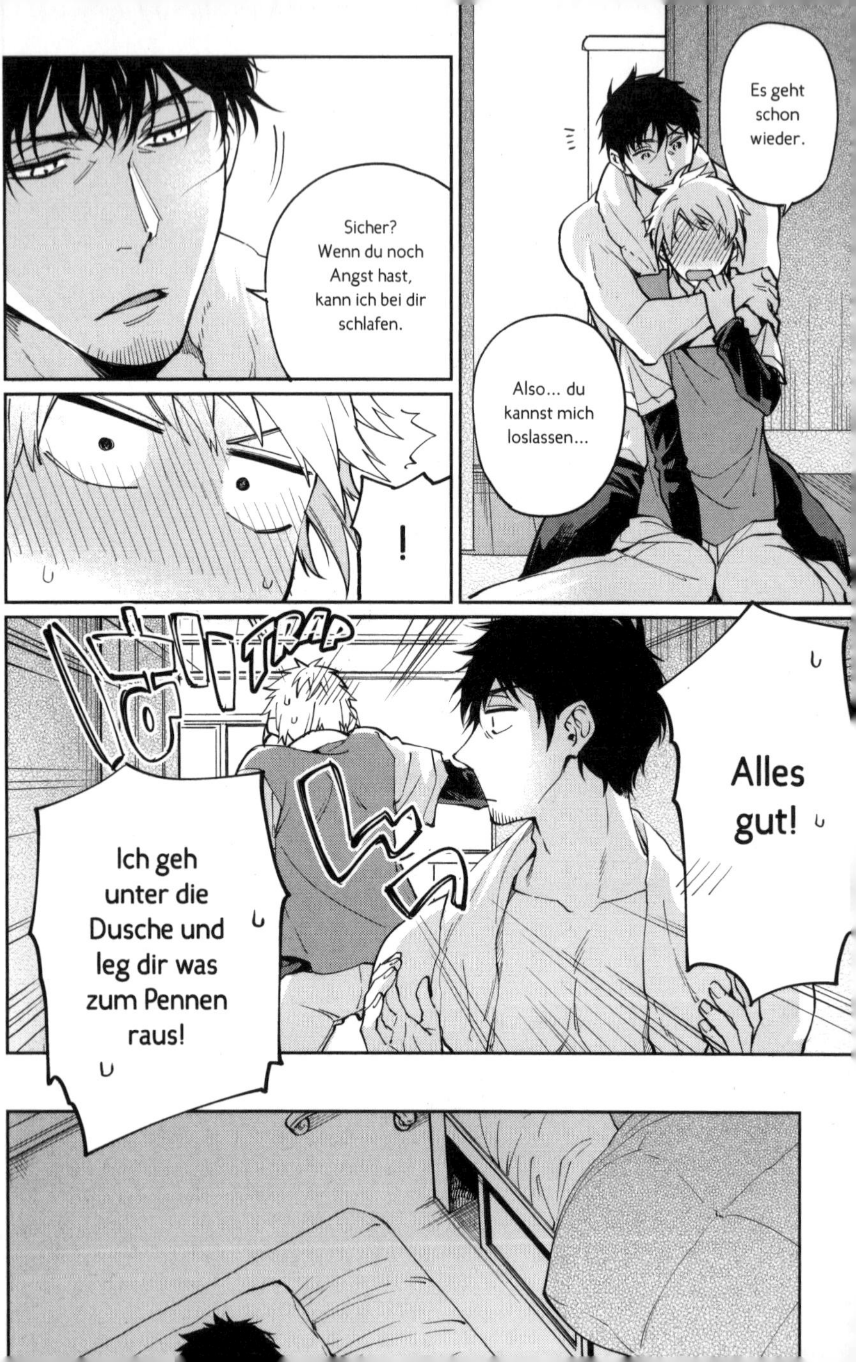
Es geht schon wieder.
Also... du kannst mich loslassen...
Sicher? Wenn du noch Angst hast, kann ich bei dir schlafen.
!
TRAP
Alles gut!
Ich geh unter die Dusche und leg dir was zum Pennen raus!

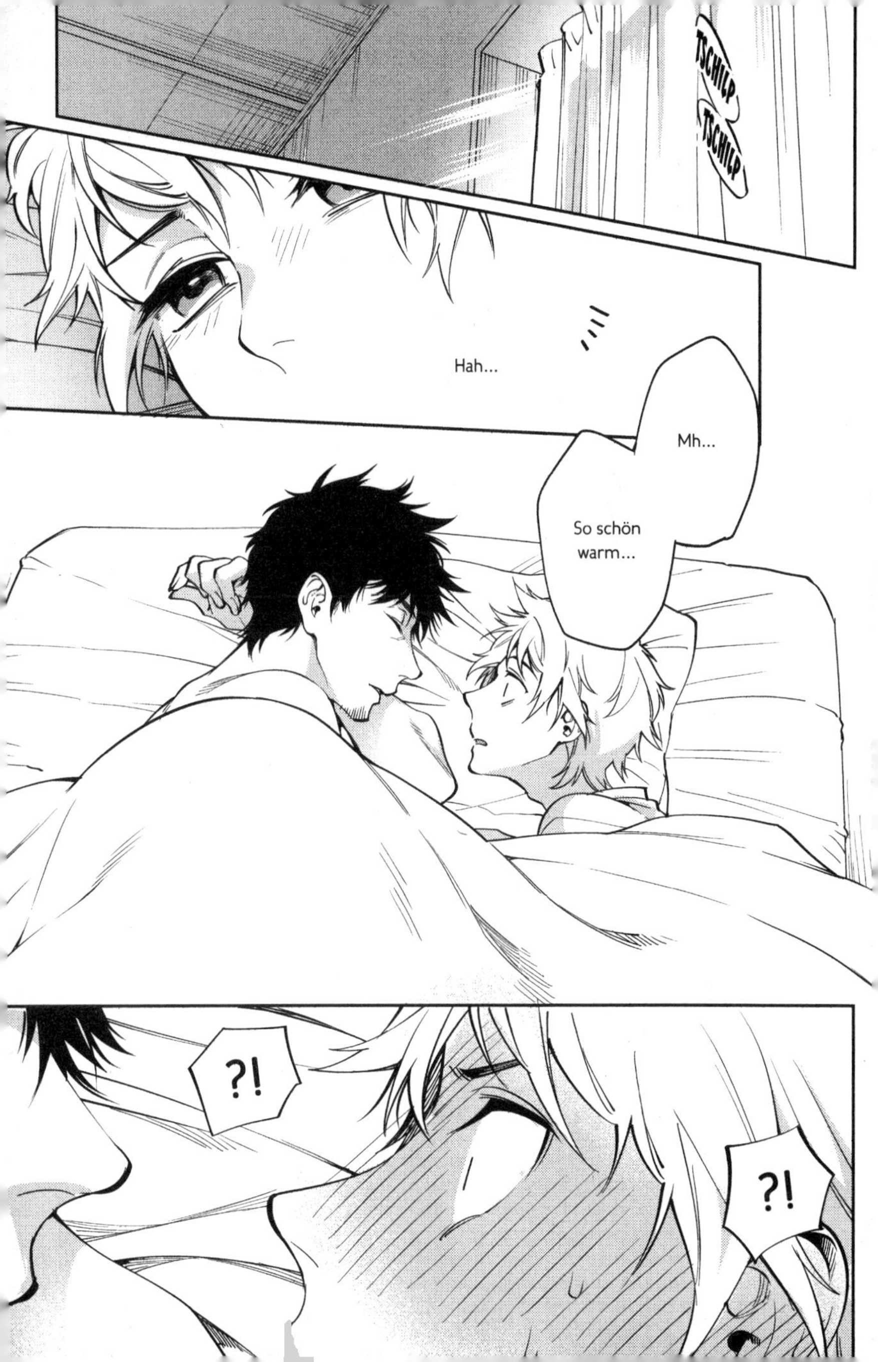
TSCHILP
TSCHILP
Hah...
Mh...
So schön warm...
?!
?!

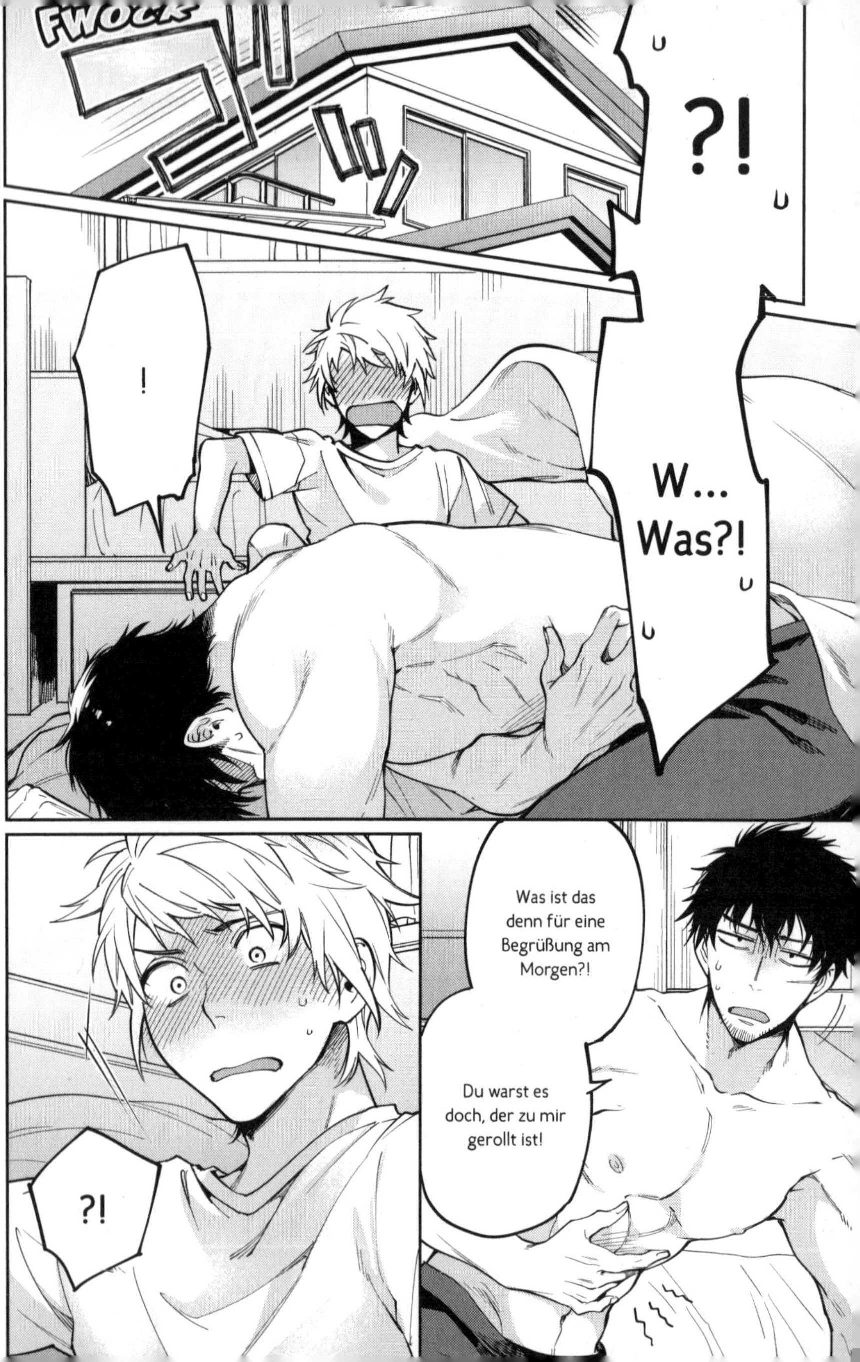
FWOCK
?!
W... Was?!
!
Was ist das denn für eine Begrüßung am Morgen?!
Du warst es doch, der zu mir gerollt ist!
?!

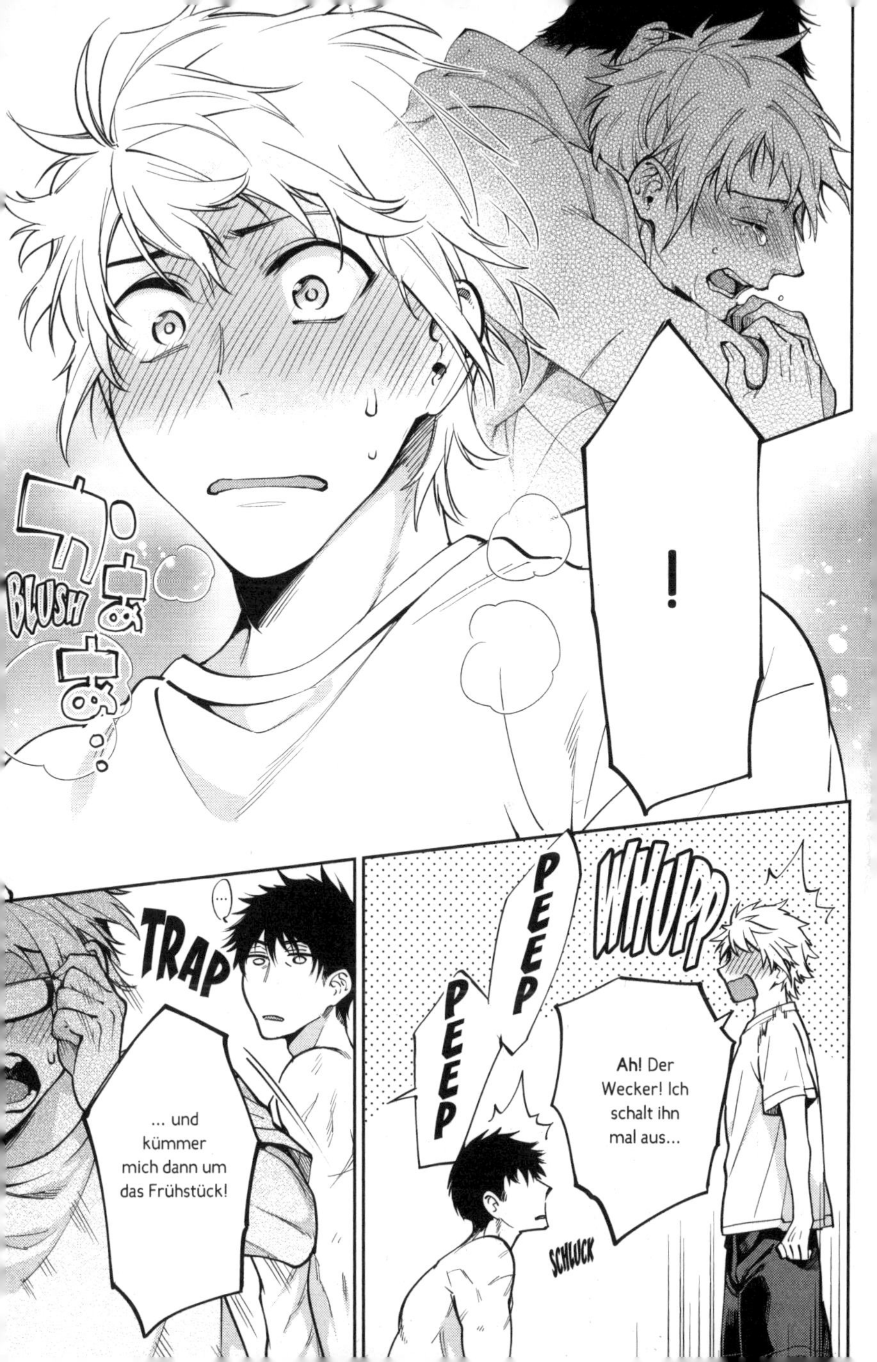
!
BLUSH
...
TRAP
WHUPP
PEEP
PEEP
Ah! Der Wecker! Ich schalt ihn mal aus...
SCHLUCK
... und kümmer mich dann um das Frühstück!

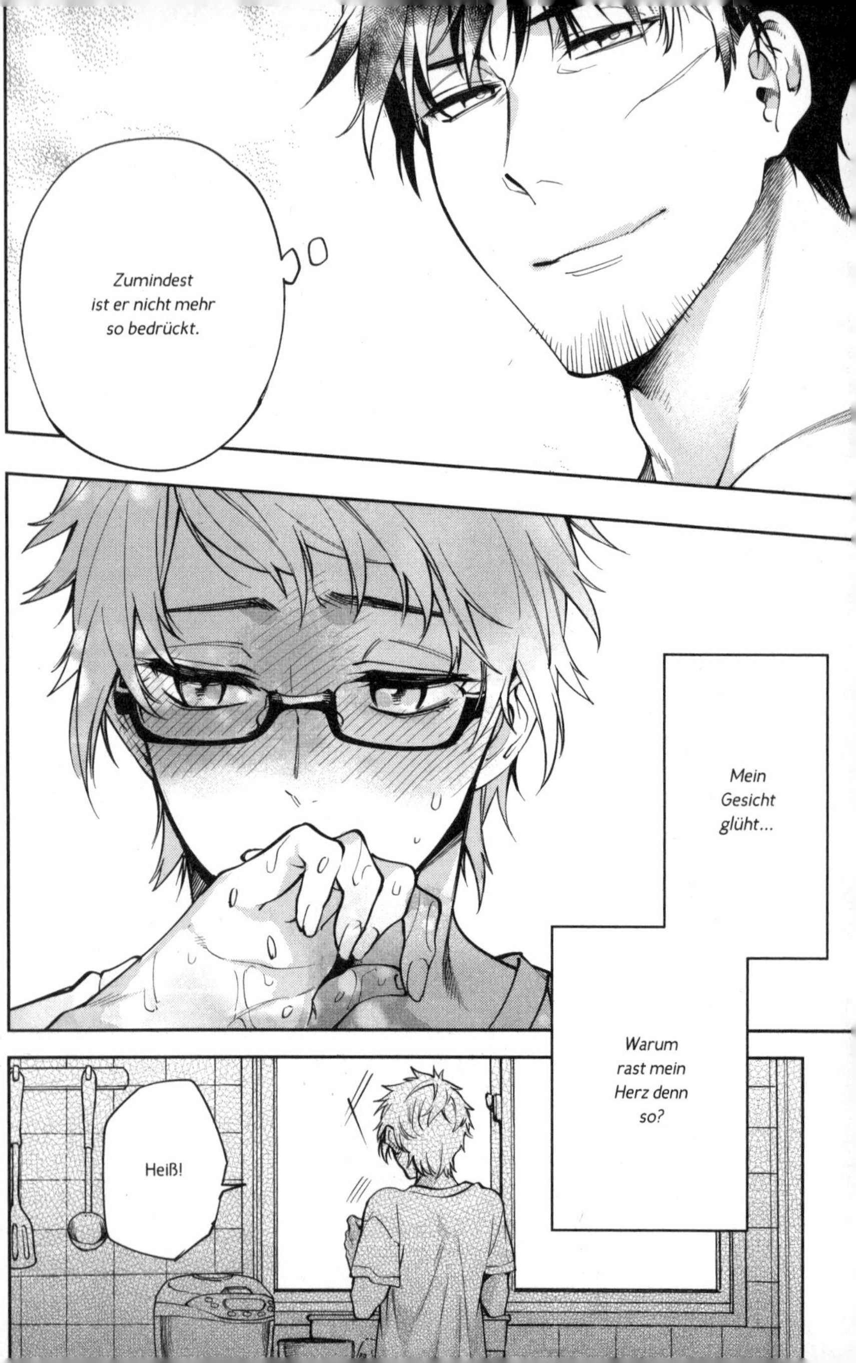
Zumindest ist er nicht mehr so bedrückt.
Mein Gesicht glüht…
Warum rast mein Herz denn so?
Heiß!

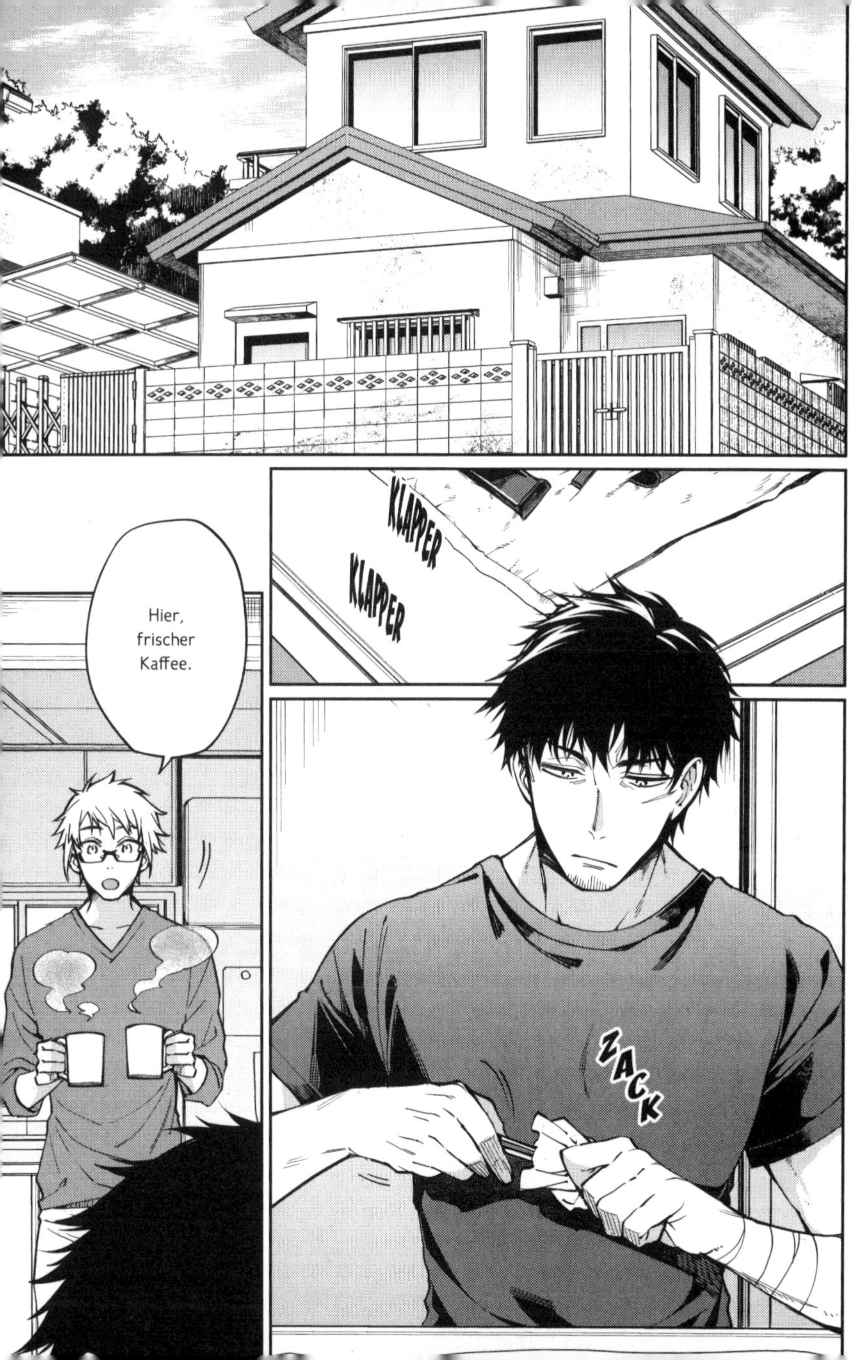
KLAPPER
KLAPPER
Hier, frischer Kaffee.
ZACK

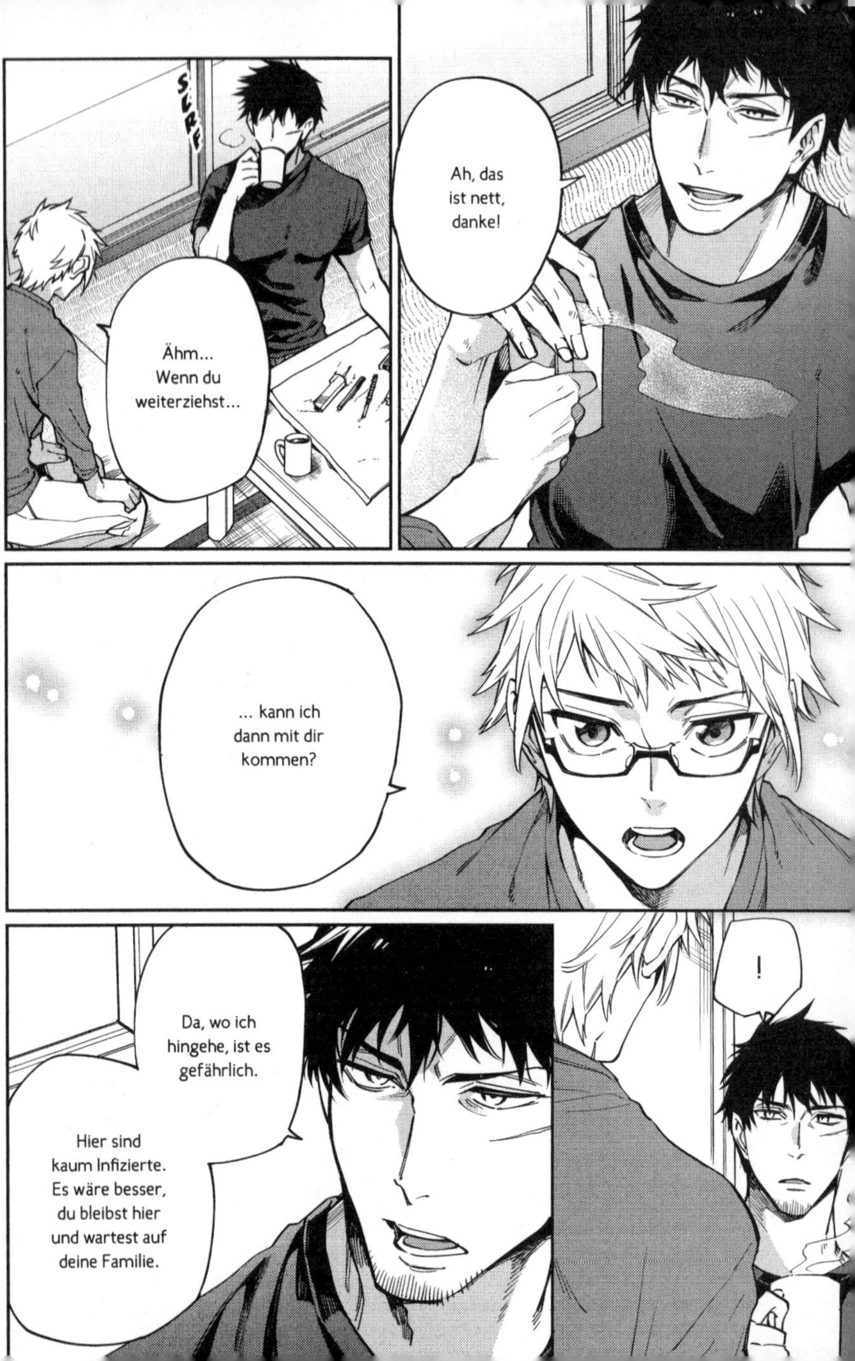
Ah, das ist nett, danke!
SLRF
Ähm... Wenn du weiterziehst...
... kann ich dann mit dir kommen?
!
Da, wo ich hingehe, ist es gefährlich.
Hier sind kaum Infizierte. Es wäre besser, du bleibst hier und wartest auf deine Familie.

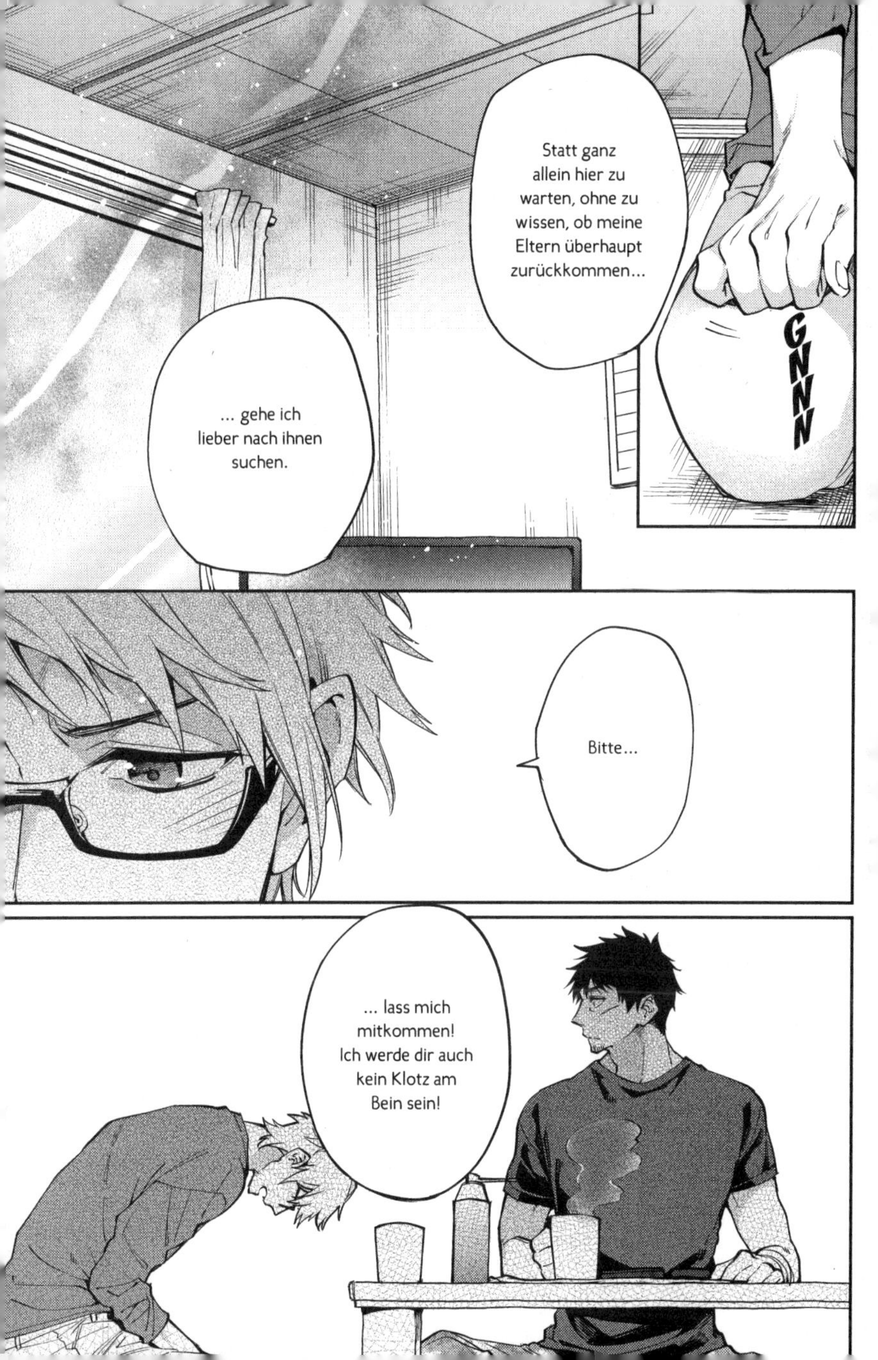
Statt ganz allein hier zu warten, ohne zu wissen, ob meine Eltern überhaupt zurückkommen...
GNNN
... gehe ich lieber nach ihnen suchen.
Bitte...
... lass mich mitkommen! Ich werde dir auch kein Klotz am Bein sein!

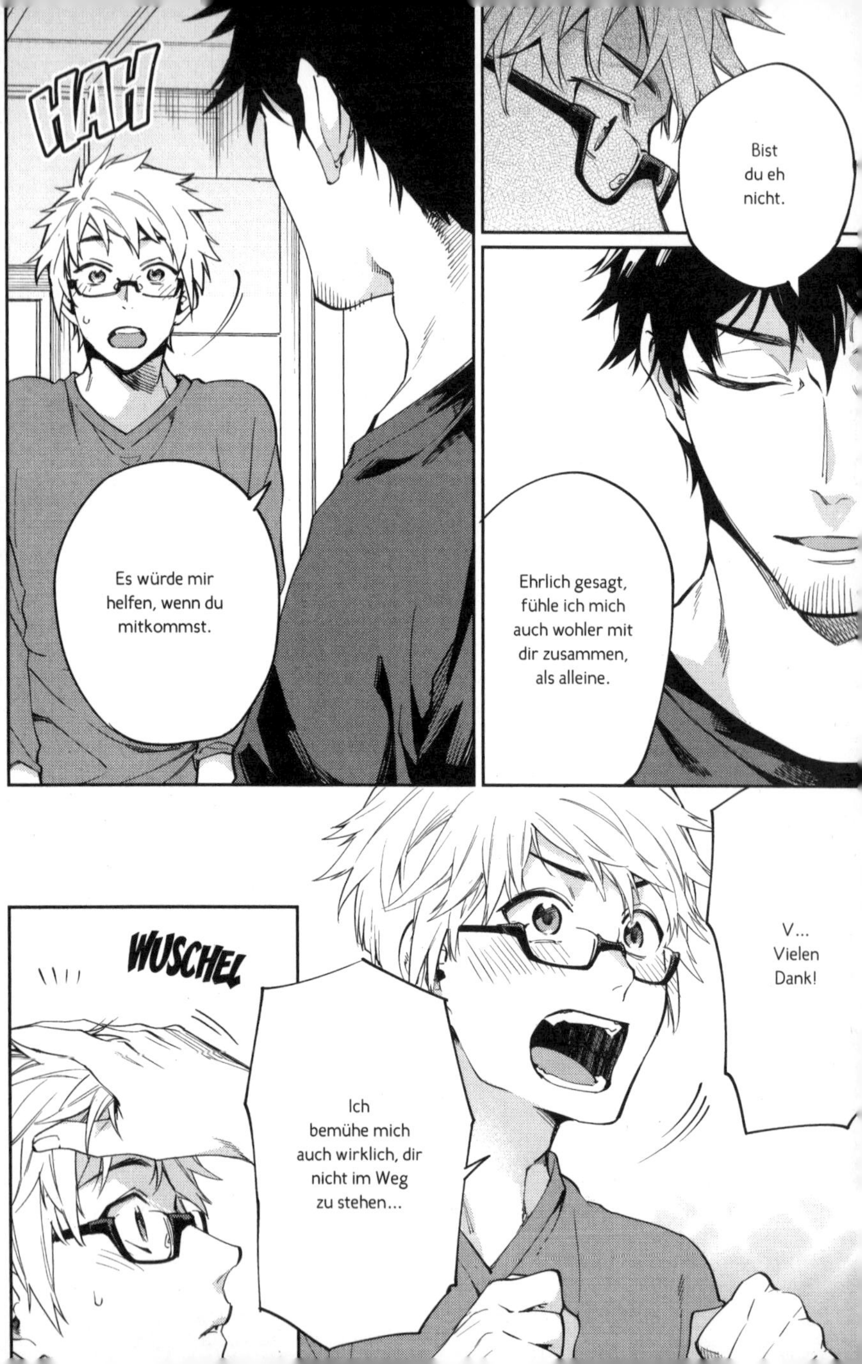

Bist du eh nicht.
Ehrlich gesagt, fühle ich mich auch wohler mit dir zusammen, als alleine.
HAH
Es würde mir helfen, wenn du mitkommst.
V... Vielen Dank!
Ich bemühe mich auch wirklich, dir nicht im Weg zu stehen...
WUSCHEL

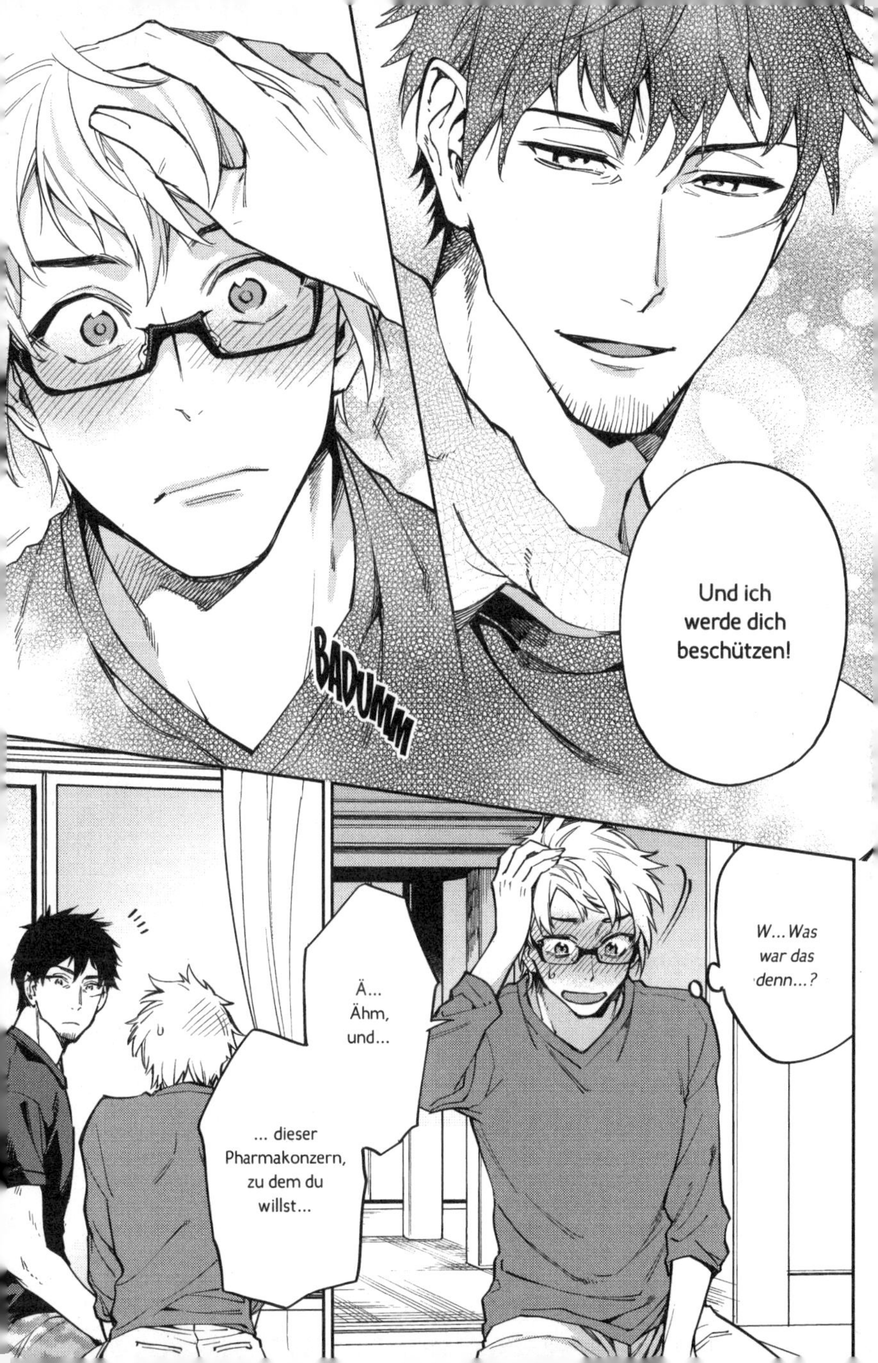

Und ich werde dich beschützen!
BADUMM
W...Was war das denn...?
Ä... Ähm, und...
... dieser Pharmakonzern, zu dem du willst...

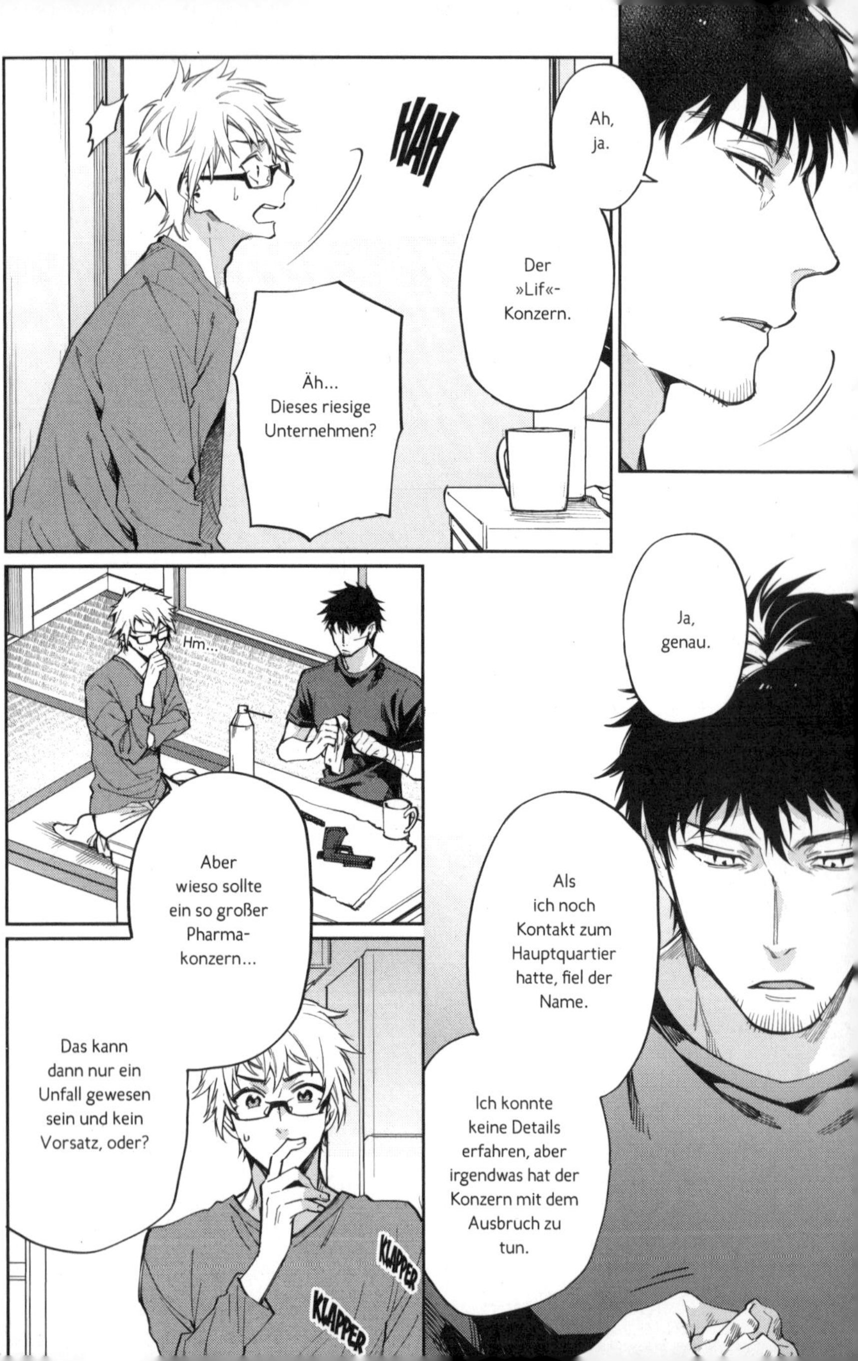
Ah, ja.
Der »Lif«-Konzern.
HAH
Äh... Dieses riesige Unternehmen?
Ja, genau.
Als ich noch Kontakt zum Hauptquartier hatte, fiel der Name.
Ich konnte keine Details erfahren, aber irgendwas hat der Konzern mit dem Ausbruch zu tun.
Hm...
Aber wieso sollte ein so großer Pharma-konzern...
Das kann dann nur ein Unfall gewesen sein und kein Vorsatz, oder?
KLAPPER
KLAPPER

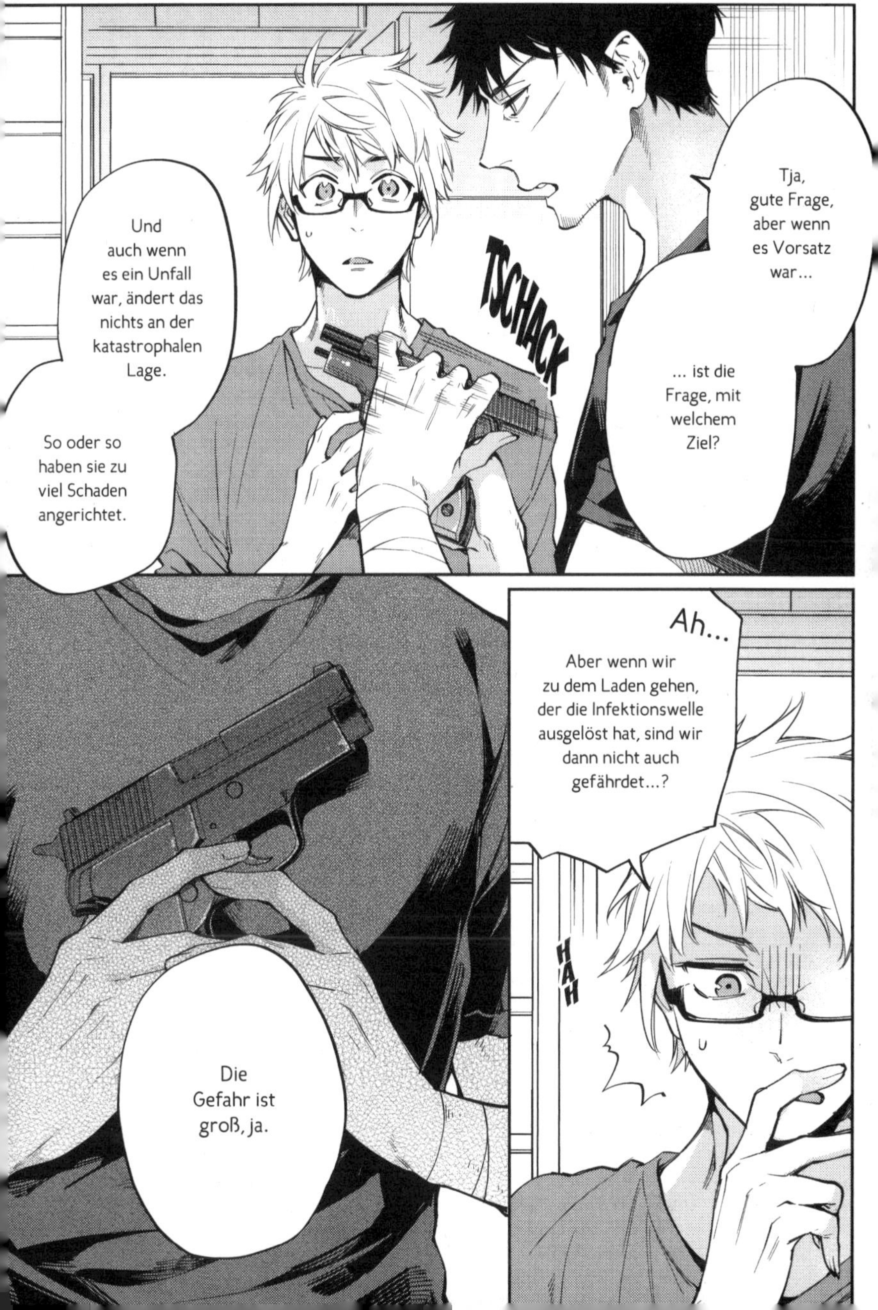
Tja, gute Frage, aber wenn es Vorsatz war…
… ist die Frage, mit welchem Ziel?
TSCHACK
Und auch wenn es ein Unfall war, ändert das nichts an der katastrophalen Lage.
So oder so haben sie zu viel Schaden angerichtet.
Ah…
Aber wenn wir zu dem Laden gehen, der die Infektionswelle ausgelöst hat, sind wir dann nicht auch gefährdet…?
HAH
Die Gefahr ist groß, ja.

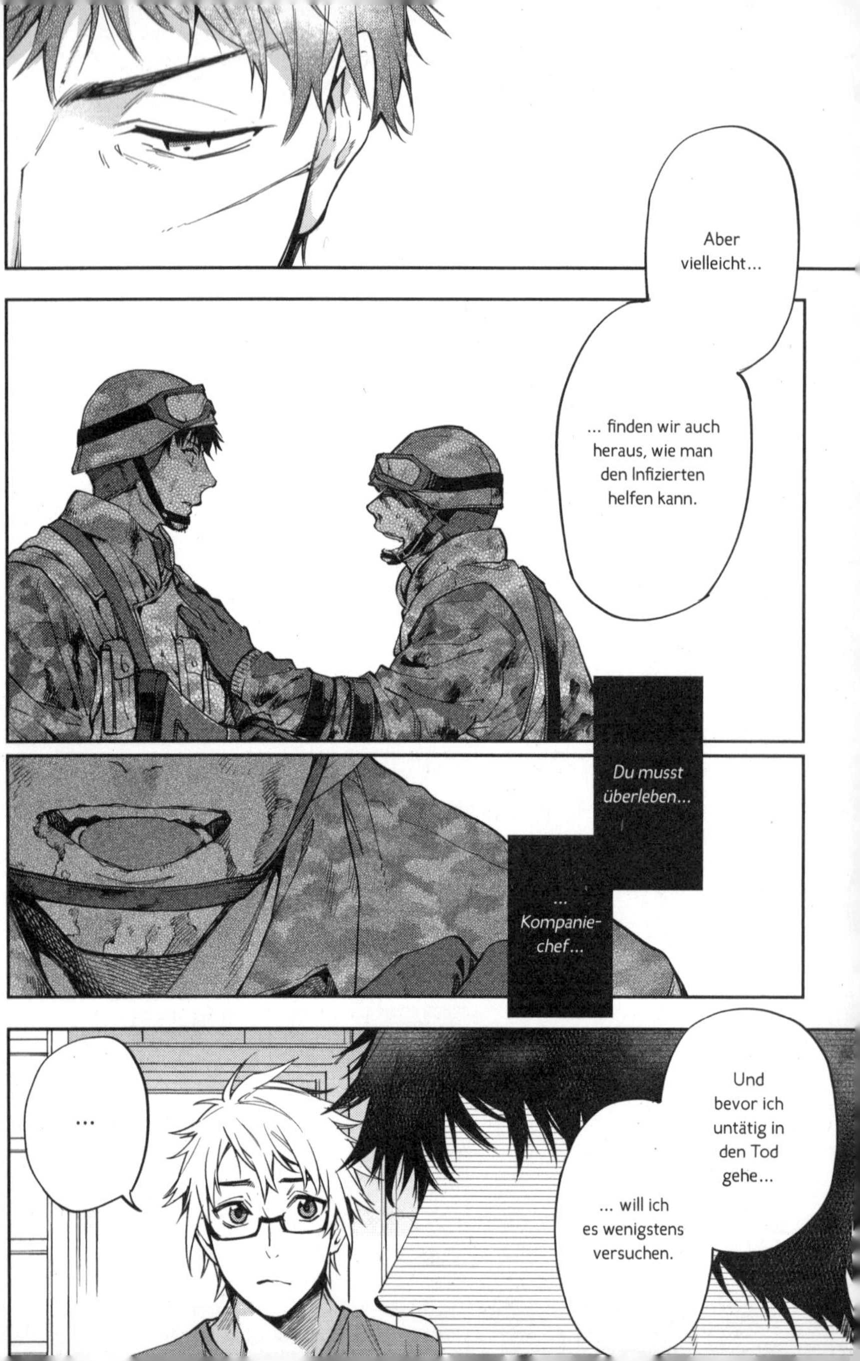
Aber vielleicht...
... finden wir auch heraus, wie man den Infizierten helfen kann.
Du musst überleben...
... Kompanie-chef...
Und bevor ich untätig in den Tod gehe...
... will ich es wenigstens versuchen.
...

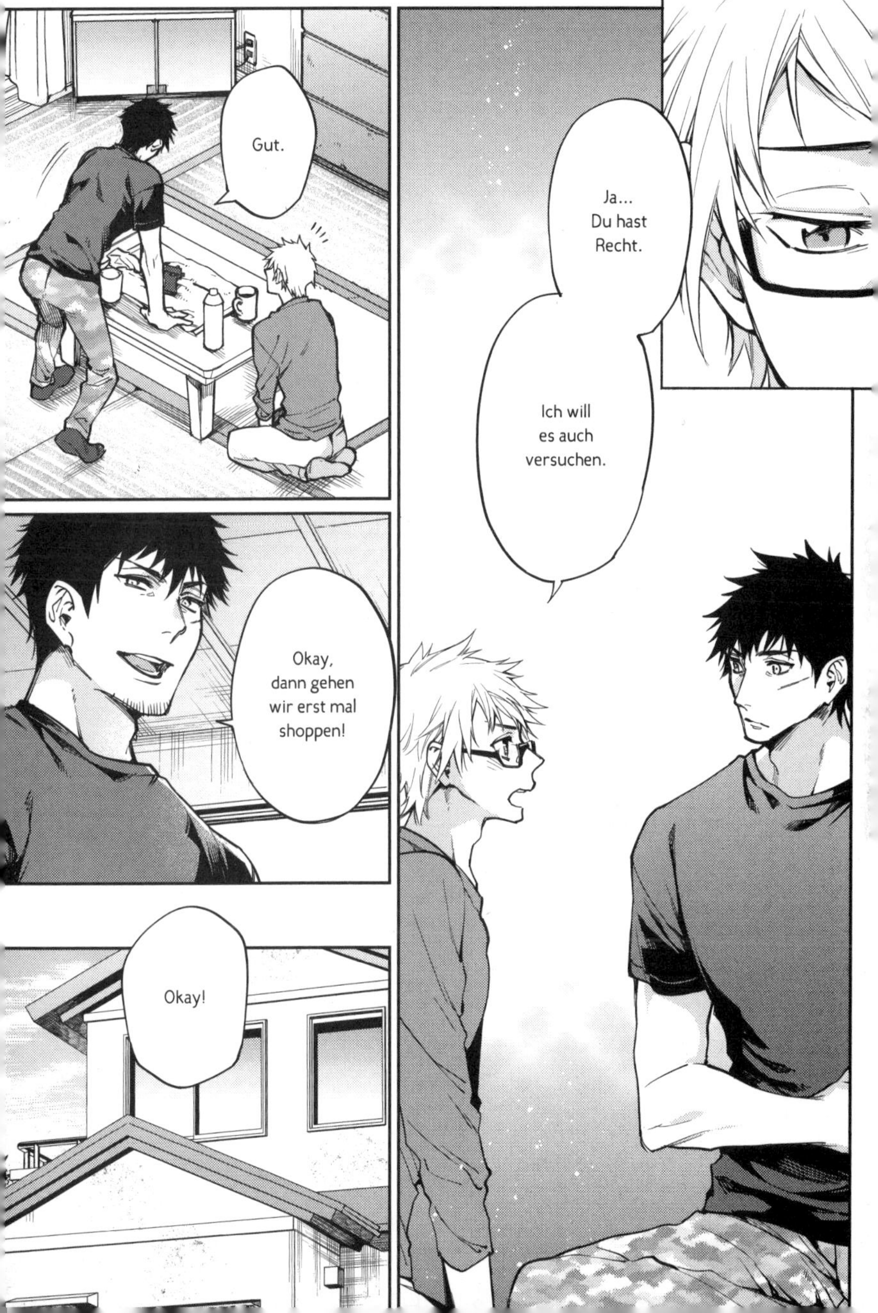
Ja...
Du hast
Recht.
Ich will
es auch
versuchen.
Gut.
Okay,
dann gehen
wir erst mal
shoppen!
Okay!

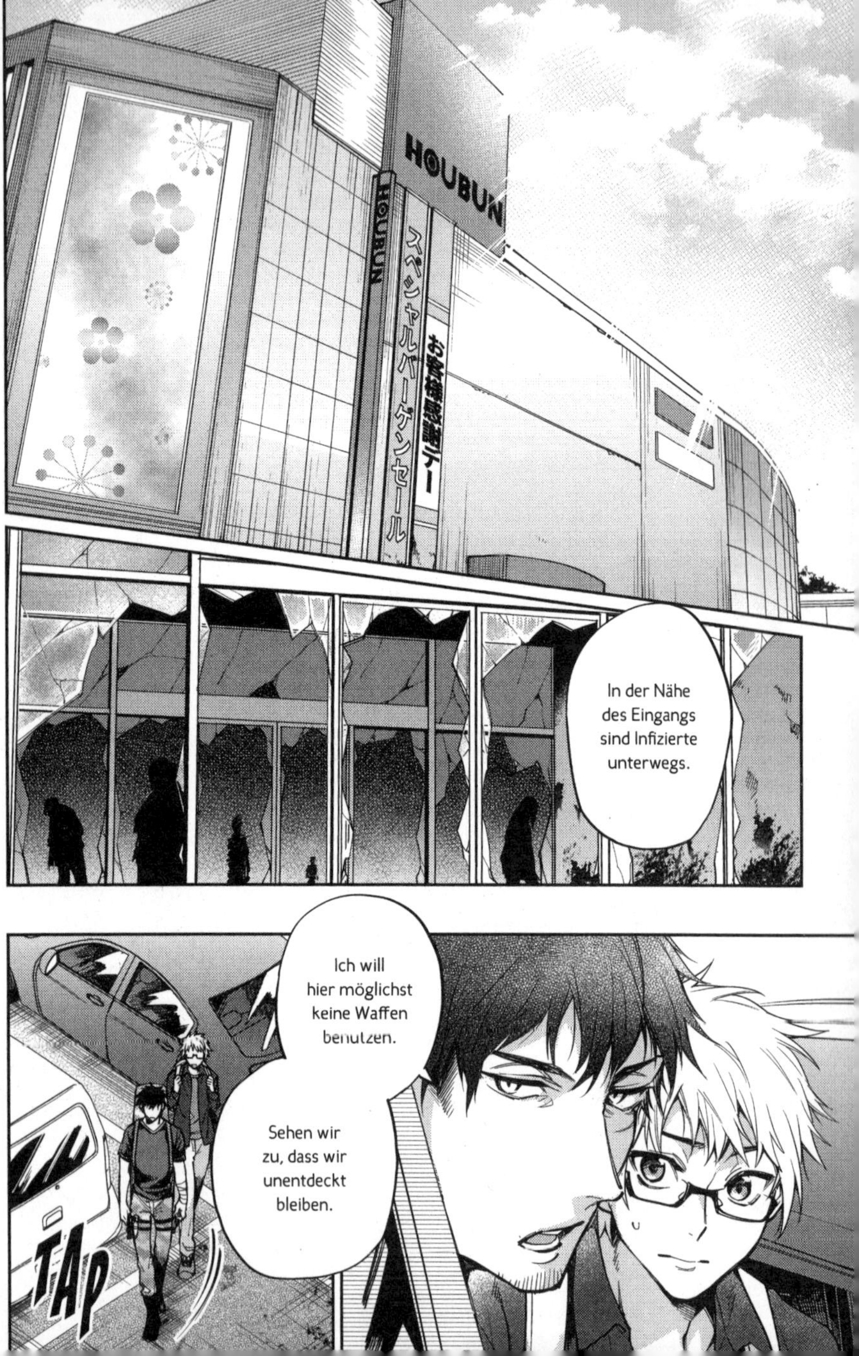
HOUBUN
HOUBUN
お客様感謝デー
スペシャルバーゲンセール
In der Nähe des Eingangs sind Infizierte unterwegs.
Ich will hier möglichst keine Waffen benutzen.
Sehen wir zu, dass wir unentdeckt bleiben.
TAP

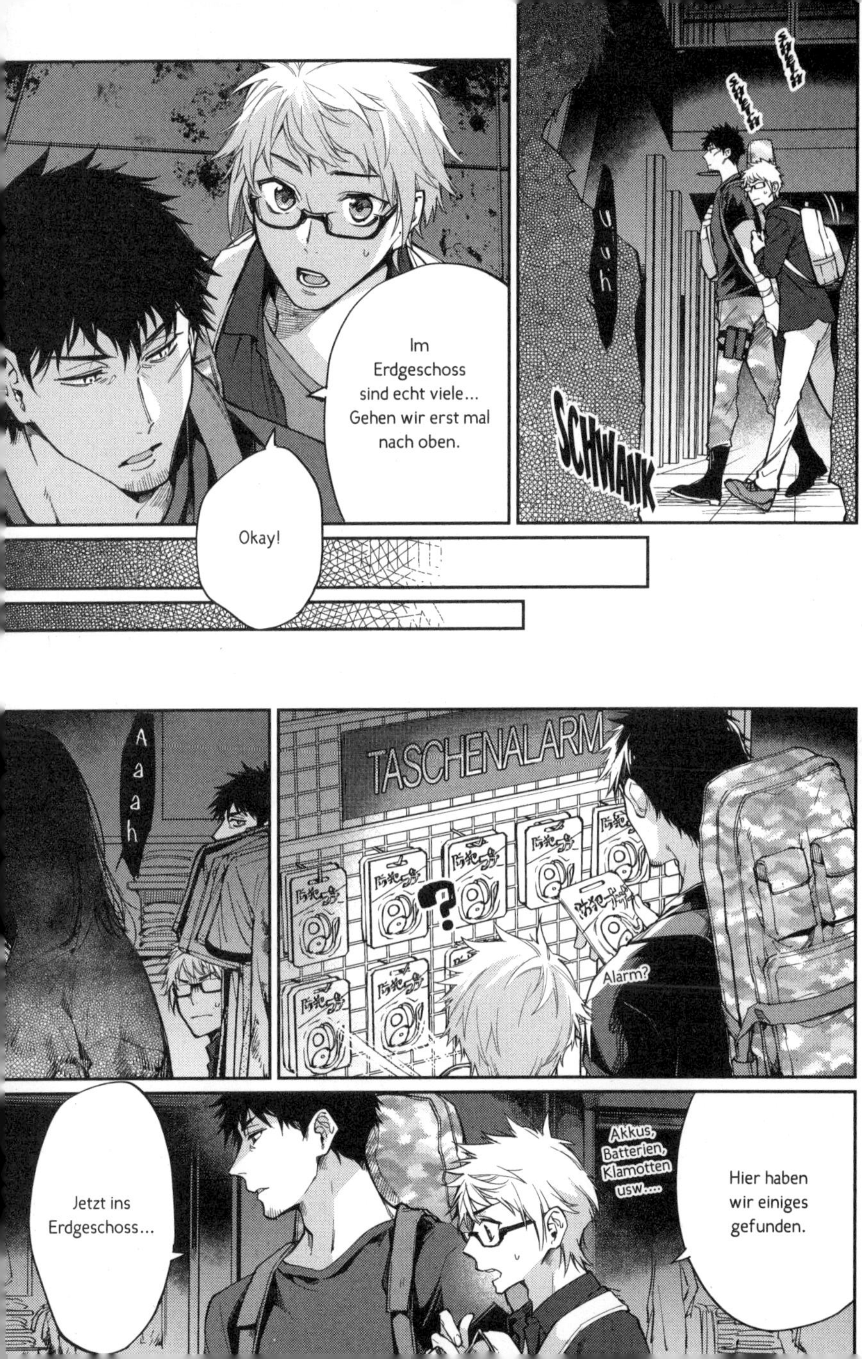
Uuuh
SCHWANK
Im Erdgeschoss sind echt viele... Gehen wir erst mal nach oben.
Okay!
TASCHENALARM
?
Alarm?
Aaah
Hier haben wir einiges gefunden.
Akkus, Batterien, Klamotten usw....
Jetzt ins Erdgeschoss...

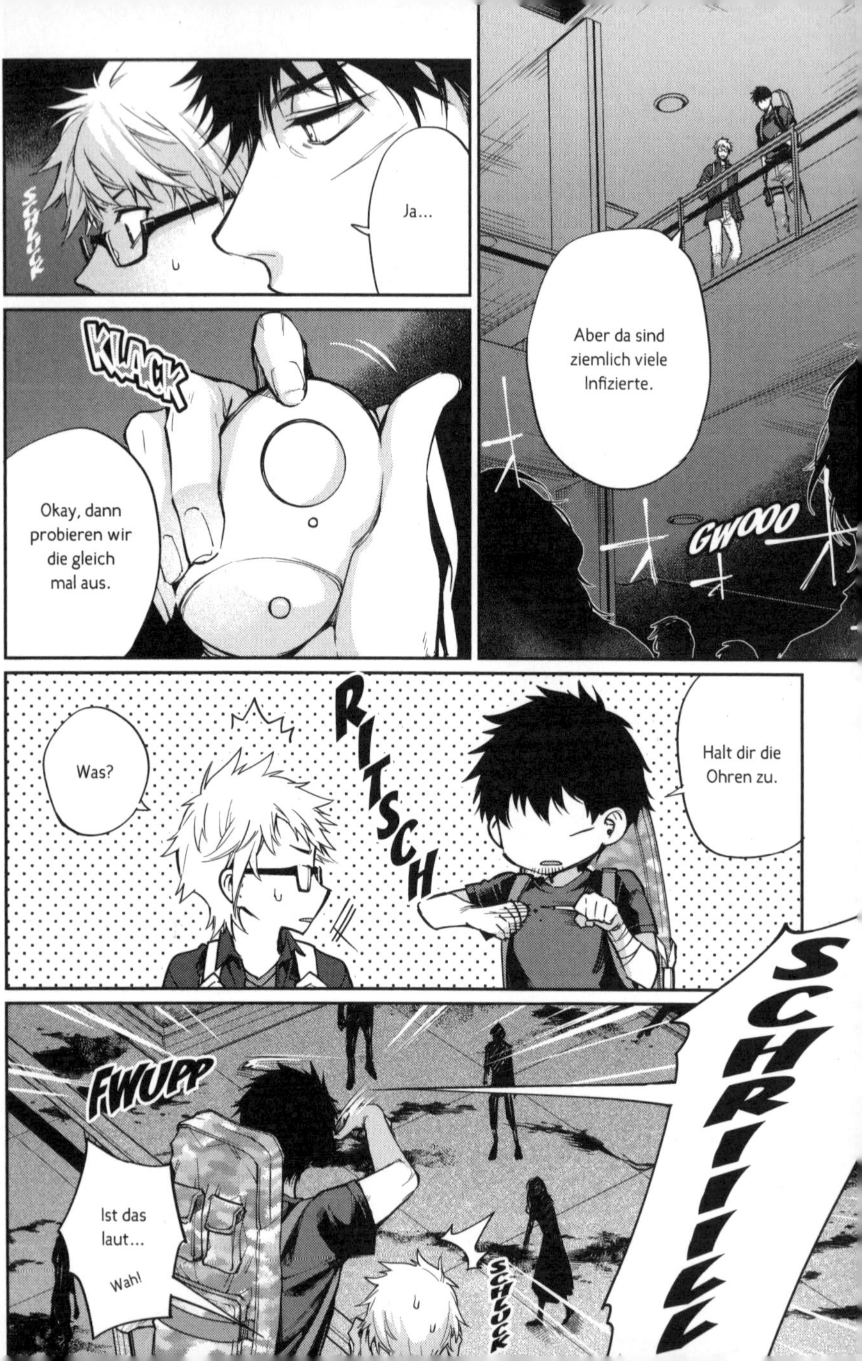
Aber da sind ziemlich viele Infizierte.
GWOOO
Ja...
SCHLUCK
KLACK
Okay, dann probieren wir die gleich mal aus.
Halt dir die Ohren zu.
RITSCH
Was?
SCHRIIIIIL
FWUPP
Ist das laut...
Wah!
SCHLUCK

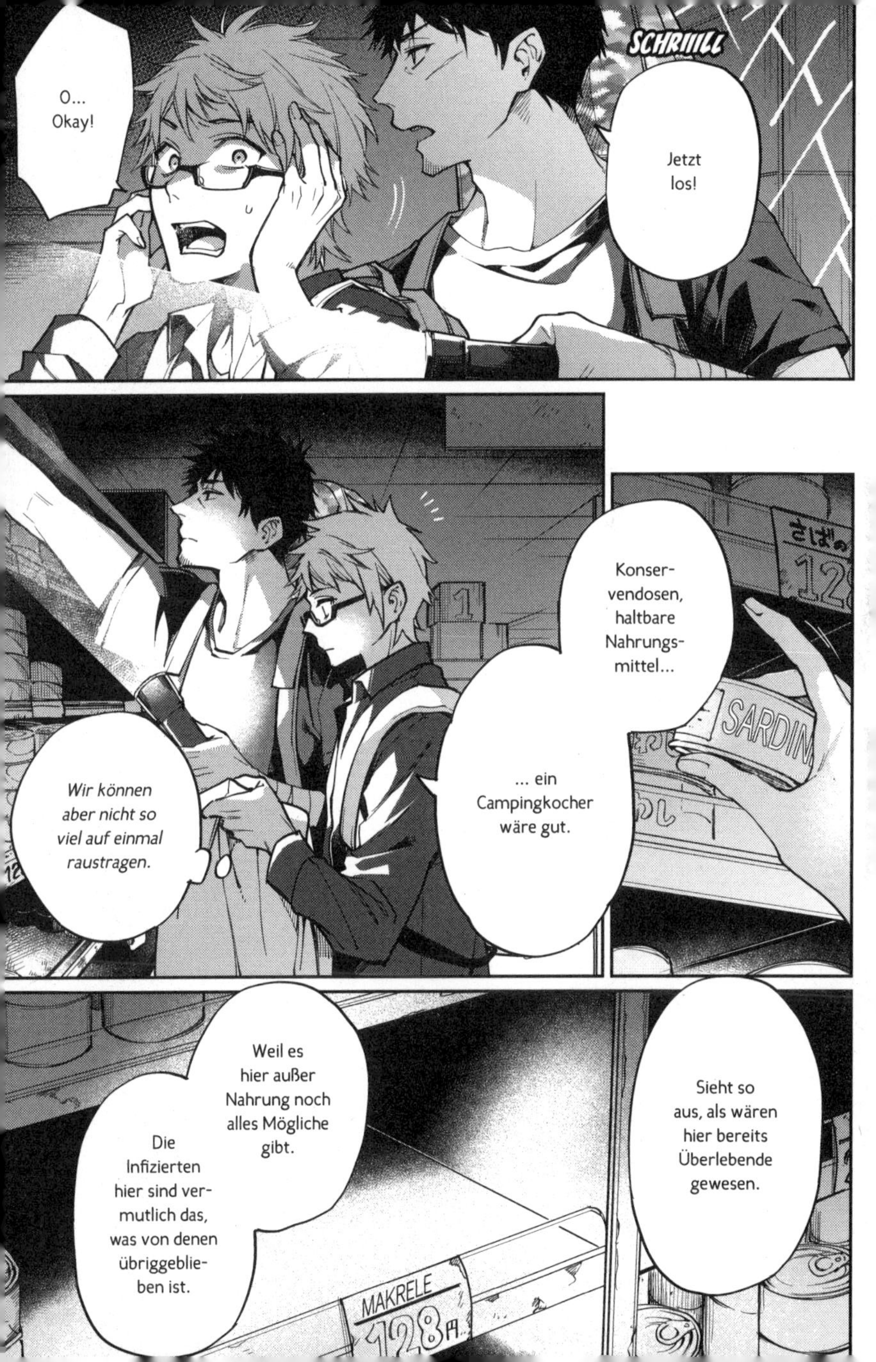
SCHRIIILL
Jetzt los!
O... Okay!
Konservendosen, haltbare Nahrungsmittel...
... ein Campingkocher wäre gut.
SARDIN
Wir können aber nicht so viel auf einmal raustragen.
Sieht so aus, als wären hier bereits Überlebende gewesen.
Weil es hier außer Nahrung noch alles Mögliche gibt.
Die Infizierten hier sind vermutlich das, was von denen übriggeblieben ist.
MAKRELE
128円

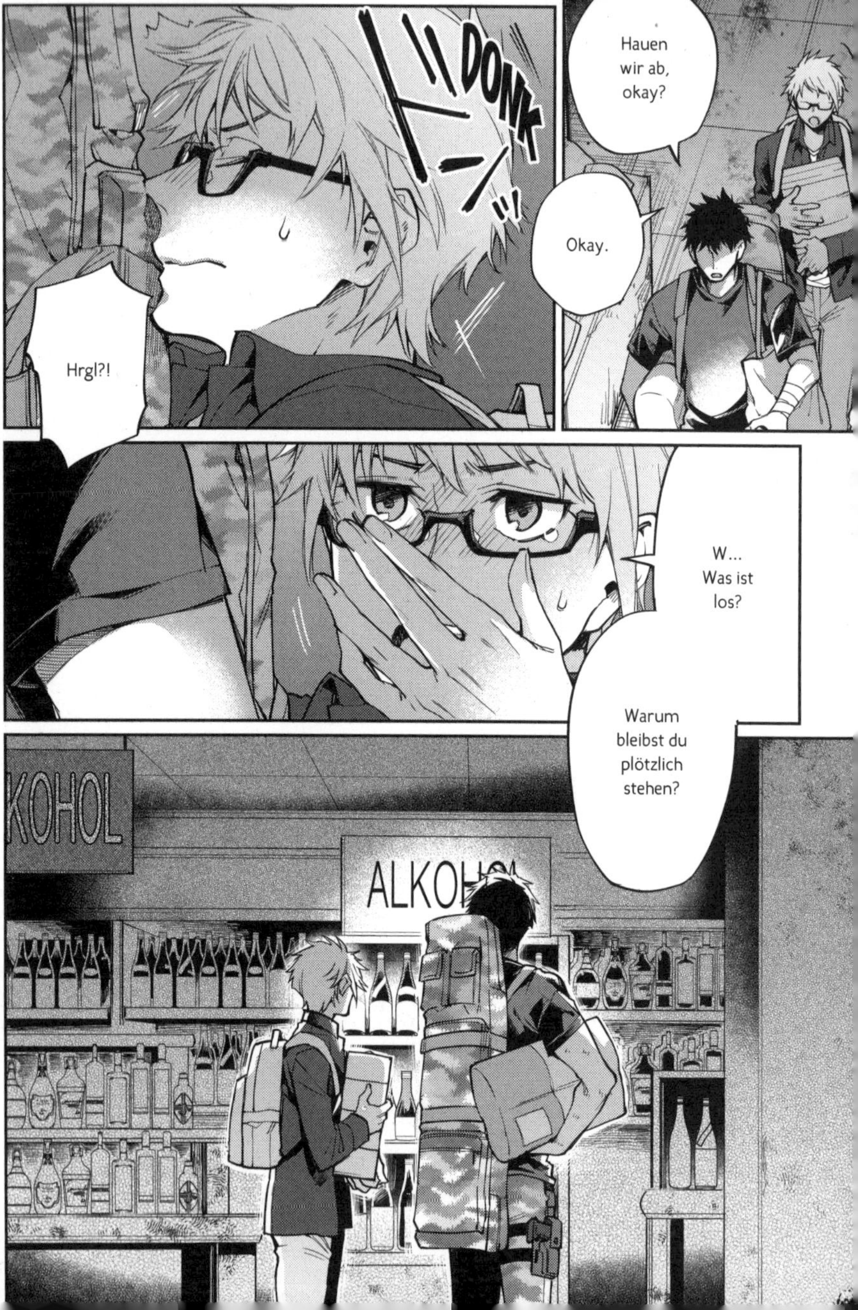
Hauen wir ab, okay?
Okay.
DONK
Hrgl?!
W... Was ist los?
Warum bleibst du plötzlich stehen?
KOHOL
ALKOH

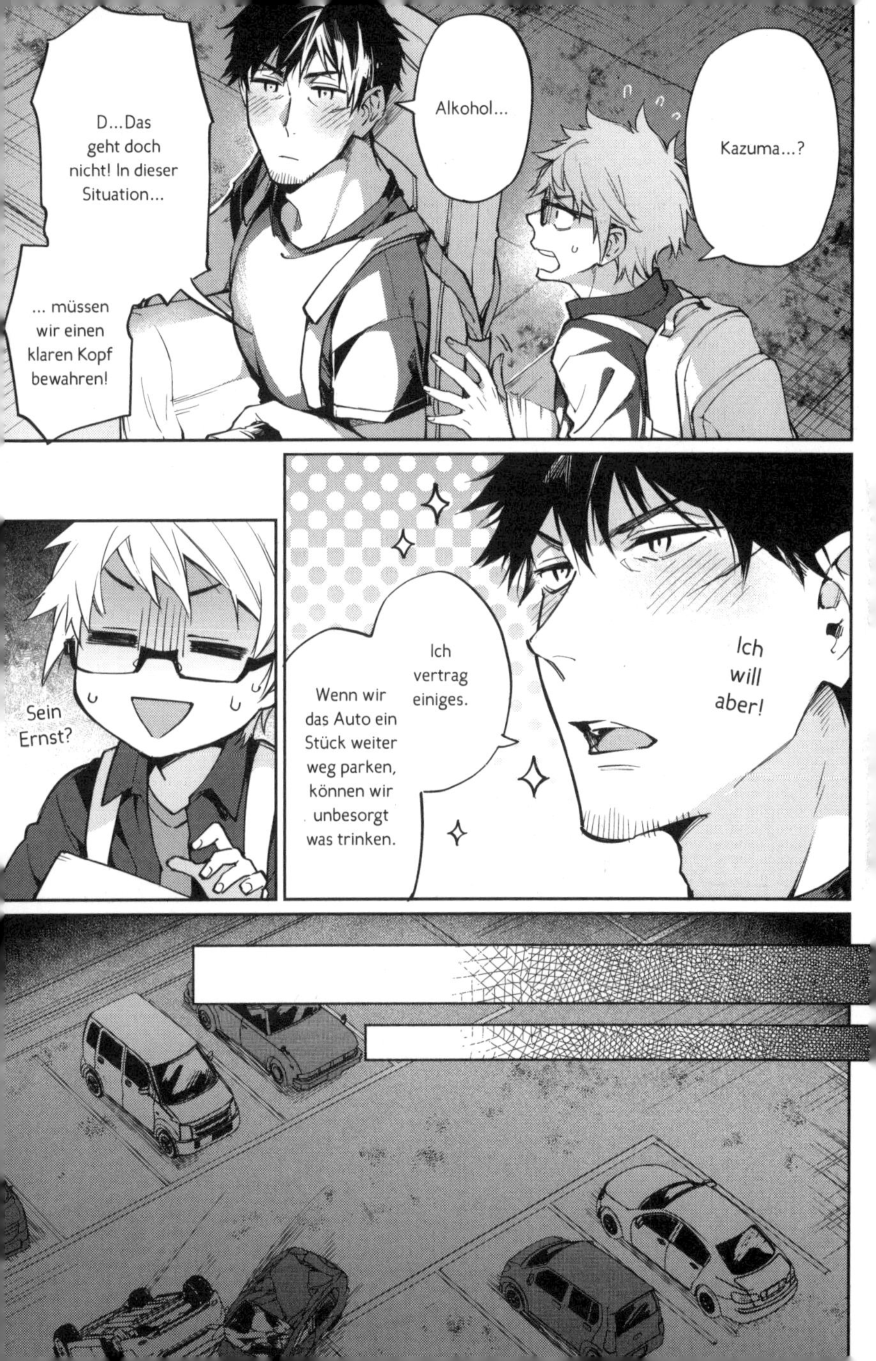
Kazuma...?
Alkohol...
D...Das geht doch nicht! In dieser Situation...
... müssen wir einen klaren Kopf bewahren!
Ich will aber!
Ich vertrag einiges.
Wenn wir das Auto ein Stück weiter weg parken, können wir unbesorgt was trinken.
Sein Ernst?

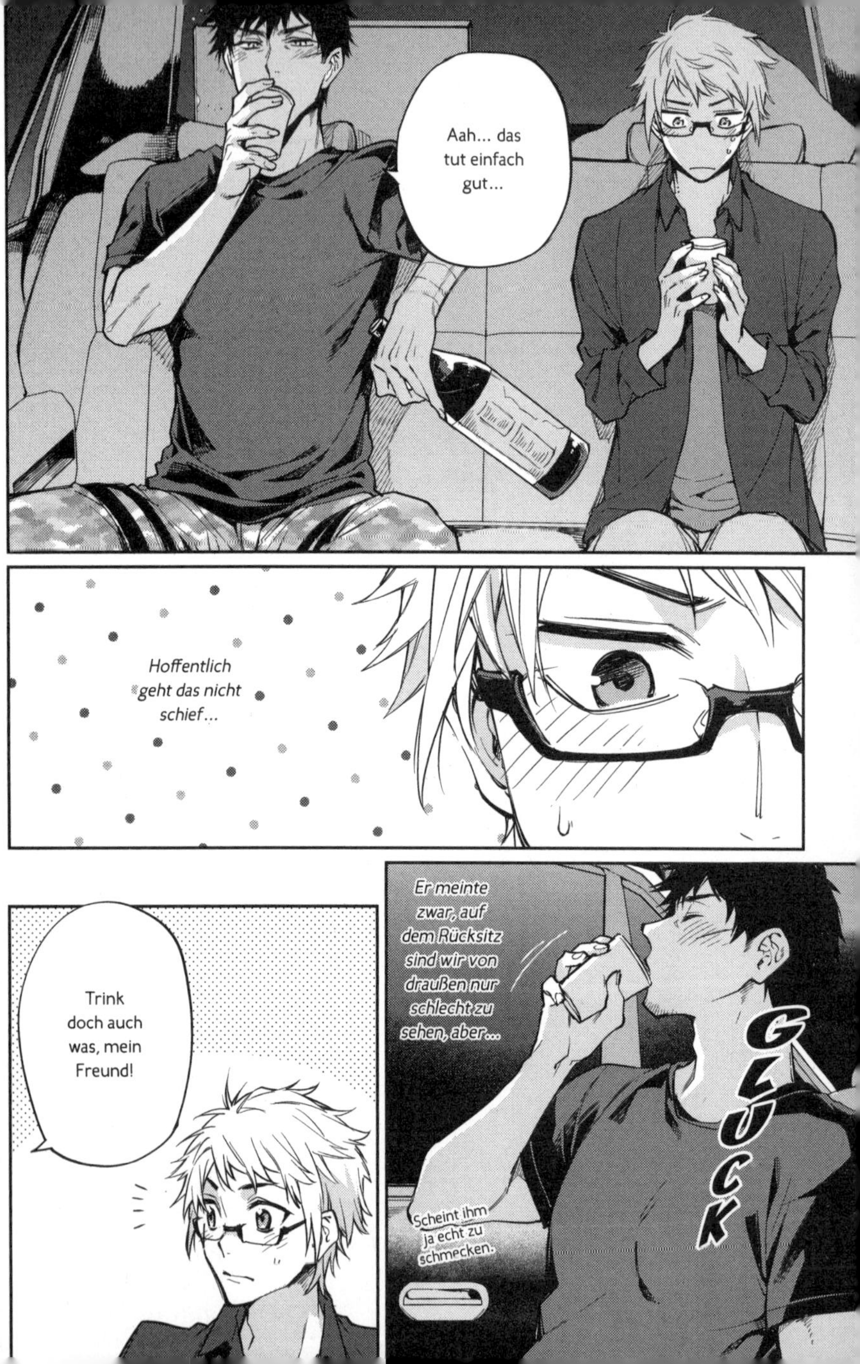
Aah... das tut einfach gut...
Hoffentlich geht das nicht schief...
Er meinte zwar, auf dem Rücksitz sind wir von draußen nur schlecht zu sehen, aber...
GLUCK
Scheint ihm ja echt zu schmecken.
Trink doch auch was, mein Freund!

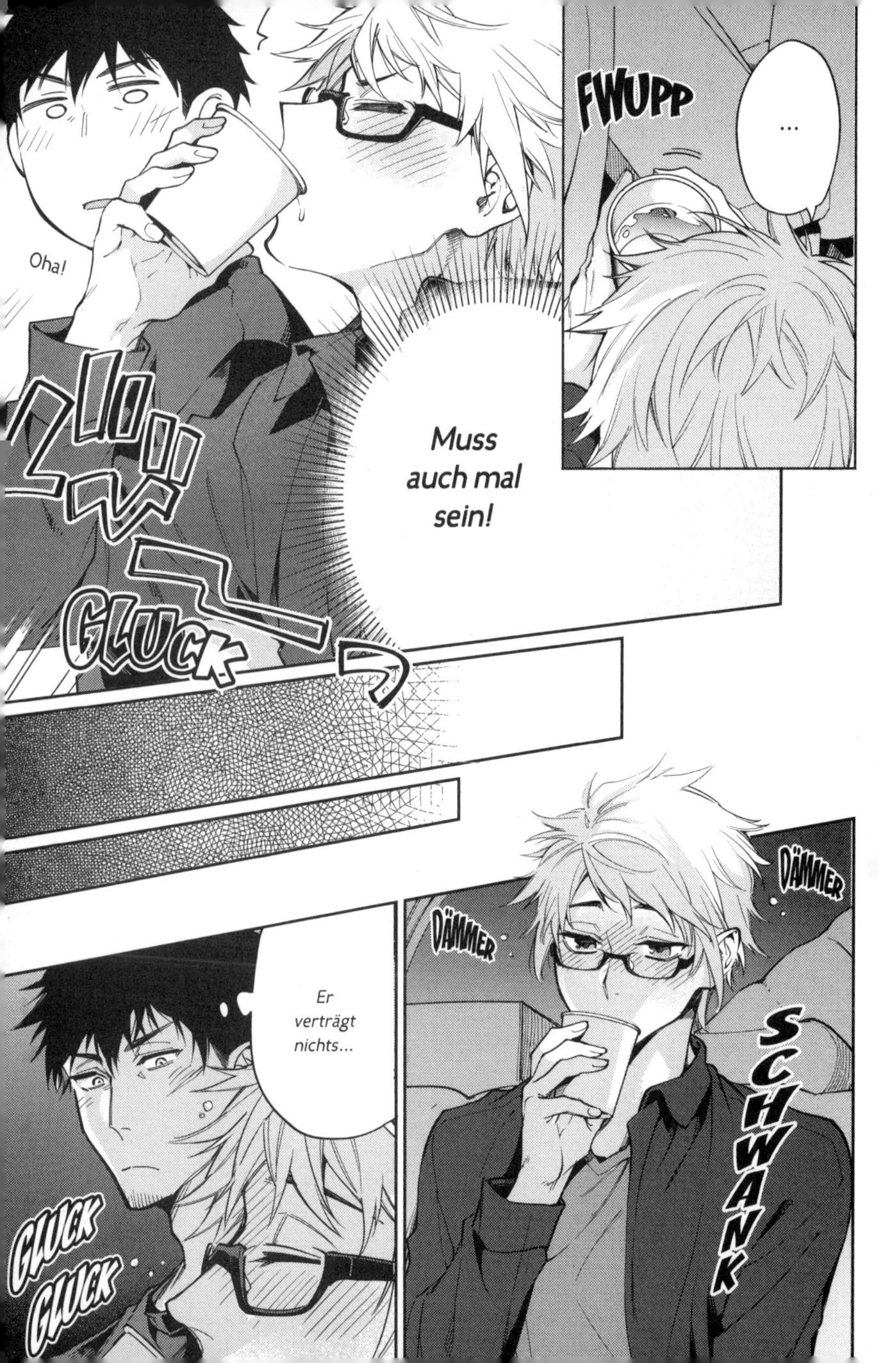

FWUPP
...
Oha!
Muss auch mal sein!
GLUCK
DÄMMER
DÄMMER
SCHWANK
Er verträgt nichts...
GLUCK GLUCK

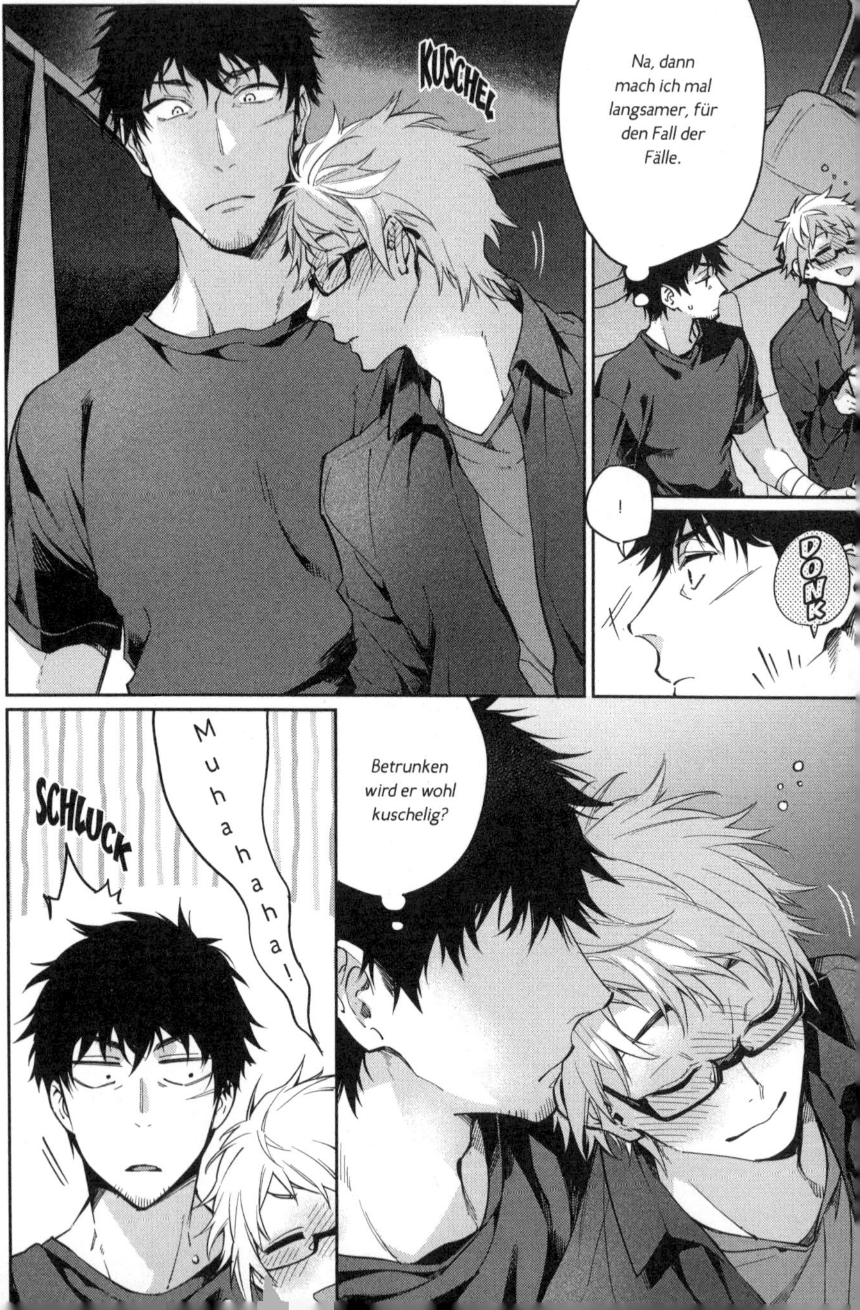
Na, dann mach ich mal langsamer, für den Fall der Fälle.
!
DONK
KUSCHEL
Betrunken wird er wohl kuschelig?
Muhahahaha!
SCHLUCK

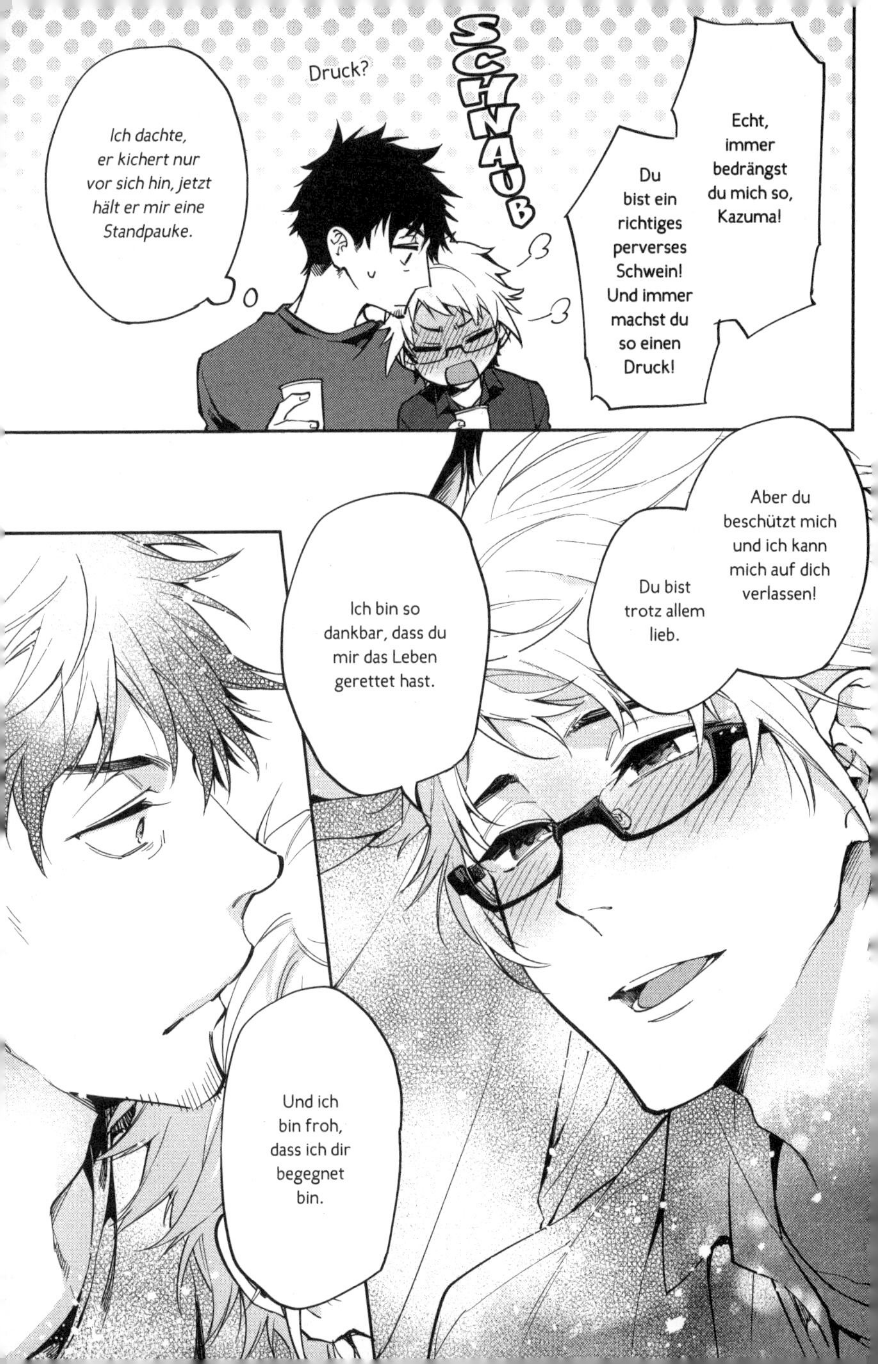

Echt, immer bedrängst du mich so, Kazuma!
Du bist ein richtiges perverses Schwein! Und immer machst du so einen Druck!
SCHNAUB
Druck?
Ich dachte, er kichert nur vor sich hin, jetzt hält er mir eine Standpauke.
Aber du beschützt mich und ich kann mich auf dich verlassen!
Du bist trotz allem lieb.
Ich bin so dankbar, dass du mir das Leben gerettet hast.
Und ich bin froh, dass ich dir begegnet bin.

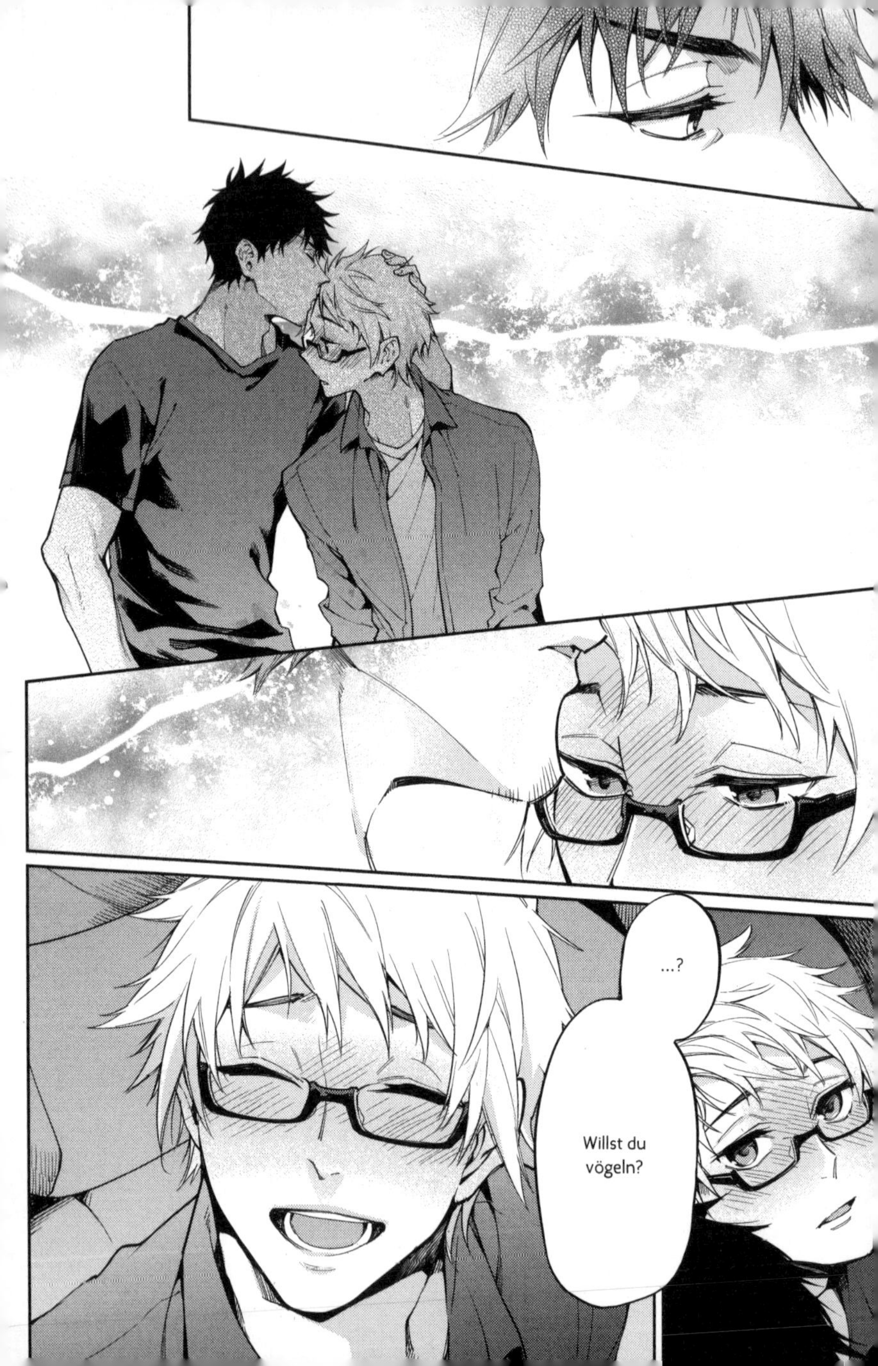
...?
Willst du vögeln?

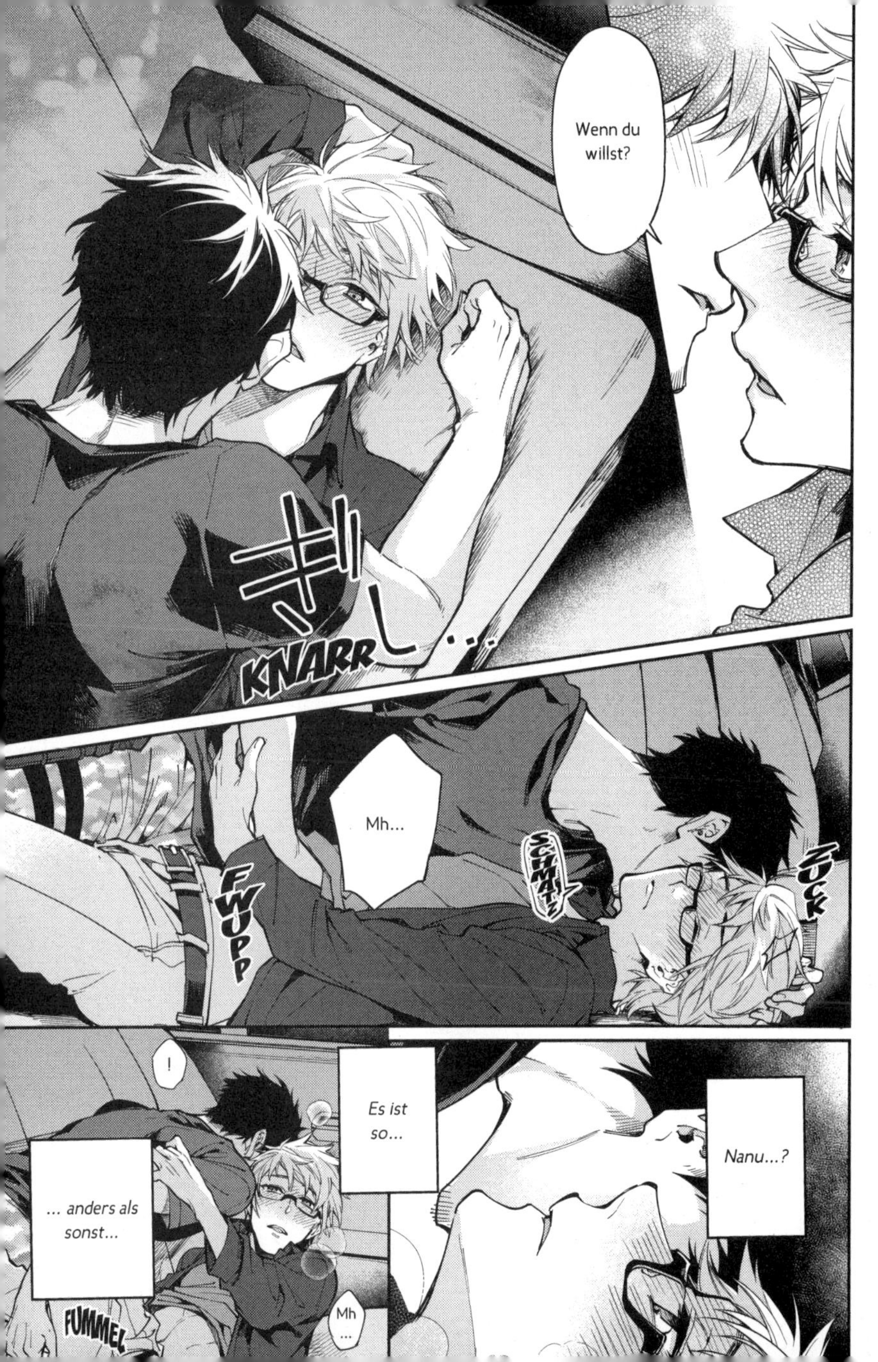
Wenn du willst?
ぎし…
KNARR
ZUCK
SCHMATZ
Mh…
FWUPP
Nanu…?
Es ist so…
!
… anders als sonst…
Mh …
FUMMEL

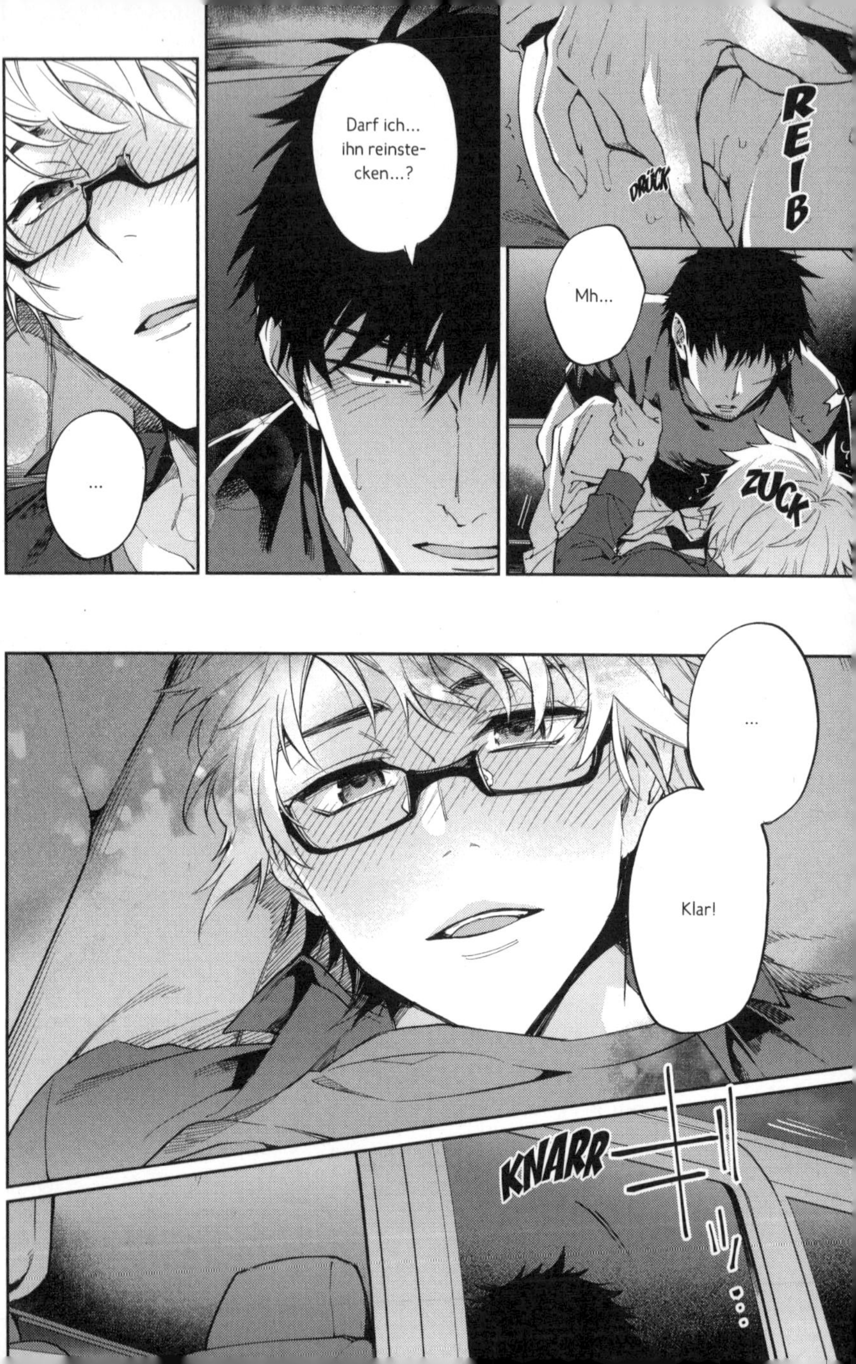
REIB
DRÜCK
Mh...
ZUCK
Darf ich... ihn reinstecken...?
...
...
Klar!
KNARR

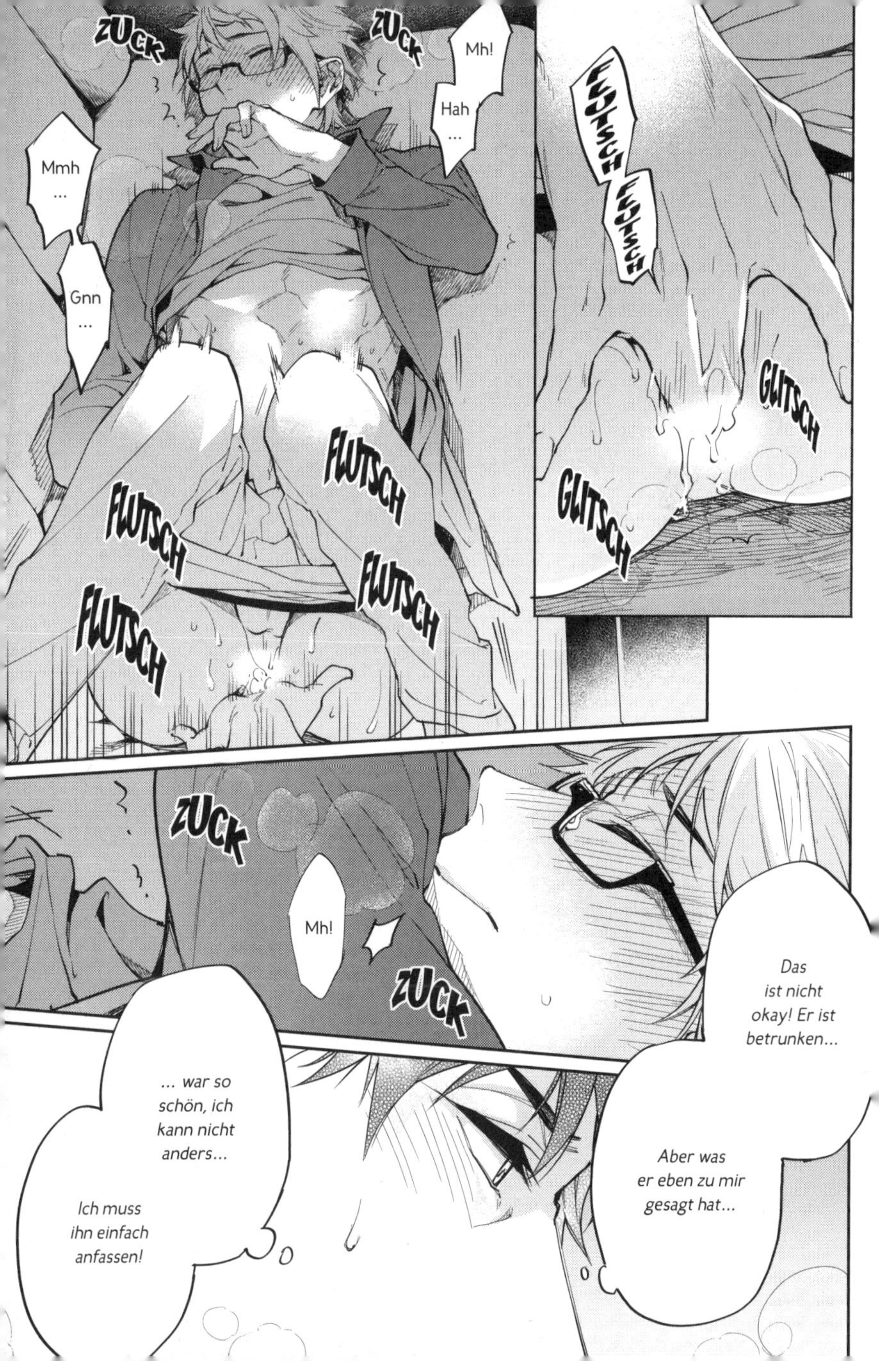
FLUTSCH
FLUTSCH
GLITSCH
GLITSCH
ZUCK
ZUCK
Mh!
Hah …
Mmh …
Gnn …
FLUTSCH
FLUTSCH
FLUTSCH
FLUTSCH
ZUCK
Mh!
ZUCK
Das ist nicht okay! Er ist betrunken…
Aber was er eben zu mir gesagt hat…
… war so schön, ich kann nicht anders…
Ich muss ihn einfach anfassen!

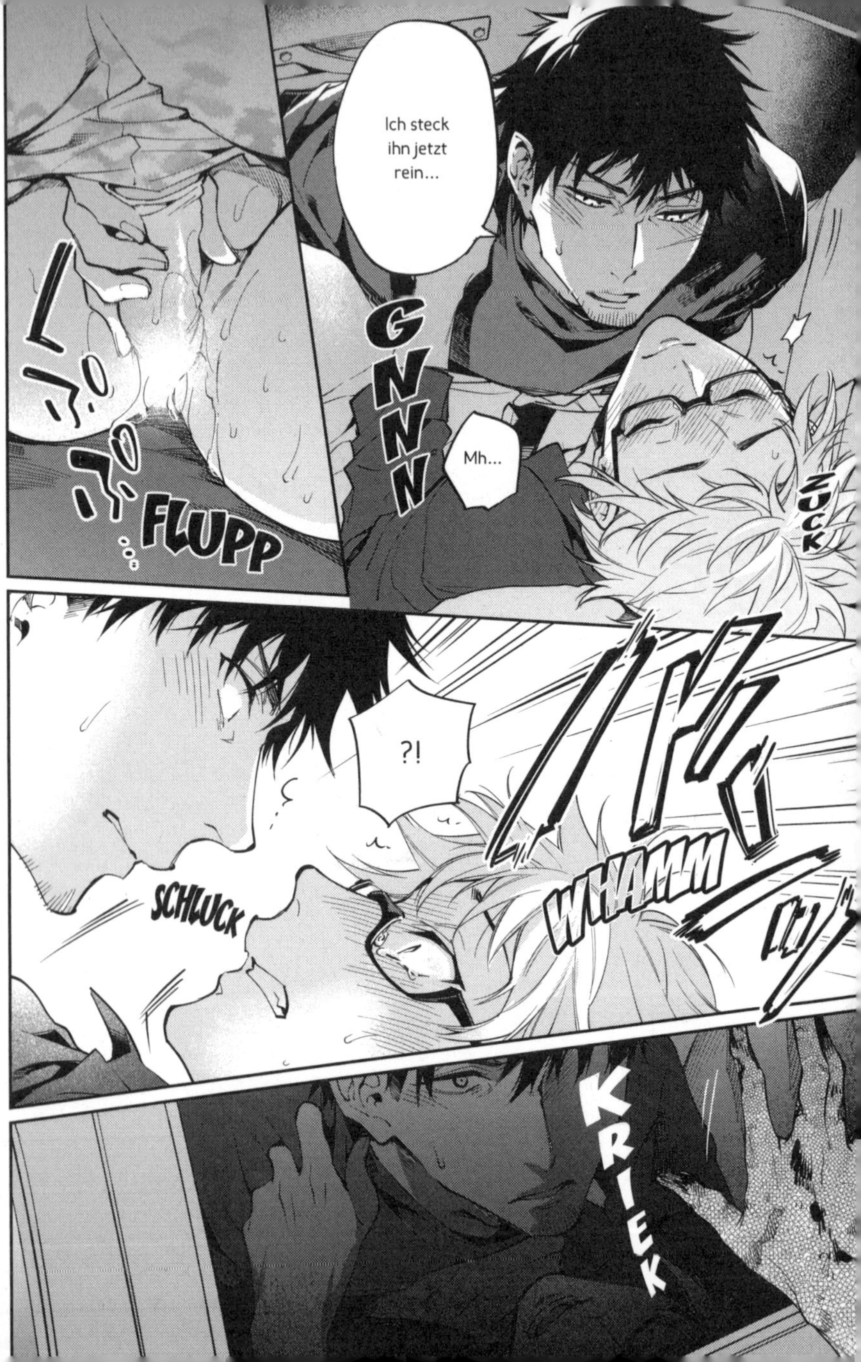
Ich steck ihn jetzt rein…
GNNN
ZUCK
Mh…
FLUPP
WHAMM
?!
SCHLUCK
KRIEK

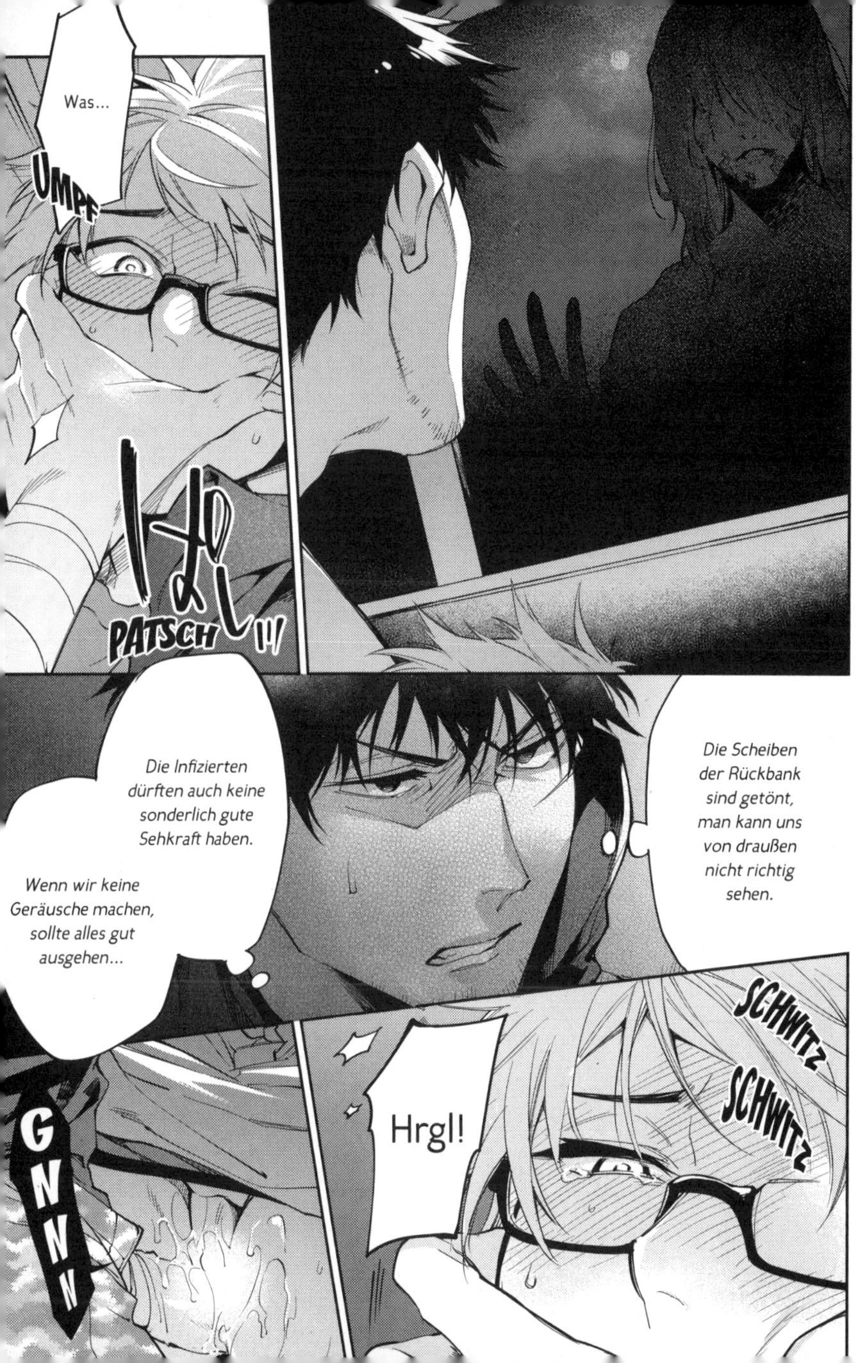

Was...
UMPF
PATSCH
Die Scheiben der Rückbank sind getönt, man kann uns von draußen nicht richtig sehen.
Die Infizierten dürften auch keine sonderlich gute Sehkraft haben.
Wenn wir keine Geräusche machen, sollte alles gut ausgehen...
SCHWITZ
SCHWITZ
Hrgl!
GNNN

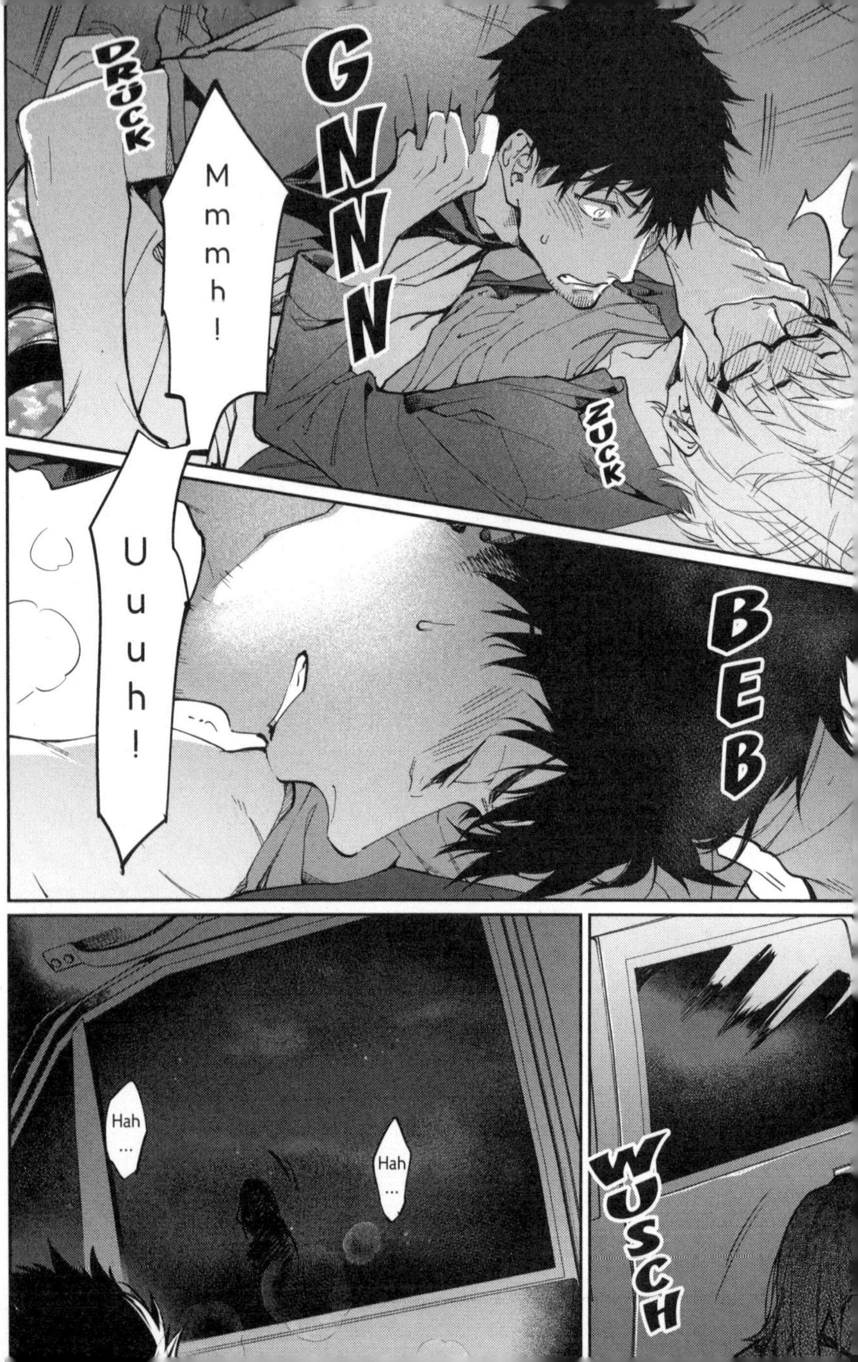
GNNN
DRÜCK
Mmmh!
ZUCK
BEB
Uuuh!
WUSCH
Hah ...
Hah ...

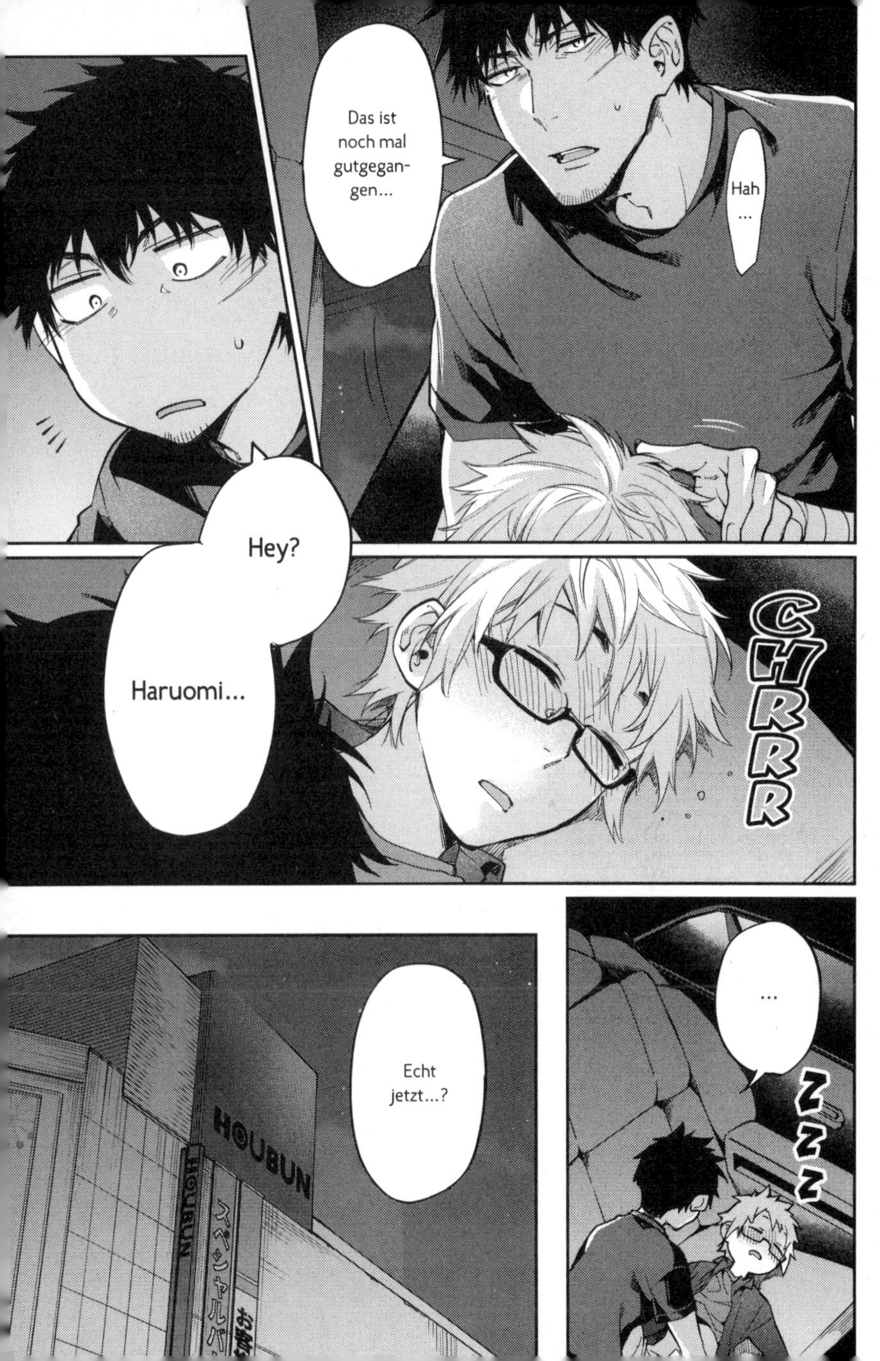
Hah …
Das ist noch mal gutgegangen…
CHRRR
Hey? Haruomi…
…
ZZZ
Echt jetzt…?
HOUBUN
HOUBUN

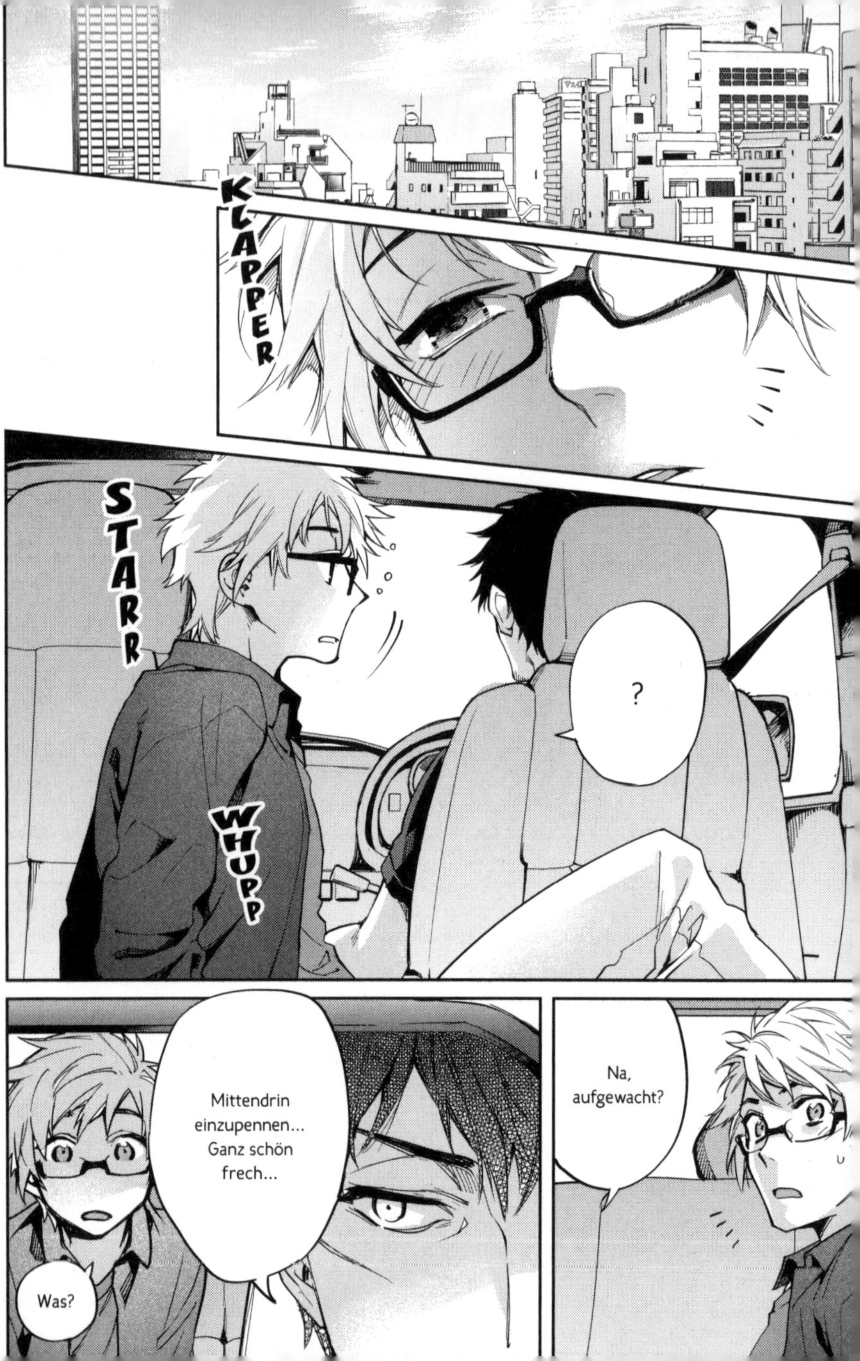
KLAPPER
STARR
?
WHUPP
Na, aufgewacht?
Mittendrin einzupennen... Ganz schön frech...
Was?

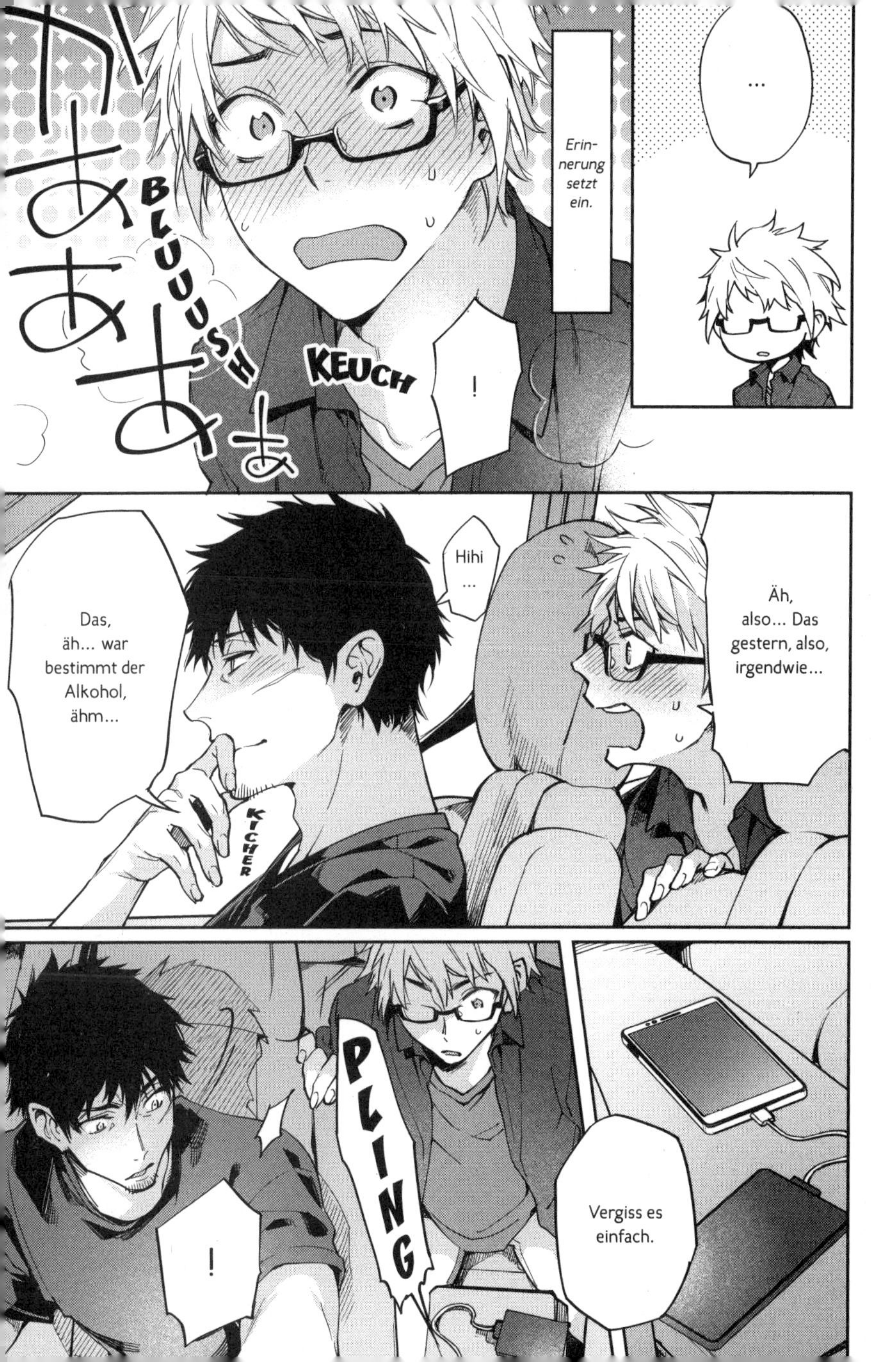
…
Erinnerung setzt ein.
!
KEUCH
BLUUUSH
Äh, also… Das gestern, also, irgendwie…
Hihi …
Das, äh… war bestimmt der Alkohol, ähm…
KICHER
Vergiss es einfach.
PLING
!

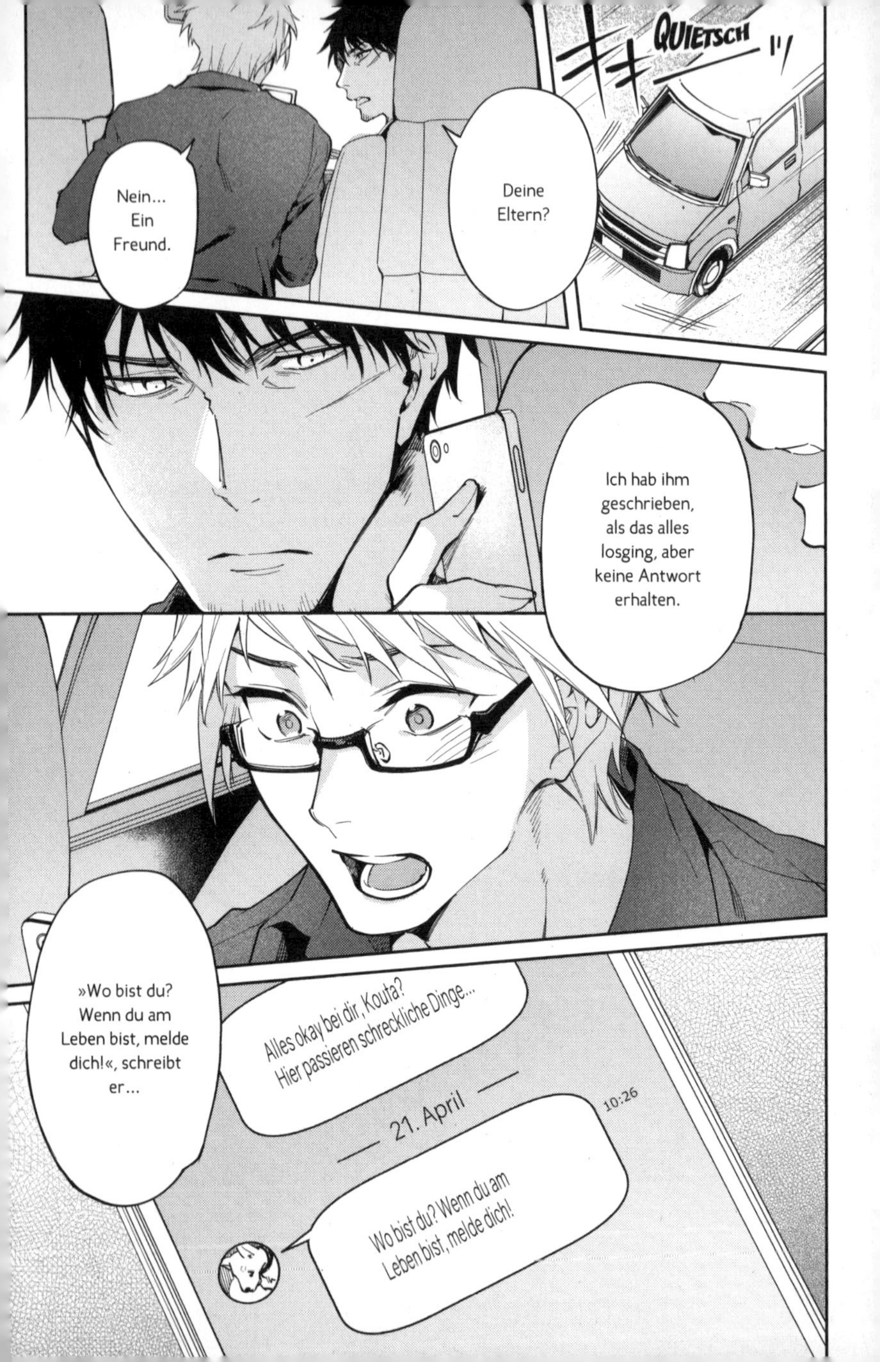
QUIETSCH
Deine Eltern?
Nein... Ein Freund.
Ich hab ihm geschrieben, als das alles losging, aber keine Antwort erhalten.
»Wo bist du? Wenn du am Leben bist, melde dich!«, schreibt er...
Alles okay bei dir, Kouta? Hier passieren schreckliche Dinge...
10:26
21. April
Wo bist du? Wenn du am Leben bist, melde dich!

ZOMBIE·HIDE·SEX

ZOMBIE·HIDE·SEX

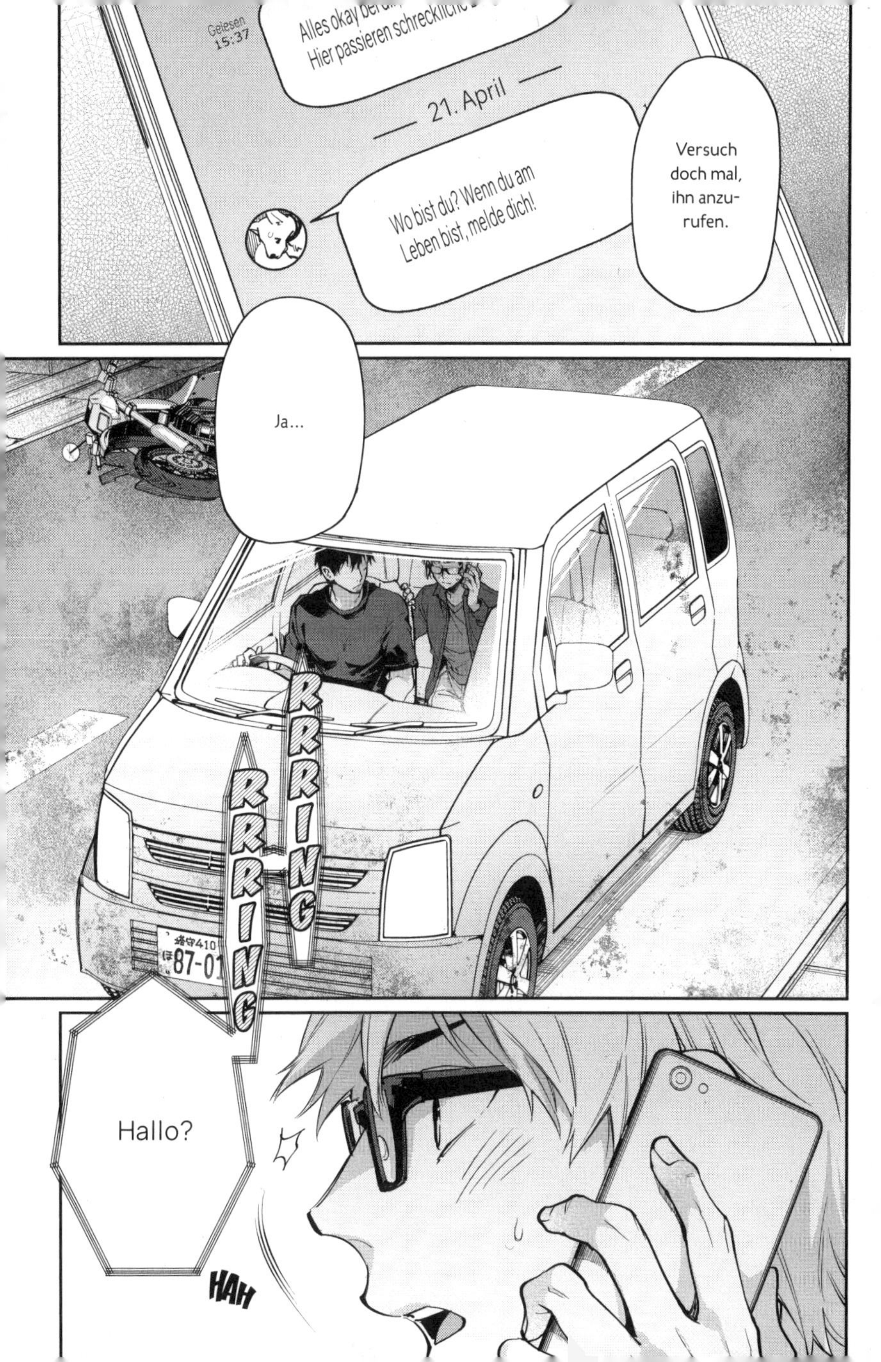
Gelesen 15:37
21. April
Wo bist du? Wenn du am Leben bist, melde dich!
Versuch doch mal, ihn anzurufen.
Ja…
RRRING
RRRING
Hallo?
HAH

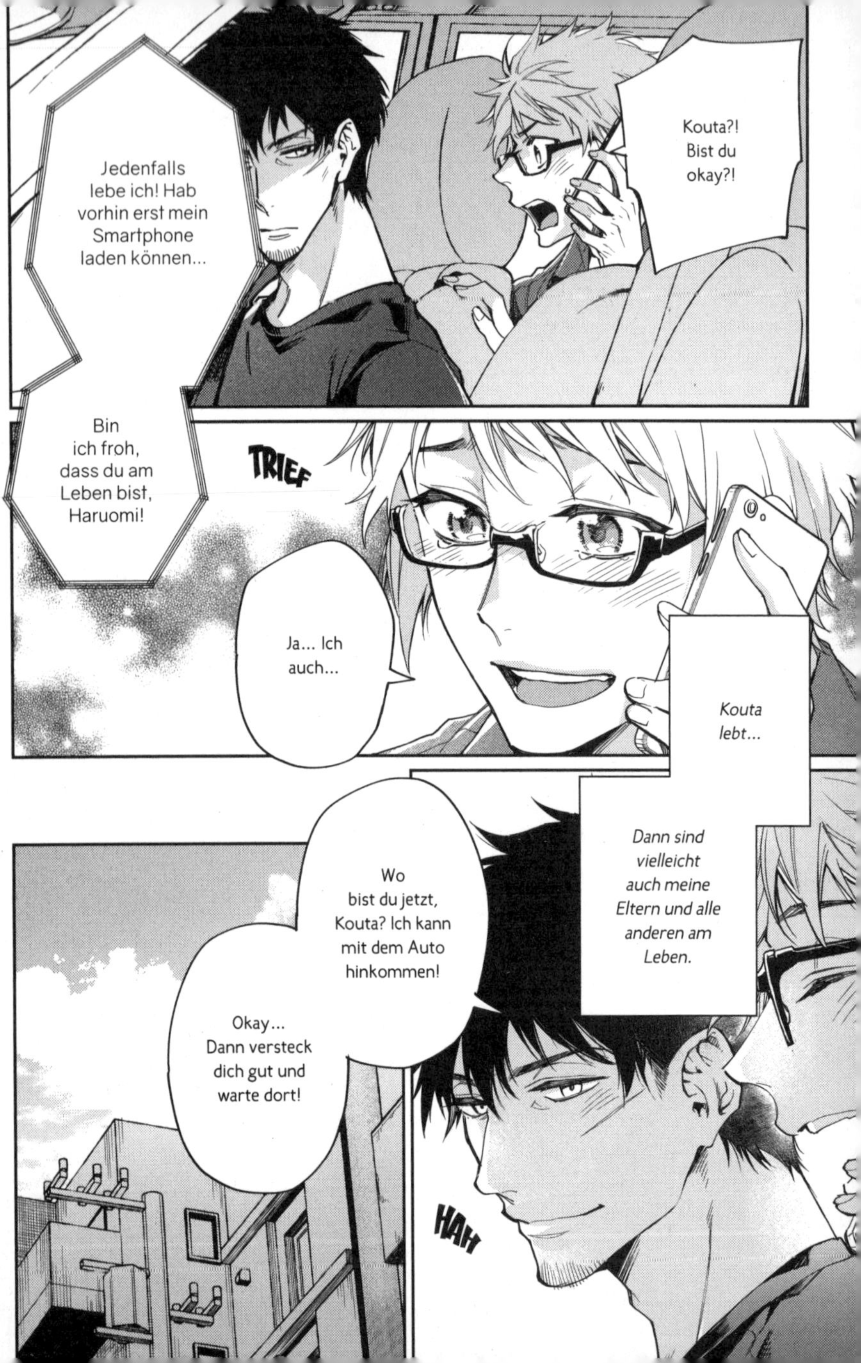
Kouta?! Bist du okay?!
Jedenfalls lebe ich! Hab vorhin erst mein Smartphone laden können...
Bin ich froh, dass du am Leben bist, Haruomi!
TRIEF
Kouta lebt...
Ja... Ich auch...
Dann sind vielleicht auch meine Eltern und alle anderen am Leben.
Wo bist du jetzt, Kouta? Ich kann mit dem Auto hinkommen!
Okay... Dann versteck dich gut und warte dort!
HAH

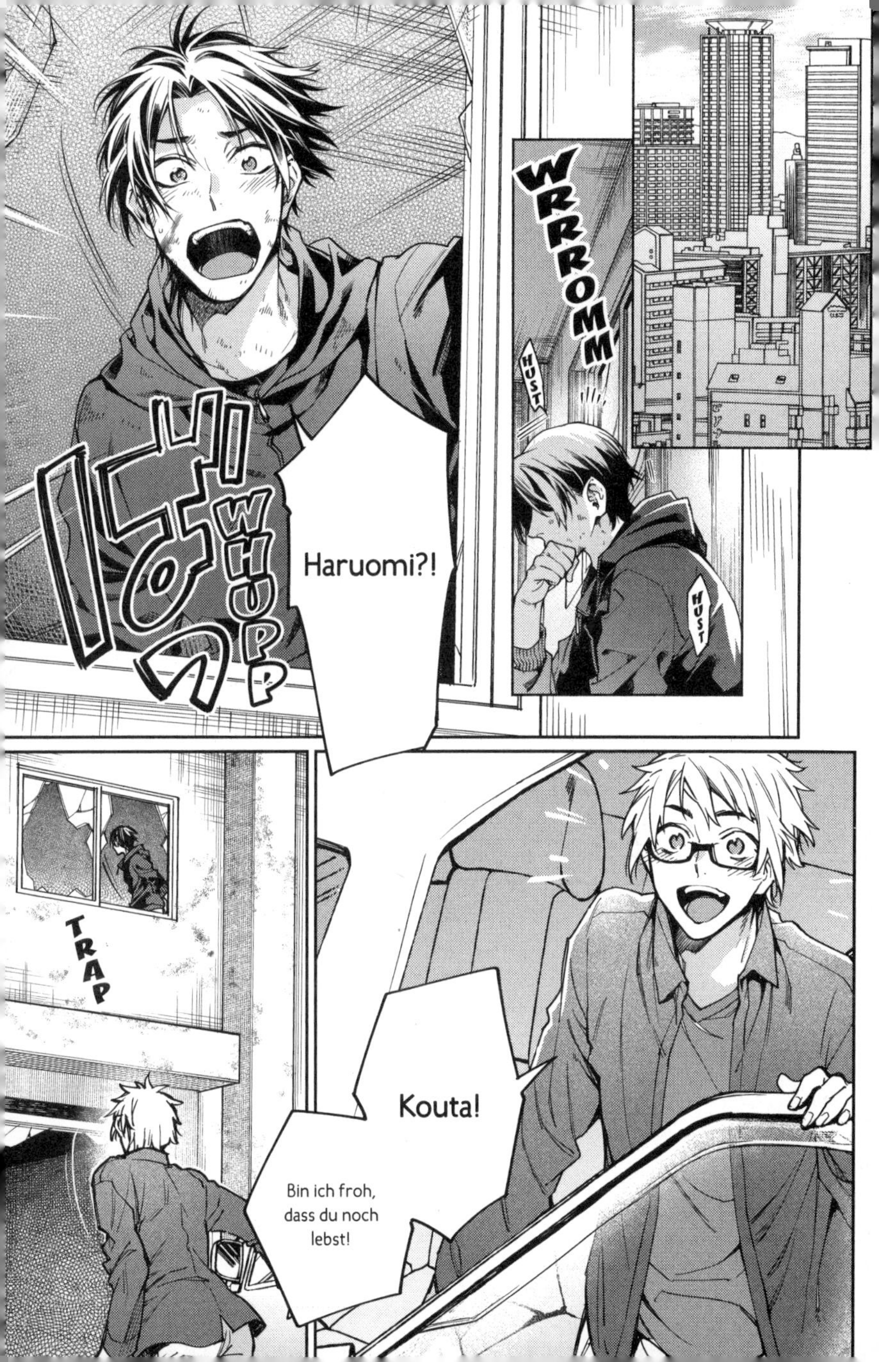
WRRROMM
HUST
HUST
Haruomi?!
WHUPP
Kouta!
Bin ich froh, dass du noch lebst!
TRAP

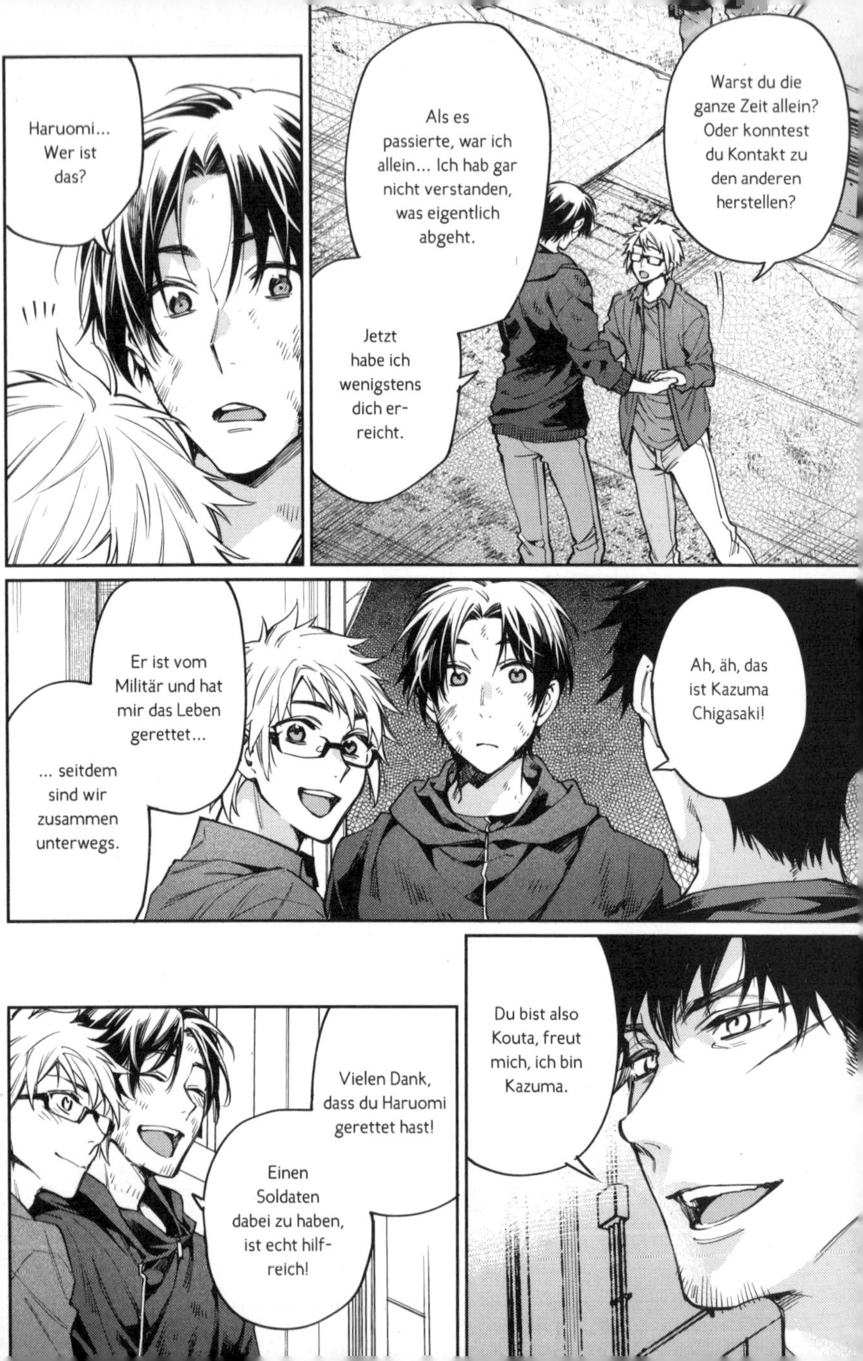

Warst du die ganze Zeit allein? Oder konntest du Kontakt zu den anderen herstellen?
Als es passierte, war ich allein... Ich hab gar nicht verstanden, was eigentlich abgeht.
Jetzt habe ich wenigstens dich erreicht.
Haruomi... Wer ist das?
Ah, äh, das ist Kazuma Chigasaki!
Er ist vom Militär und hat mir das Leben gerettet...
... seitdem sind wir zusammen unterwegs.
Du bist also Kouta, freut mich, ich bin Kazuma.
Vielen Dank, dass du Haruomi gerettet hast!
Einen Soldaten dabei zu haben, ist echt hilfreich!

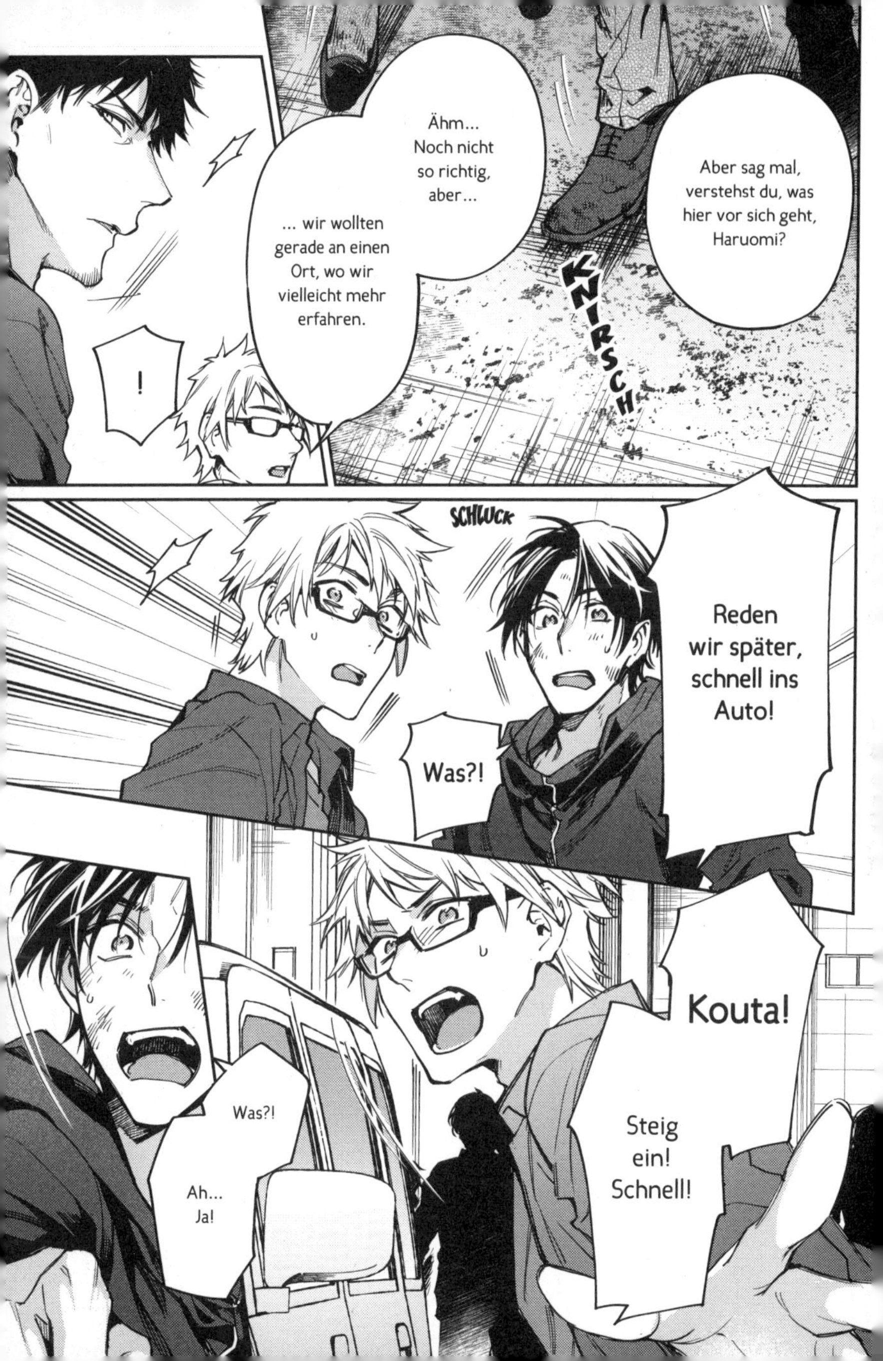
Aber sag mal, versteht du, was hier vor sich geht, Haruomi?
KNIRSCH
Ähm... Noch nicht so richtig, aber...
... wir wollten gerade an einen Ort, wo wir vielleicht mehr erfahren.
!
Reden wir später, schnell ins Auto!
SCHLUCK
Was?!
Kouta!
Steig ein! Schnell!
Was?!
Ah... Ja!

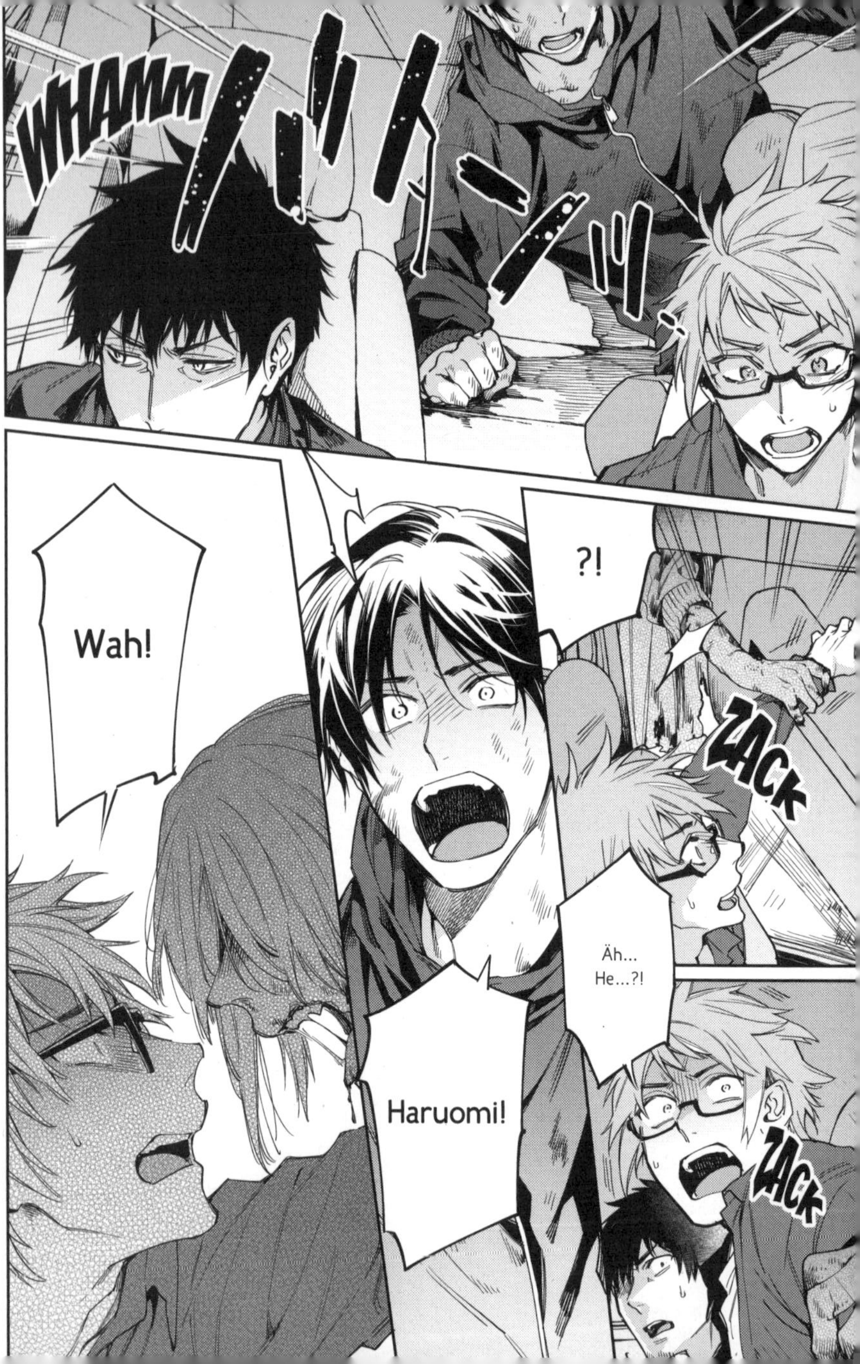
WHAMM
?!
ZACK
Äh...
He...?!
ZACK
Haruomi!
Wah!

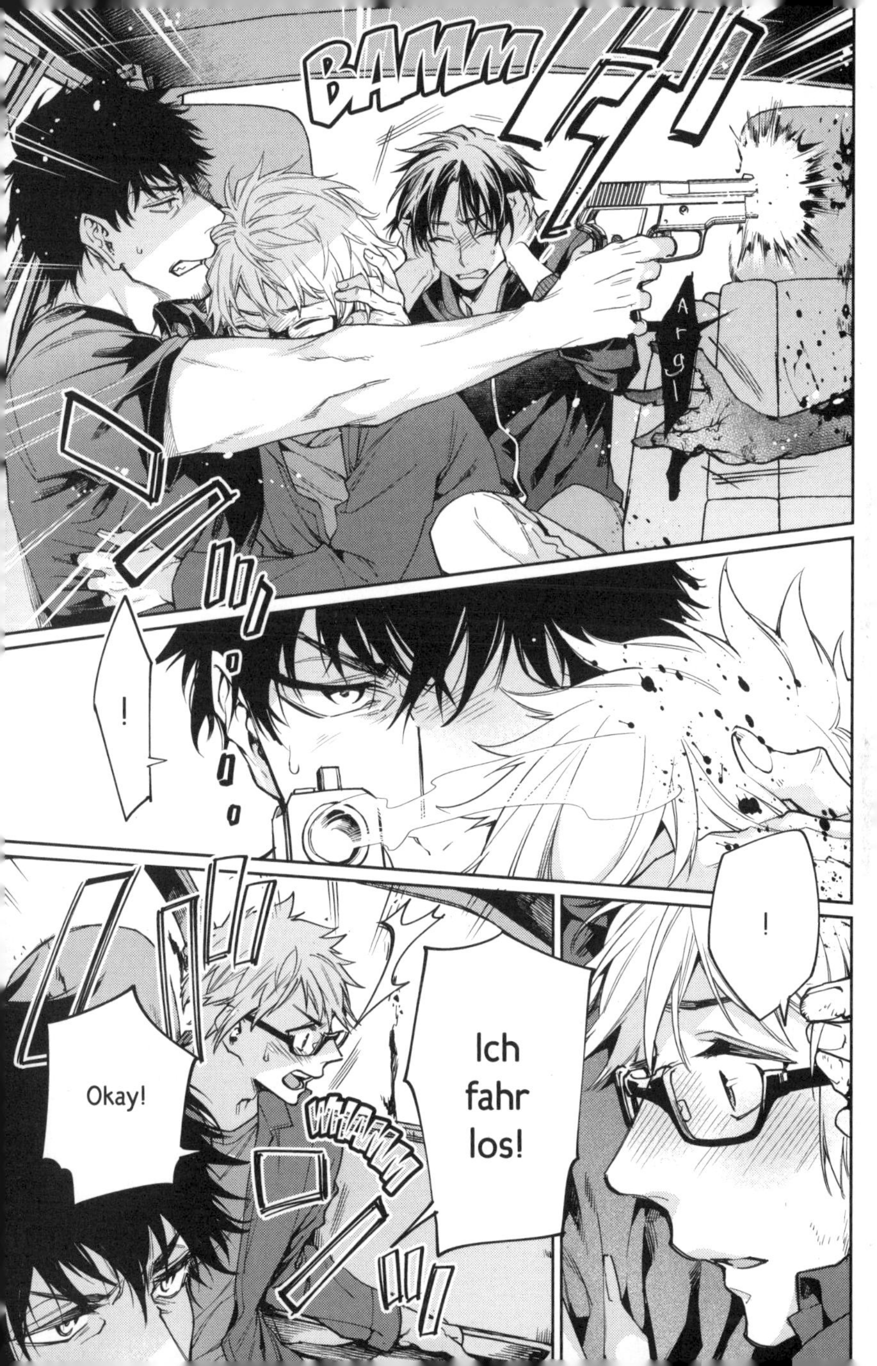
BAMM
Argl
!
!
Ich fahr los!
Okay!
WHAMM

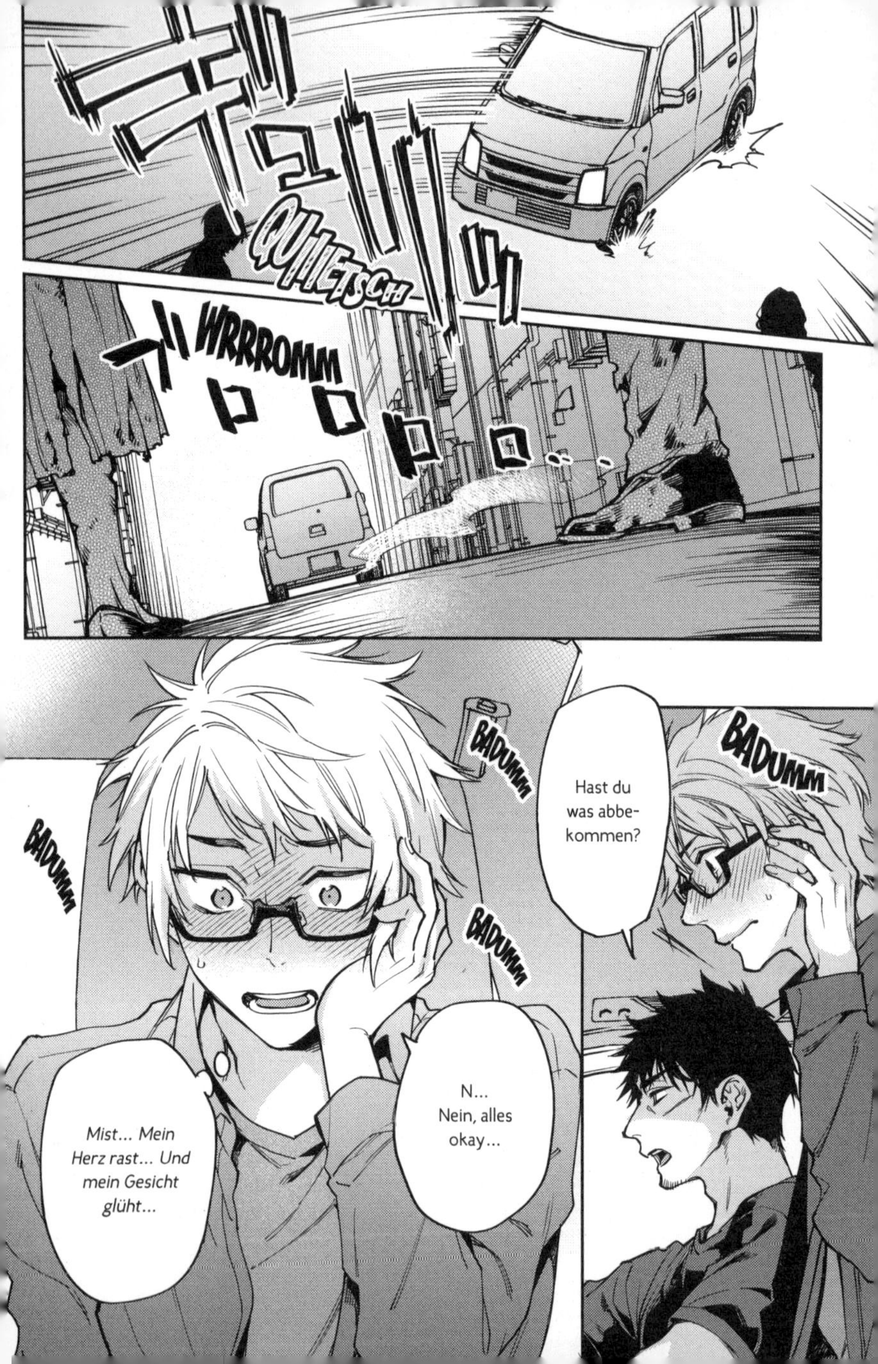
QUIETSCH
WRRROMM
BADUMM
Hast du was abbe-kommen?
BADUMM
BADUMM
BADUMM
N... Nein, alles okay...
Mist... Mein Herz rast... Und mein Gesicht glüht...

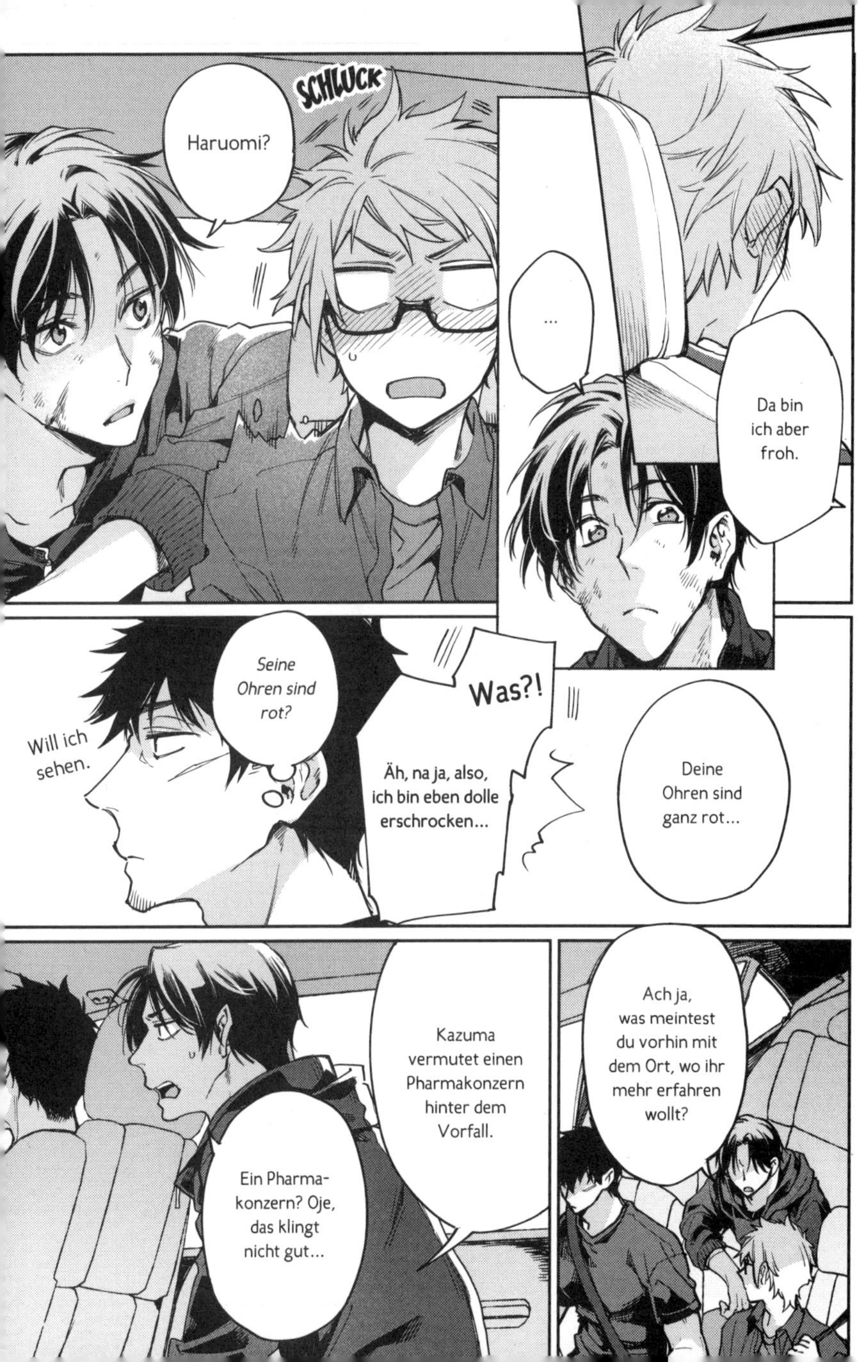
Da bin ich aber froh.
...
Haruomi?
SCHLUCK
Deine Ohren sind ganz rot...
Was?!
Äh, na ja, also, ich bin eben dolle erschrocken...
Seine Ohren sind rot?
Will ich sehen.
Ach ja, was meintest du vorhin mit dem Ort, wo ihr mehr erfahren wollt?
Kazuma vermutet einen Pharmakonzern hinter dem Vorfall.
Ein Pharma-konzern? Oje, das klingt nicht gut...

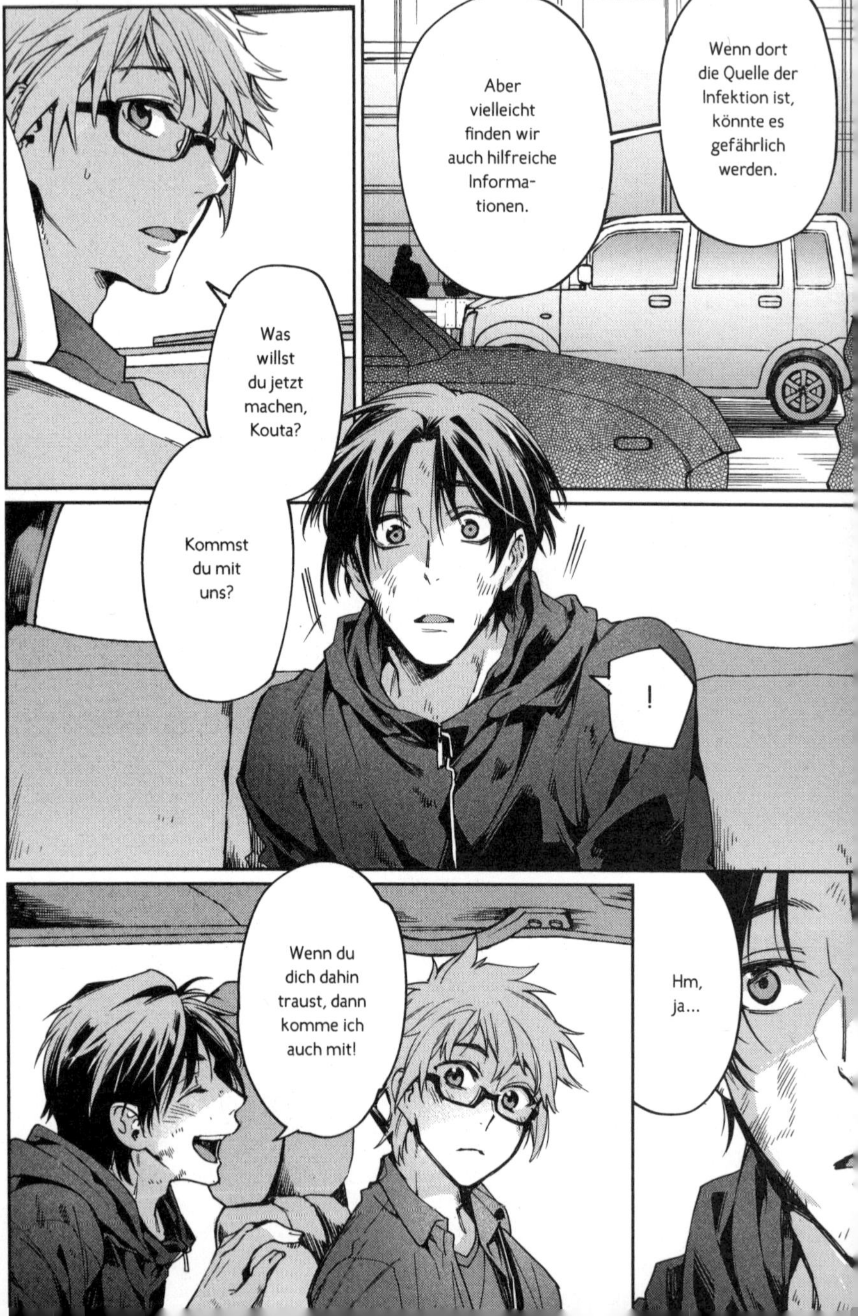
Wenn dort die Quelle der Infektion ist, könnte es gefährlich werden.
Aber vielleicht finden wir auch hilfreiche Informationen.
Was willst du jetzt machen, Kouta?
Kommst du mit uns?
!
Hm, ja…
Wenn du dich dahin traust, dann komme ich auch mit!

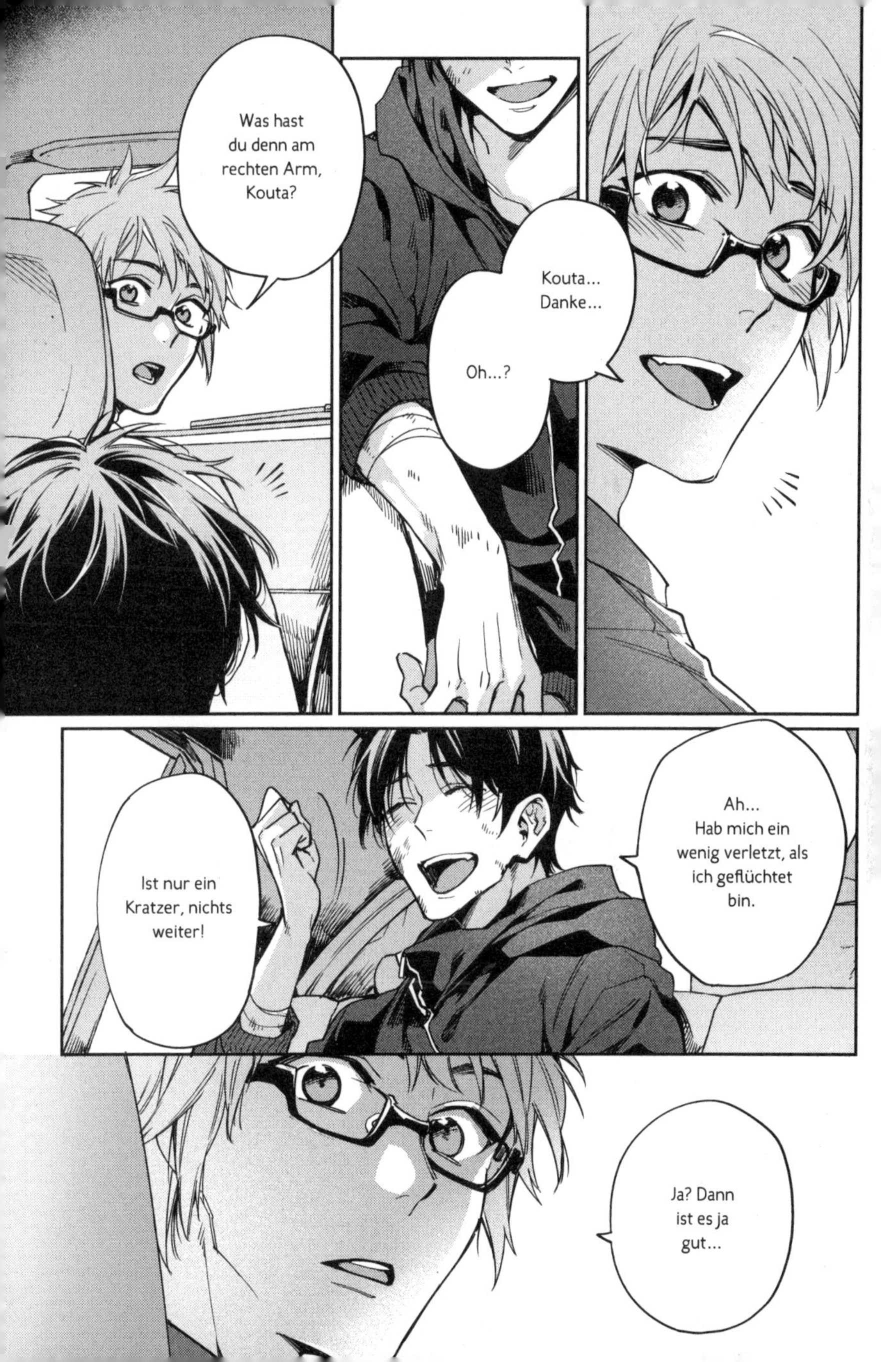
Kouta... Danke...
Oh...?
Was hast du denn am rechten Arm, Kouta?
Ah... Hab mich ein wenig verletzt, als ich geflüchtet bin.
Ist nur ein Kratzer, nichts weiter!
Ja? Dann ist es ja gut...

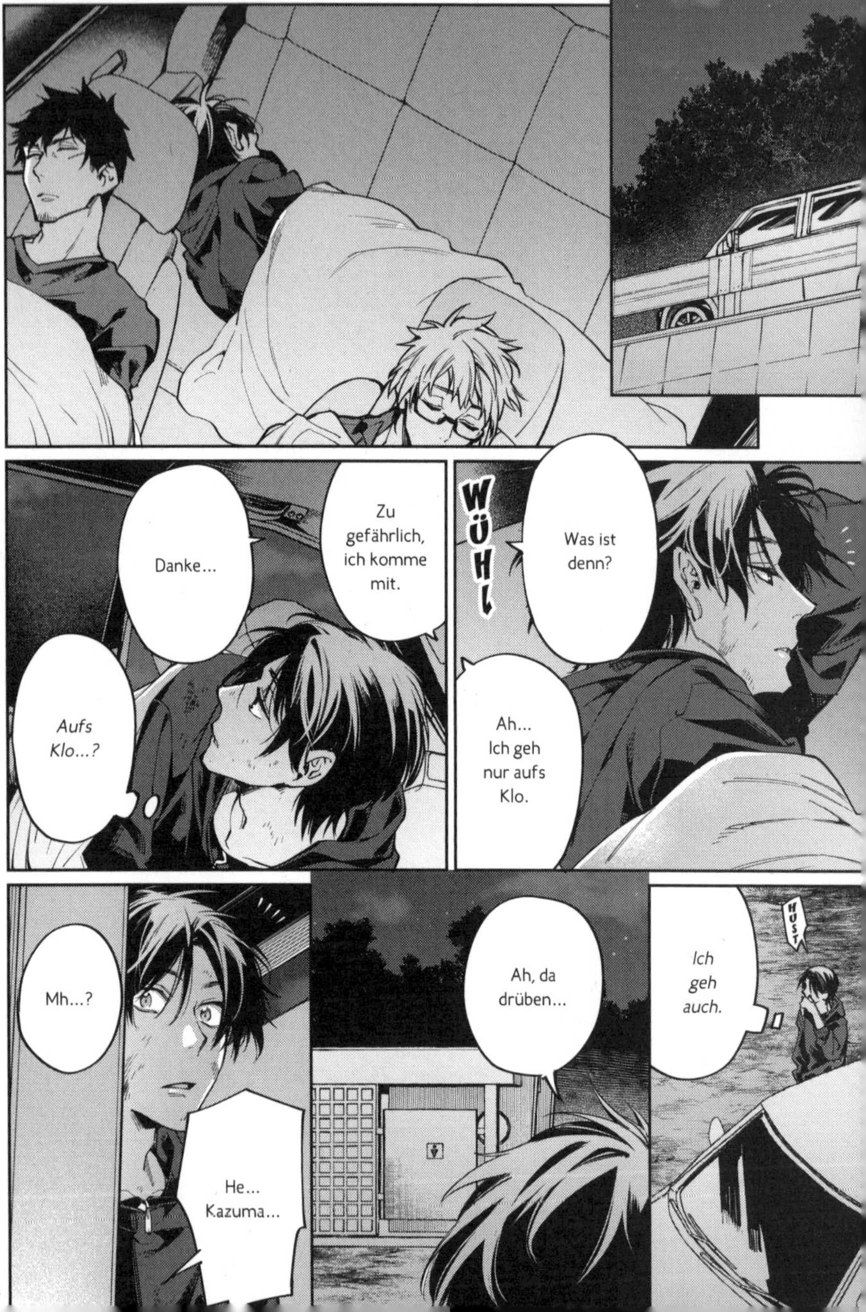
WÜHL
Was ist denn?
Ah... Ich geh nur aufs Klo.
Zu gefährlich, ich komme mit.
Danke...
Aufs Klo...?
HUST
Ich geh auch.
Ah, da drüben...
Mh...?
He... Kazuma...

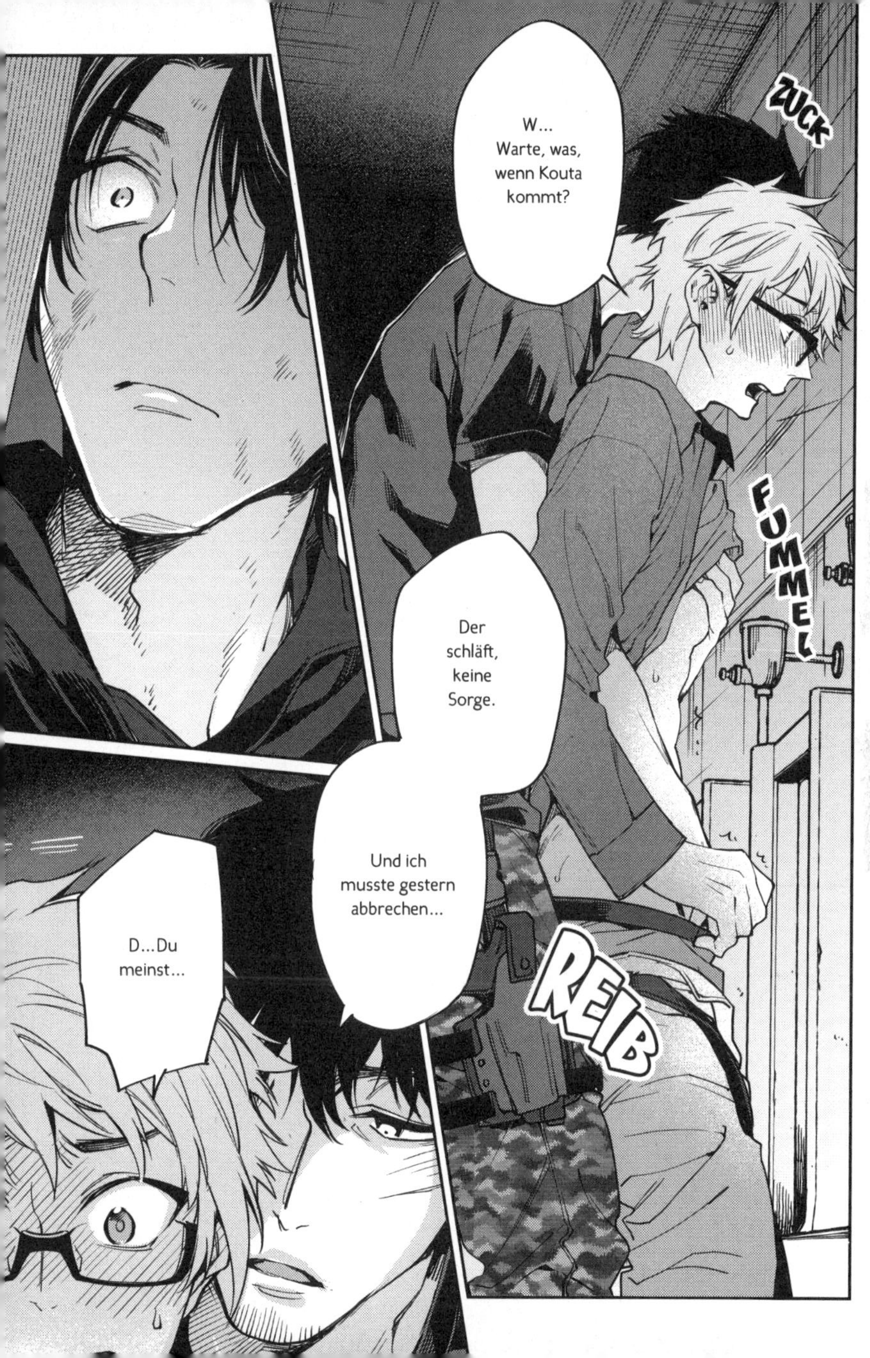
ZUCK
W...
Warte, was,
wenn Kouta
kommt?
FUMMEL
Der
schläft,
keine
Sorge.
Und ich
musste gestern
abbrechen...
REIB
D...Du
meinst...

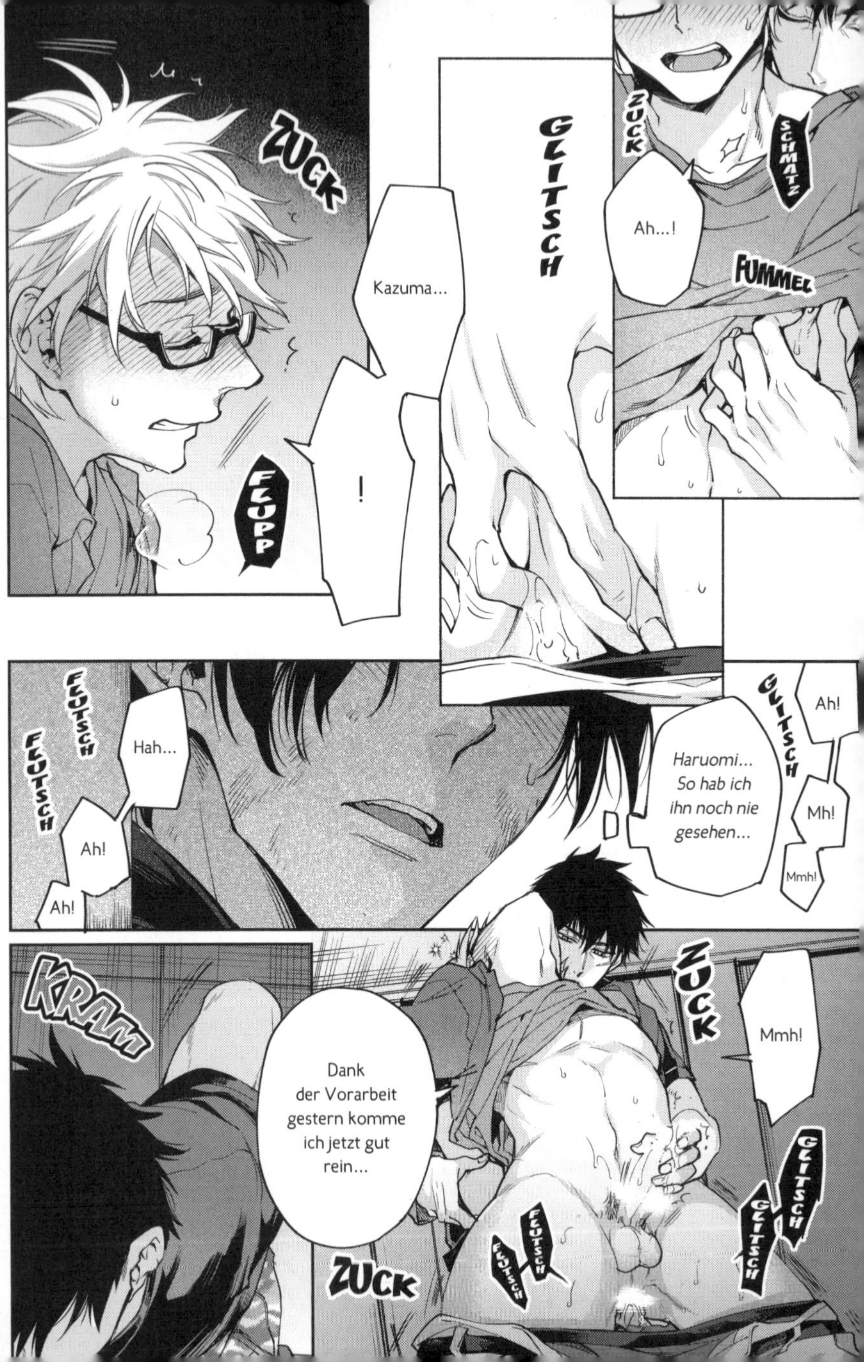
ZUCK
SCHMATZ
Ah...!
FUMMEL
GLITSCH
ZUCK
Kazuma...
!
FLUPP
GLITSCH
Ah!
Haruomi... So hab ich ihn noch nie gesehen...
Mh!
Mmh!
FLUTSCH
FLUTSCH
Hah...
Ah!
Ah!
ZUCK
Mmh!
GLITSCH
GLITSCH
FLUTSCH
FLUTSCH
ZUCK
Dank der Vorarbeit gestern komme ich jetzt gut rein...
KRAM

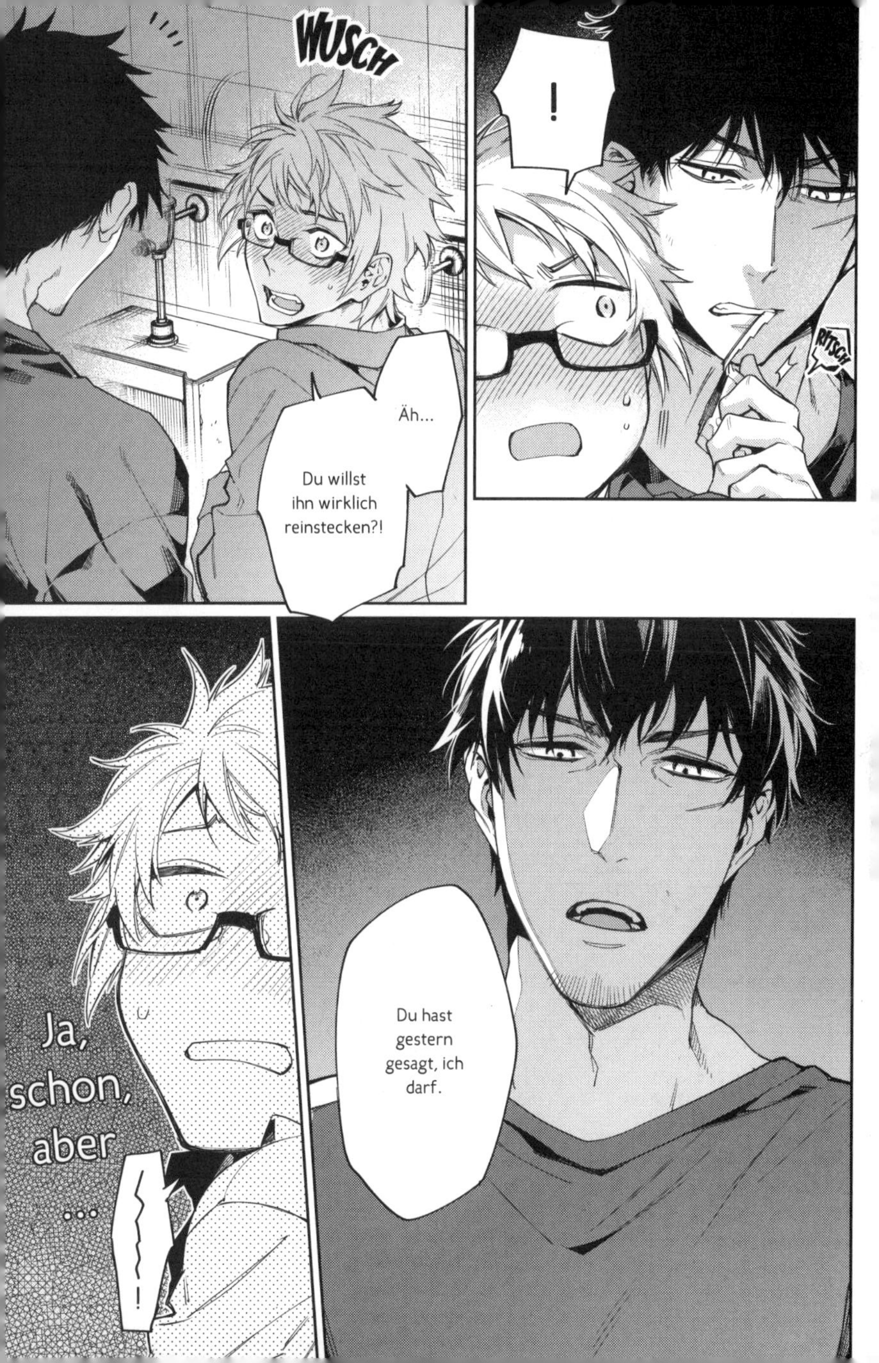
!
RITSCH
WUSCH
Äh...
Du willst ihn wirklich reinstecken?!
Du hast gestern gesagt, ich darf.
Ja, schon, aber ...
!

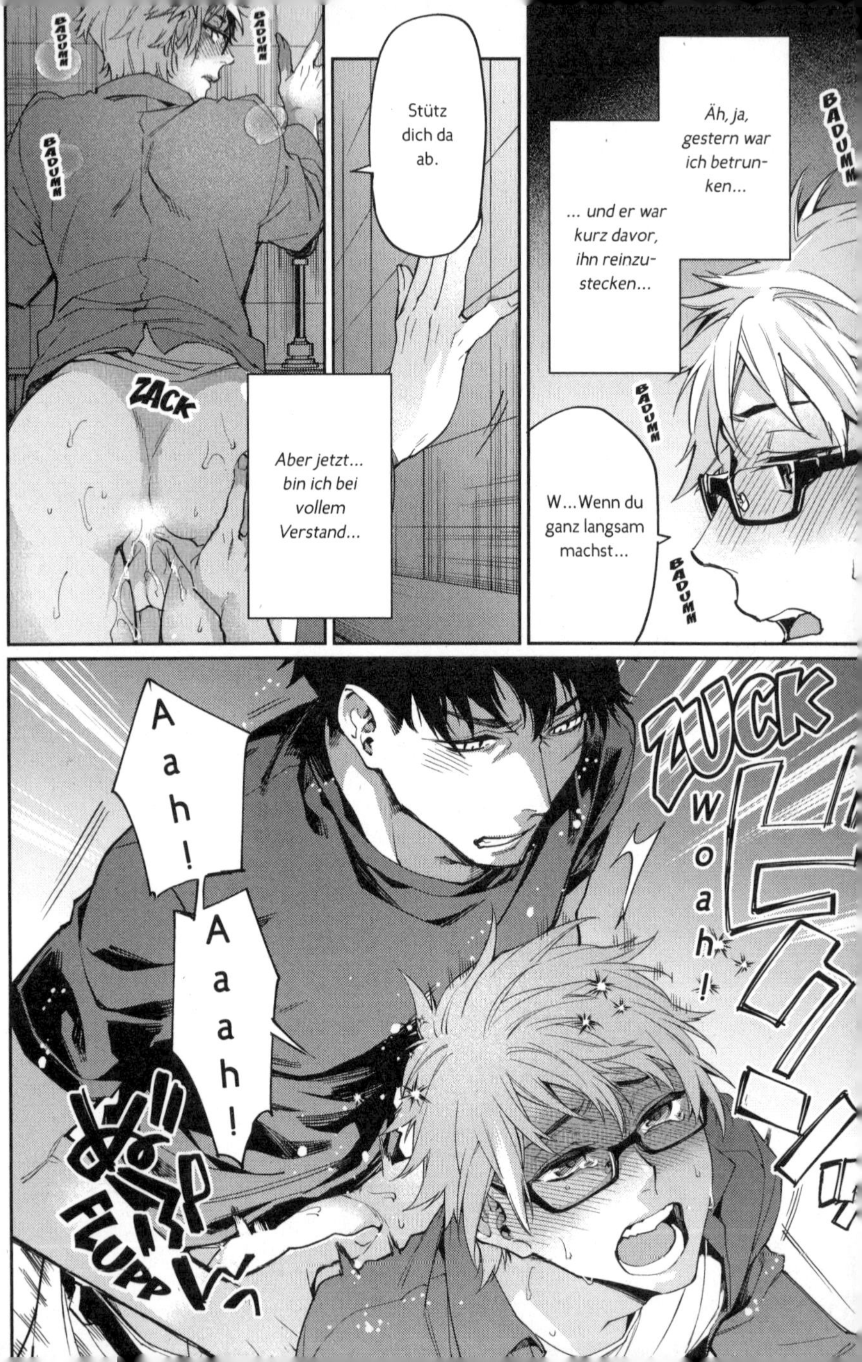
BADUMM
Äh, ja, gestern war ich betrunken...
... und er war kurz davor, ihn reinzustecken...
BADUMM
W...Wenn du ganz langsam machst...
BADUMM
Stütz dich da ab.
Aber jetzt... bin ich bei vollem Verstand...
BADUMM
BADUMM
BADUMM
ZACK
ZUCK
Woah!
Aah!
Aaah!
FLUPP

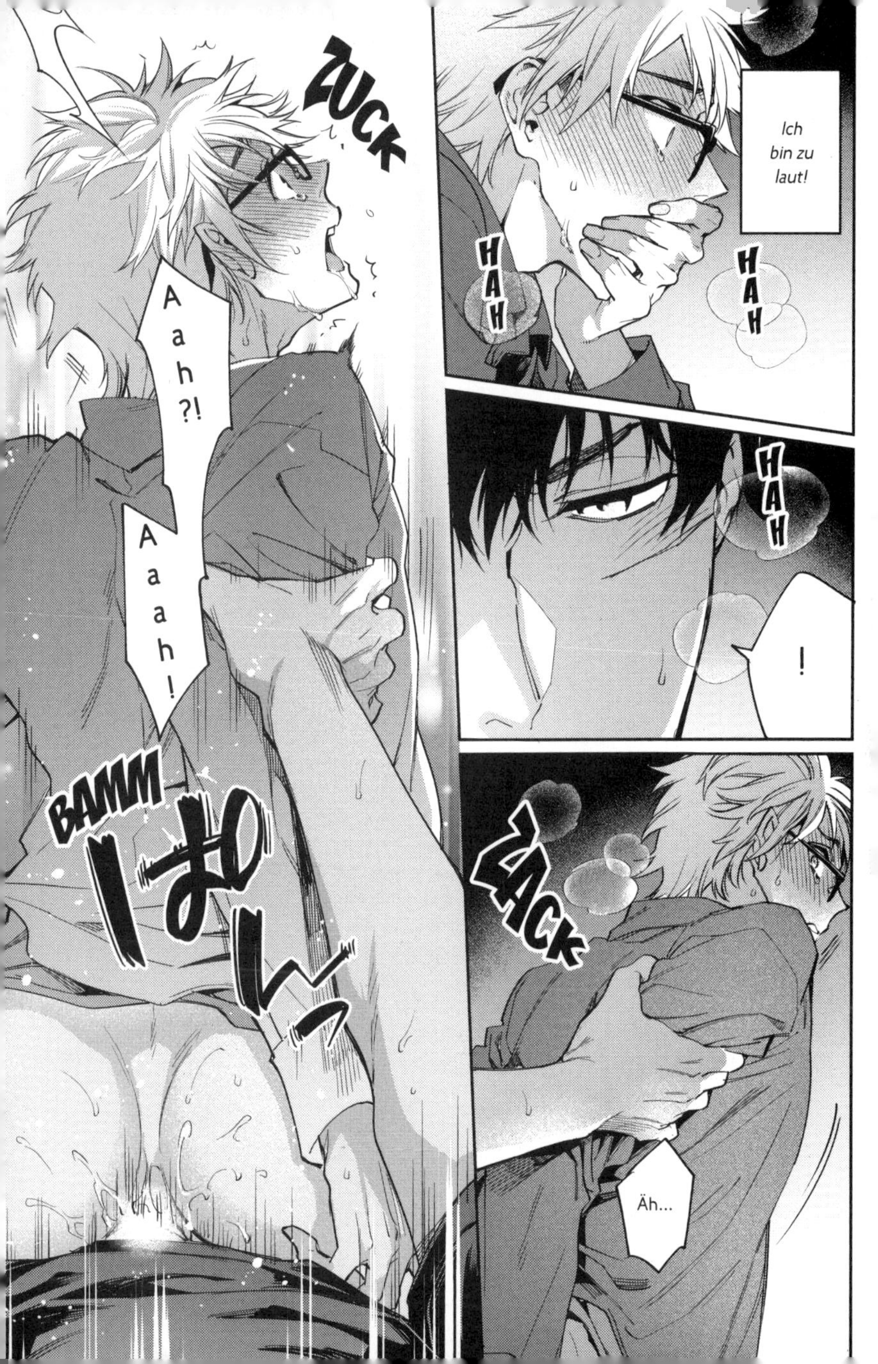

Ich bin zu laut!
HAH
HAH
HAH
!
ZACK
Äh...
ZUCK
Aah?!
Aaah!
BAMM

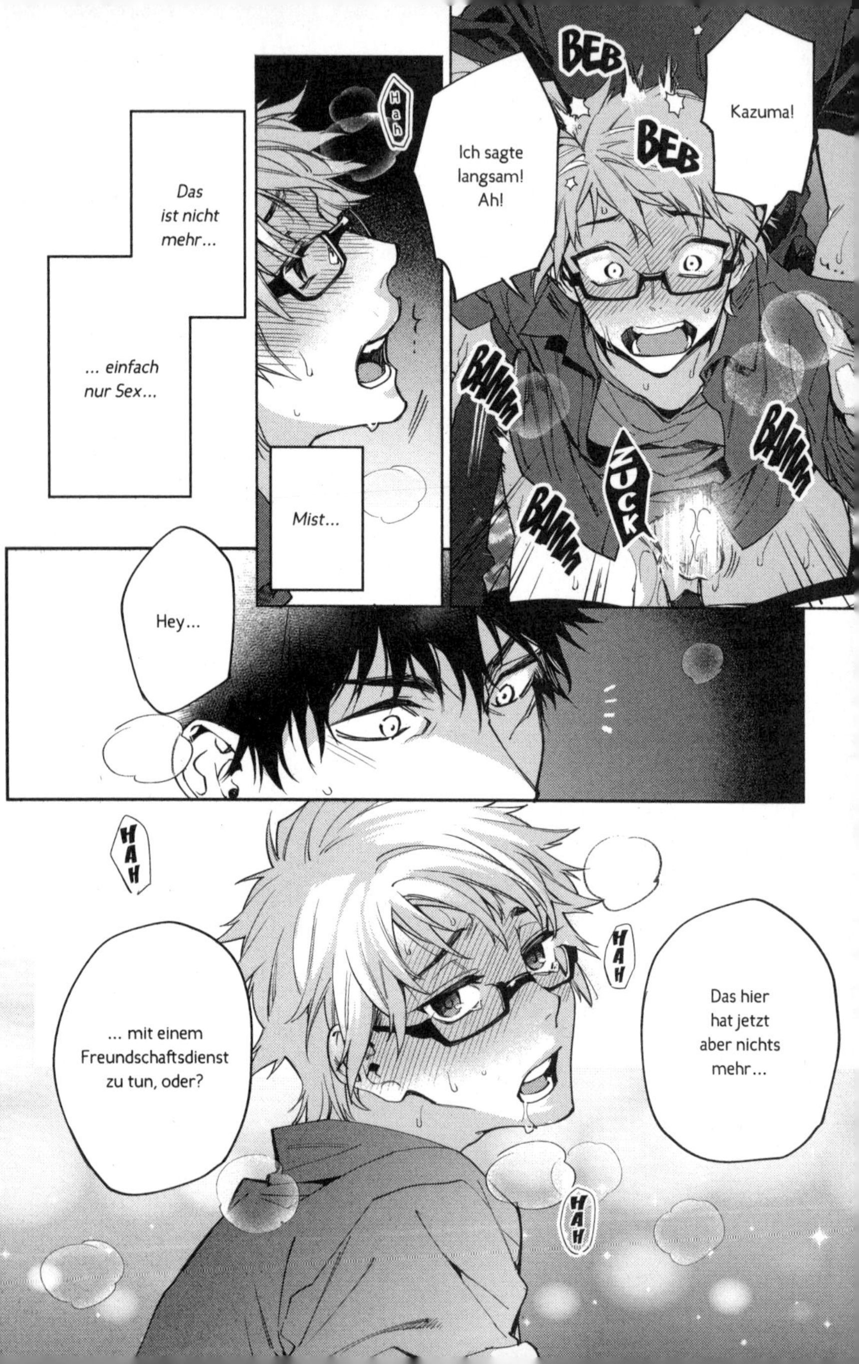
BEB
Kazuma!
BEB
Ich sagte langsam! Ah!
BAMM
ZUCK
BAMM
BAMM
Hah
Das ist nicht mehr…
… einfach nur Sex…
Mist…
Hey…
HAH
Das hier hat jetzt aber nichts mehr…
HAH
… mit einem Freundschaftsdienst zu tun, oder?
HAH

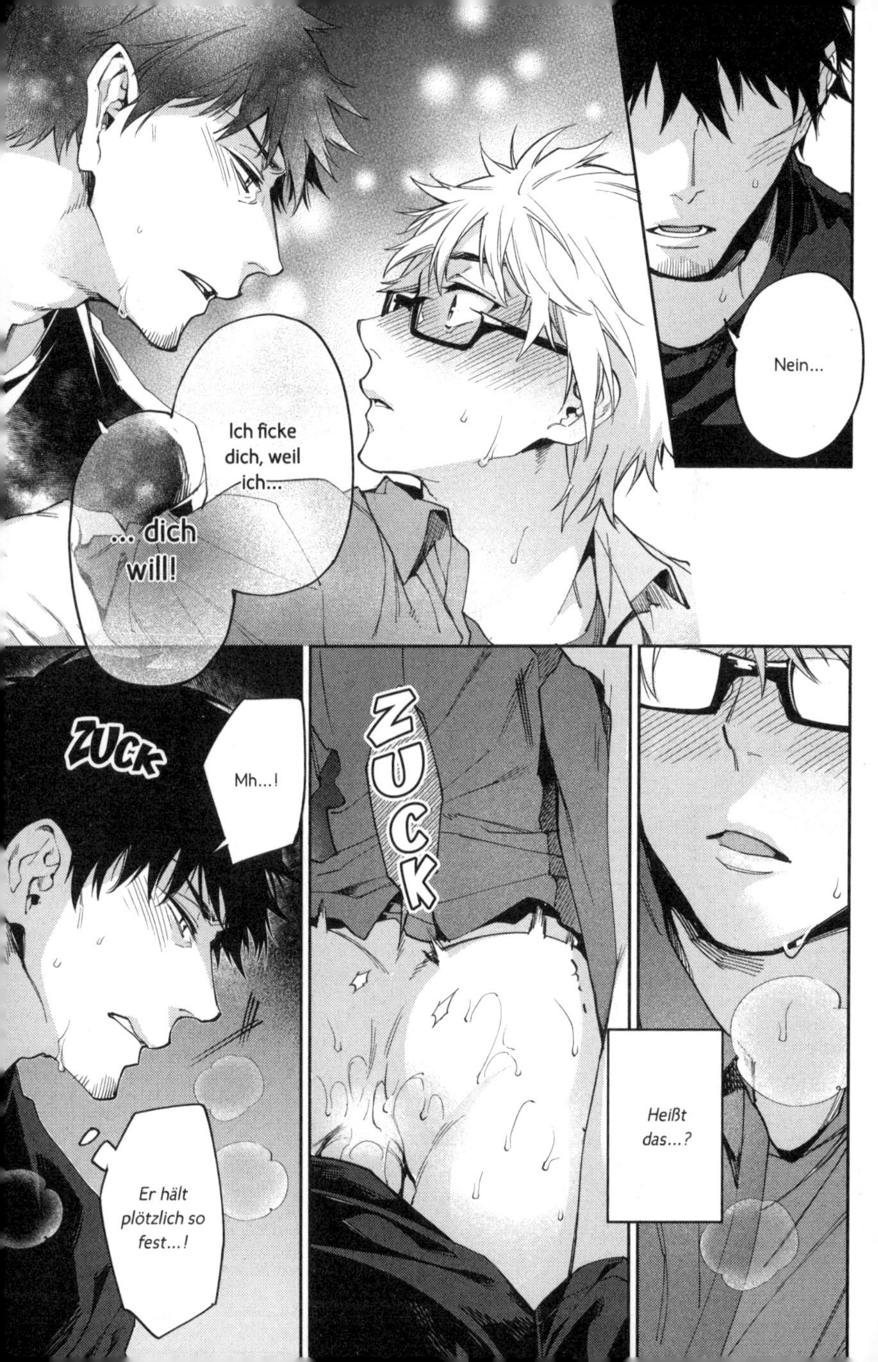
Nein…
Ich ficke dich, weil ich…
… dich will!
Heißt das…?
ZUCK
ZUCK
Mh…!
Er hält plötzlich so fest…!

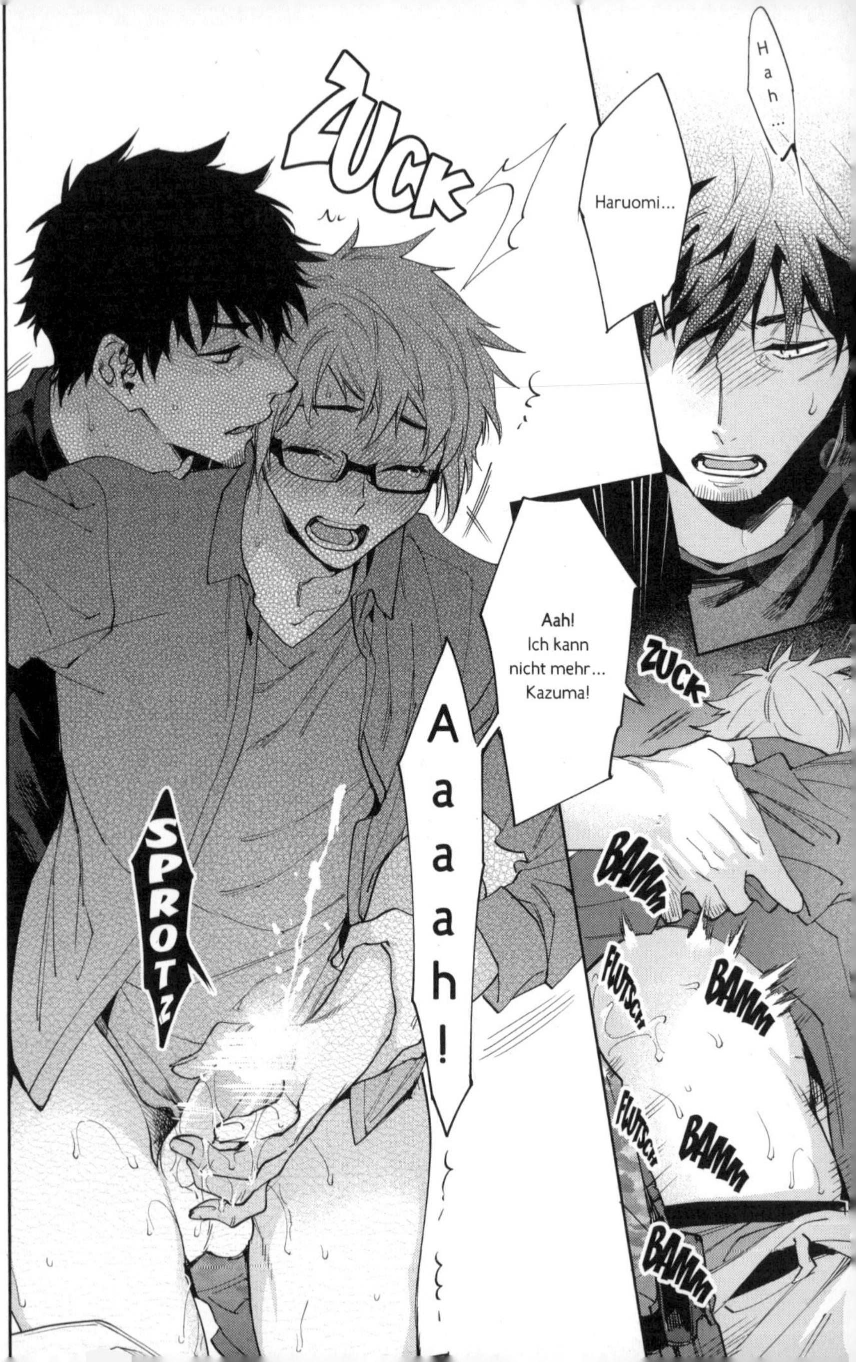
Hah...
Haruomi...
Aah! Ich kann nicht mehr... Kazuma!
ZUCK
BAMM
FLUTSCH
BAMM
FLUTSCH
BAMM
BAMM
ZUCK
Aaaah!
SPROTZ

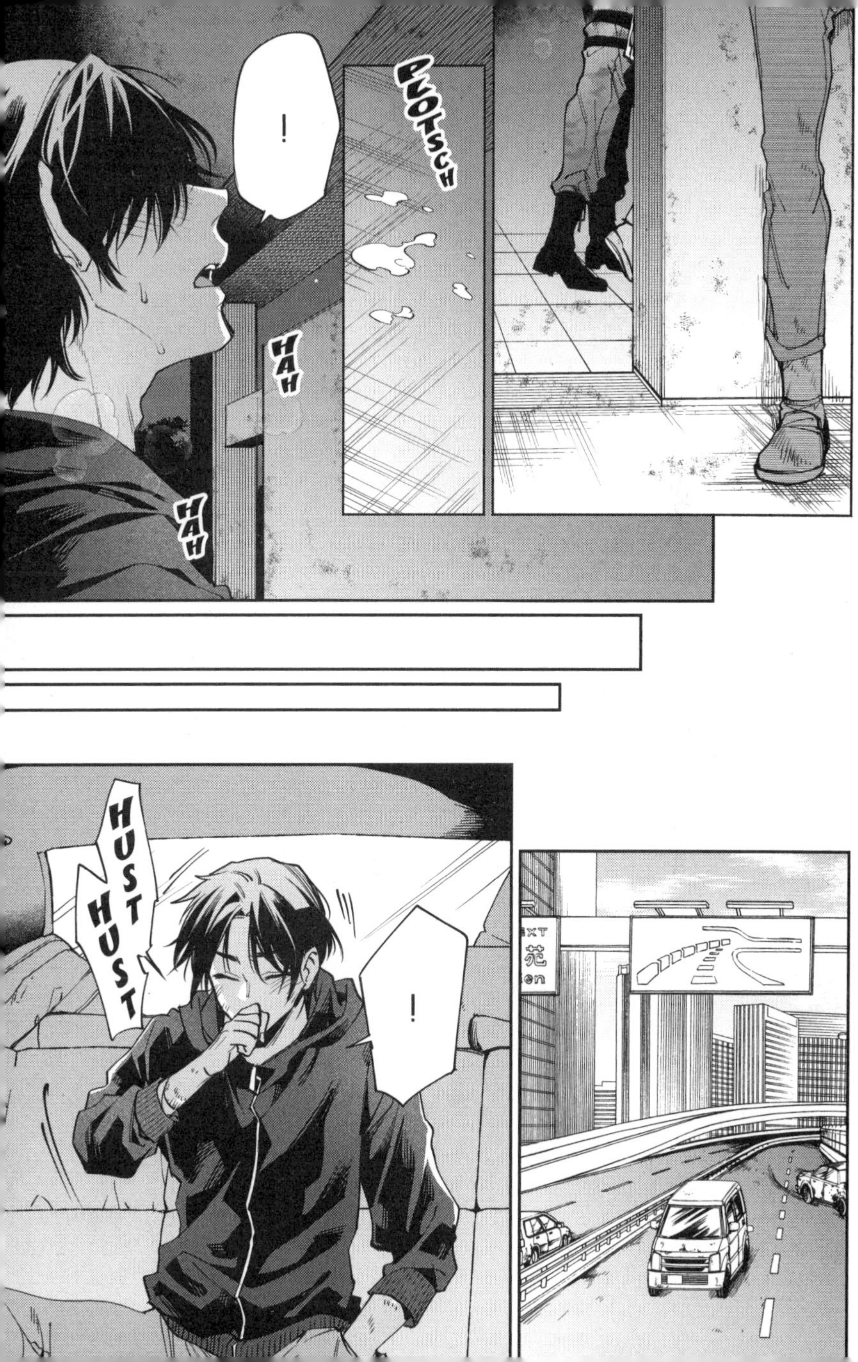
PLOTSCH
!
HAH
HAH
!
HUST
HUST

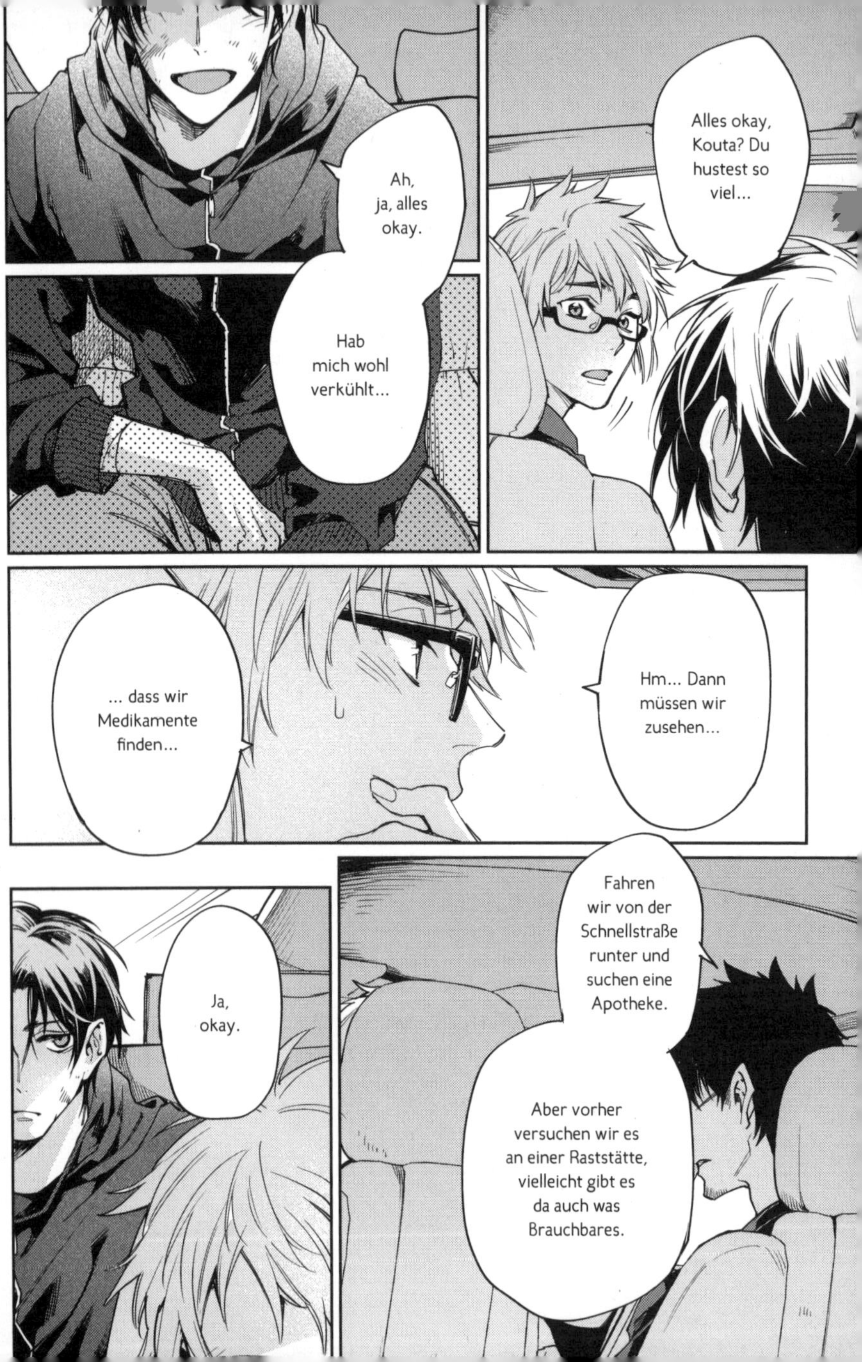
Alles okay, Kouta? Du hustest so viel...
Ah, ja, alles okay.
Hab mich wohl verkühlt...
Hm... Dann müssen wir zusehen...
... dass wir Medikamente finden...
Fahren wir von der Schnellstraße runter und suchen eine Apotheke.
Aber vorher versuchen wir es an einer Raststätte, vielleicht gibt es da auch was Brauchbares.
Ja, okay.

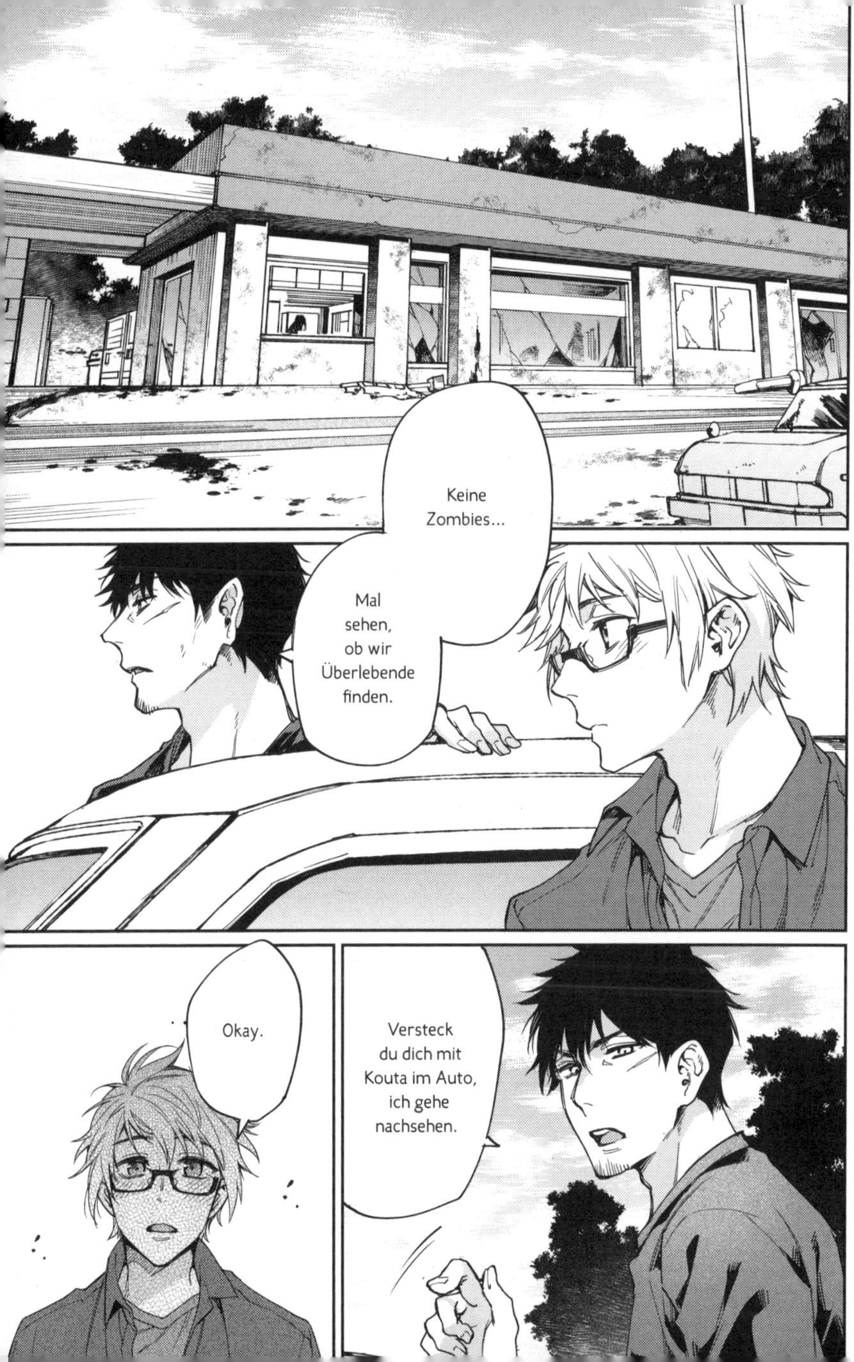
Keine Zombies...
Mal sehen, ob wir Überlebende finden.
Versteck du dich mit Kouta im Auto, ich gehe nachsehen.
Okay.

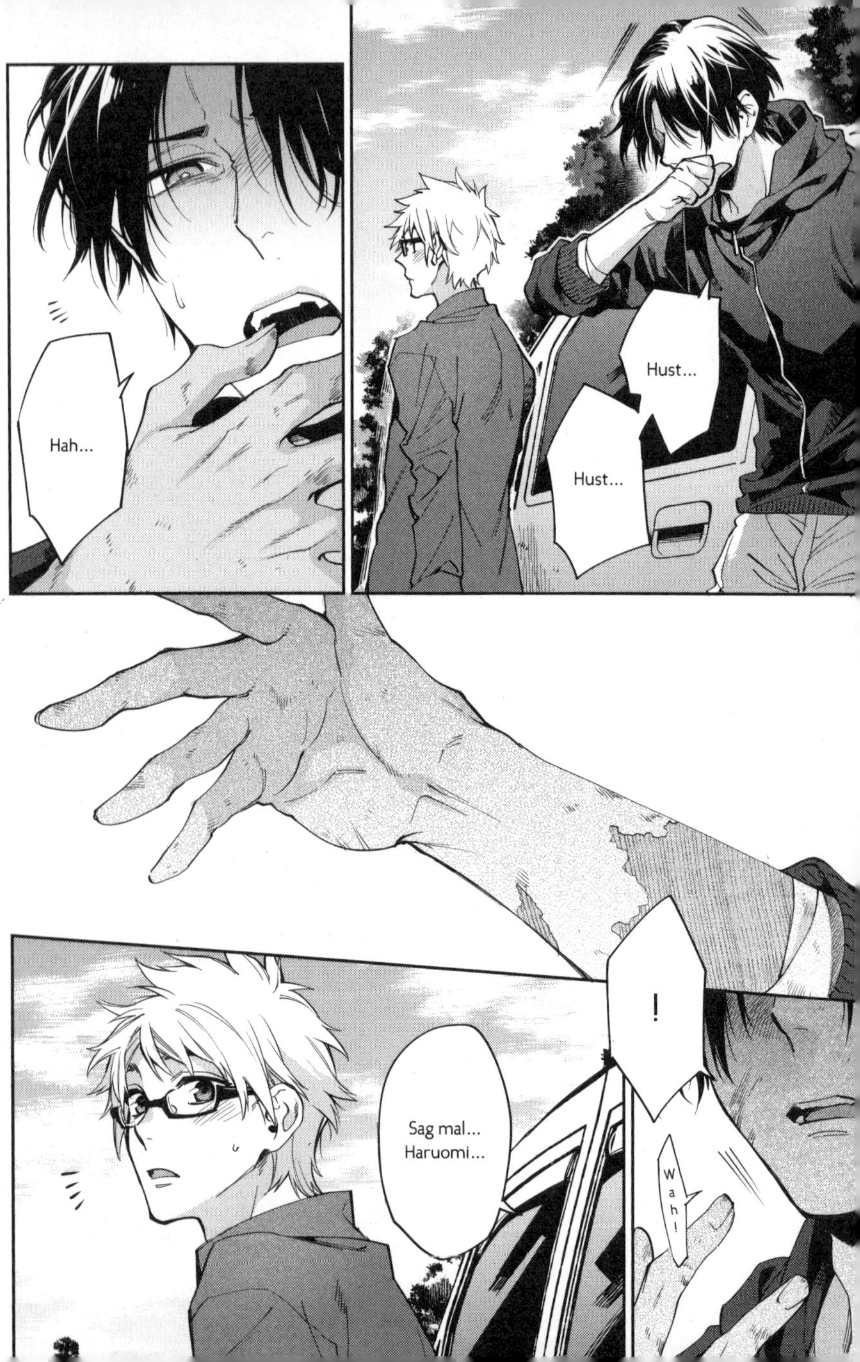
Hust...
Hust...
Hah...
!
Wah!
Sag mal...
Haruomi...

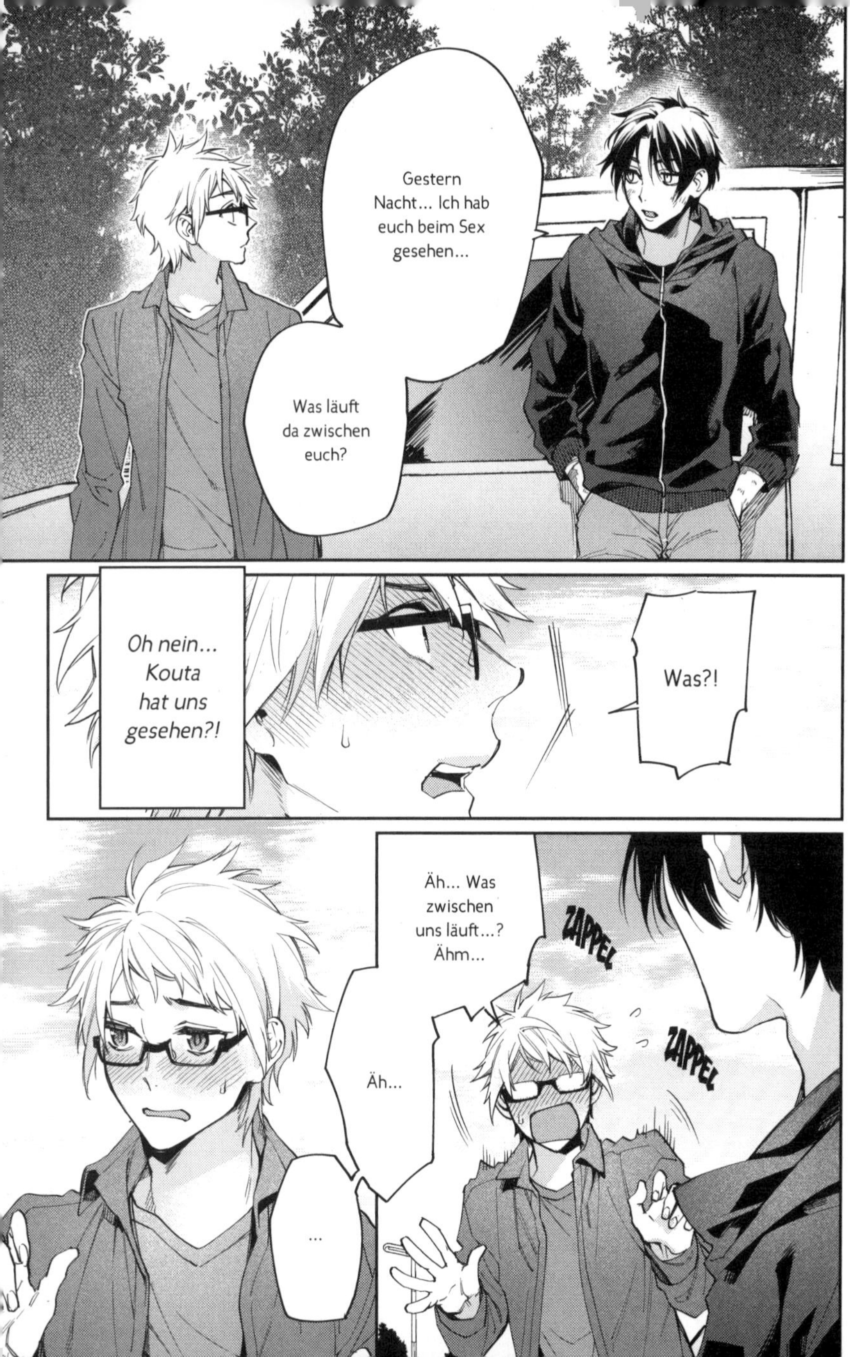
Gestern Nacht... Ich hab euch beim Sex gesehen...
Was läuft da zwischen euch?
Was?!
Oh nein... Kouta hat uns gesehen?!
Äh... Was zwischen uns läuft...? Ähm...
ZAPPEL
ZAPPEL
Äh...
...

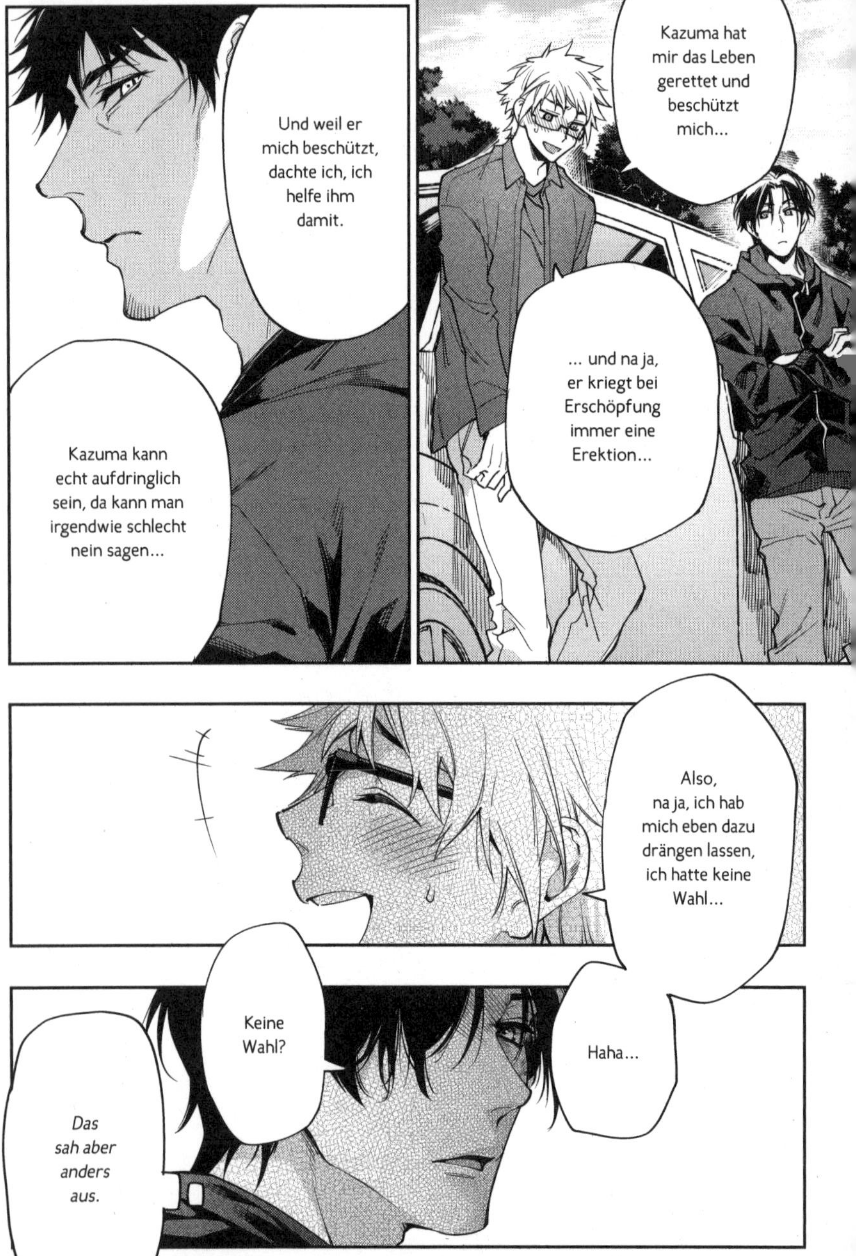
Kazuma hat mir das Leben gerettet und beschützt mich...
... und na ja, er kriegt bei Erschöpfung immer eine Erektion...
Und weil er mich beschützt, dachte ich, ich helfe ihm damit.
Kazuma kann echt aufdringlich sein, da kann man irgendwie schlecht nein sagen...
Also, na ja, ich hab mich eben dazu drängen lassen, ich hatte keine Wahl...
Haha...
Keine Wahl?
Das sah aber anders aus.

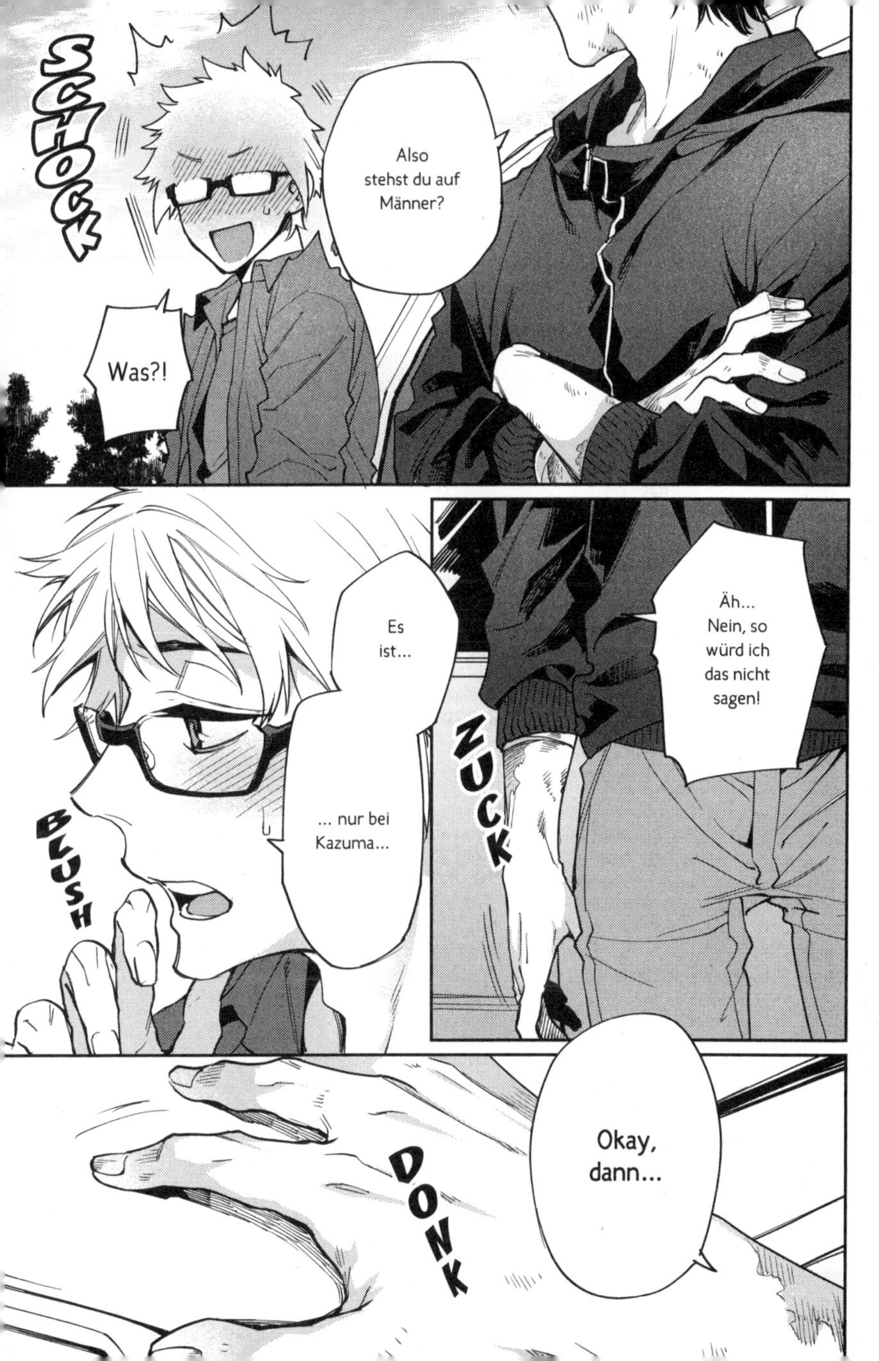
Also stehst du auf Männer?
SCHOCK
Was?!
Äh... Nein, so würd ich das nicht sagen!
ZUCK
Es ist...
... nur bei Kazuma...
BLUSH
Okay, dann...
DONK

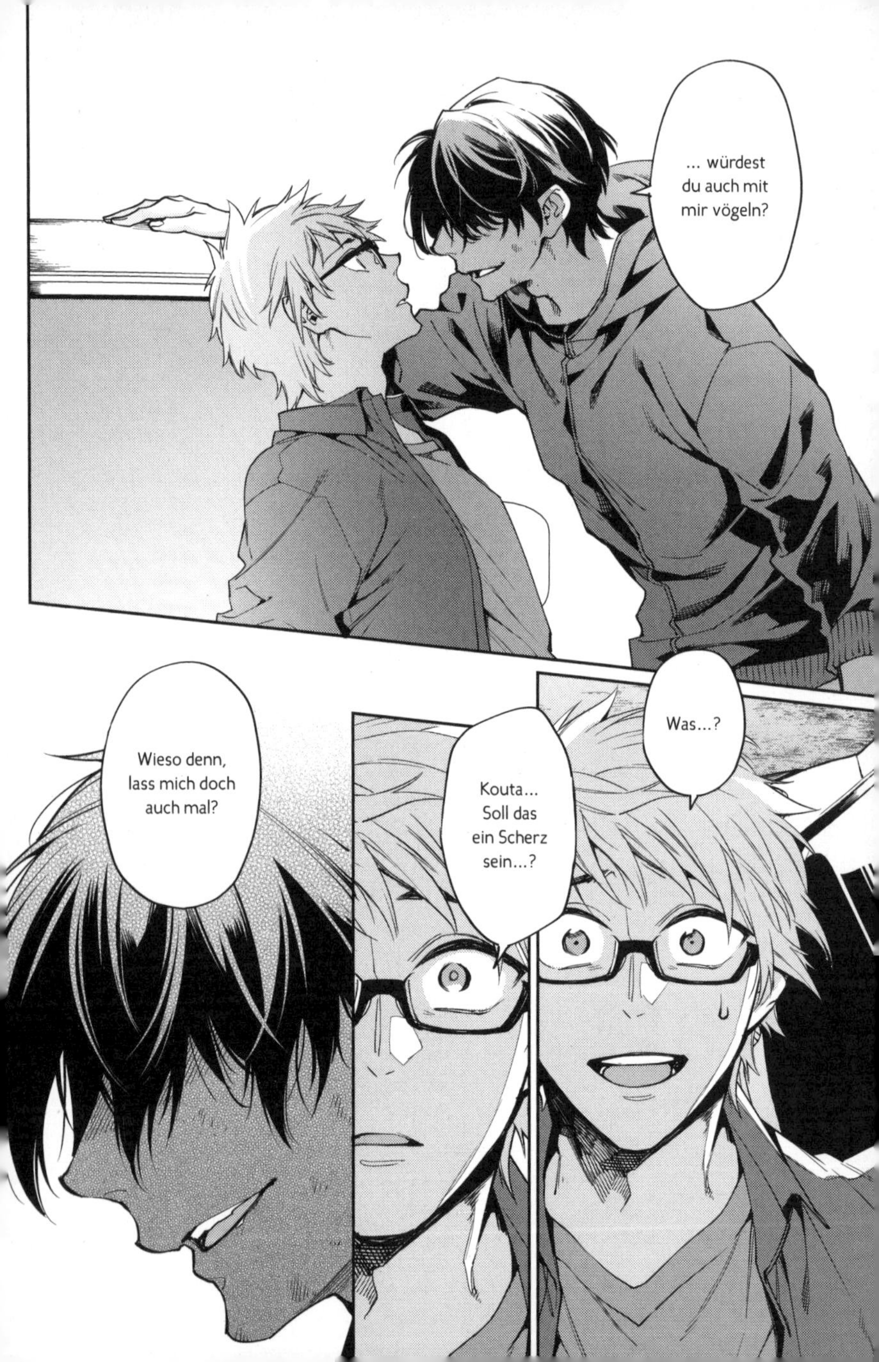
… würdest du auch mit mir vögeln?
Was…?
Kouta… Soll das ein Scherz sein…?
Wieso denn, lass mich doch auch mal?

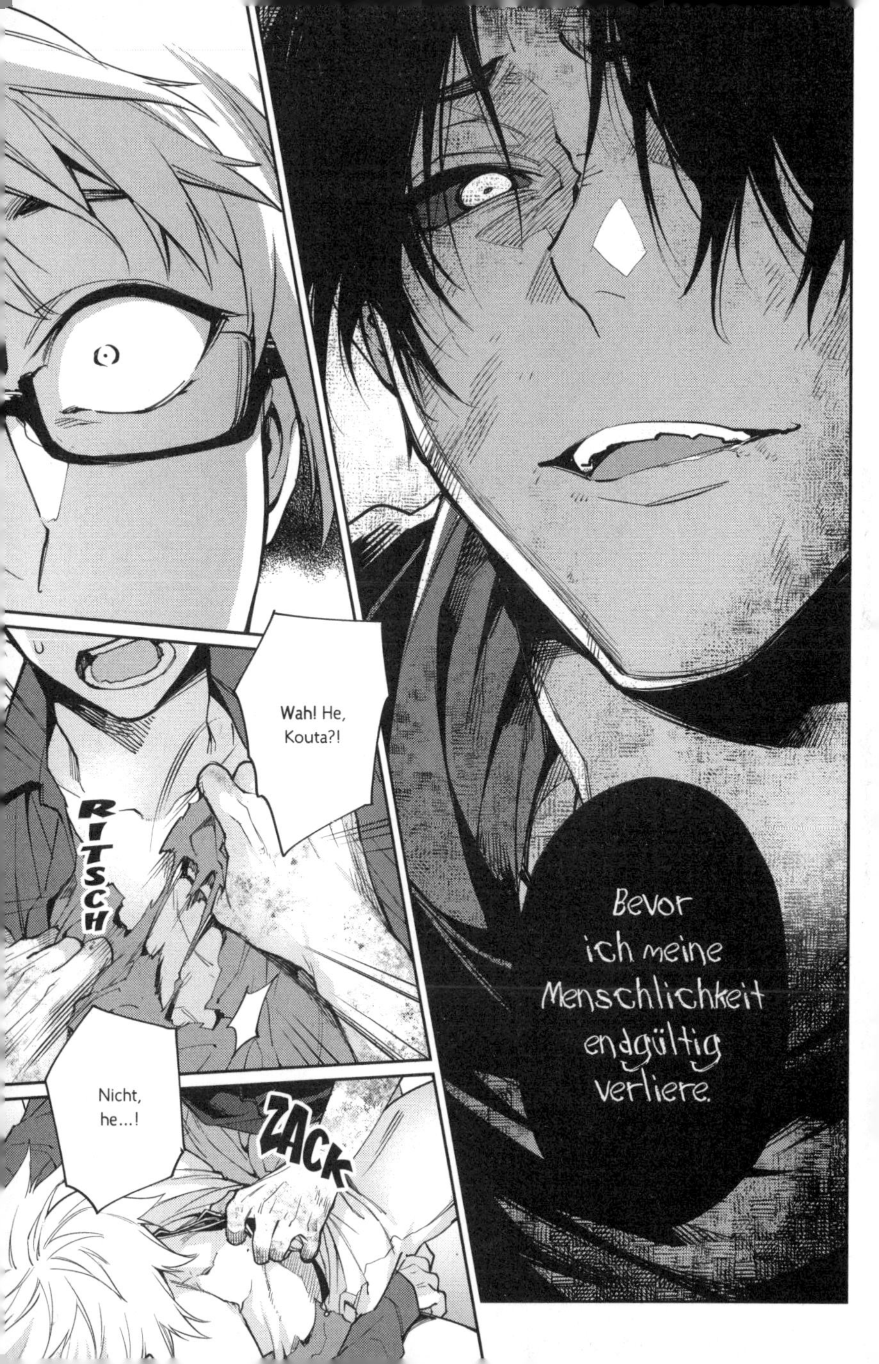
Bevor ich meine Menschlichkeit endgültig verliere.
Wah! He, Kouta?!
RITSCH
Nicht, he...!
ZACK

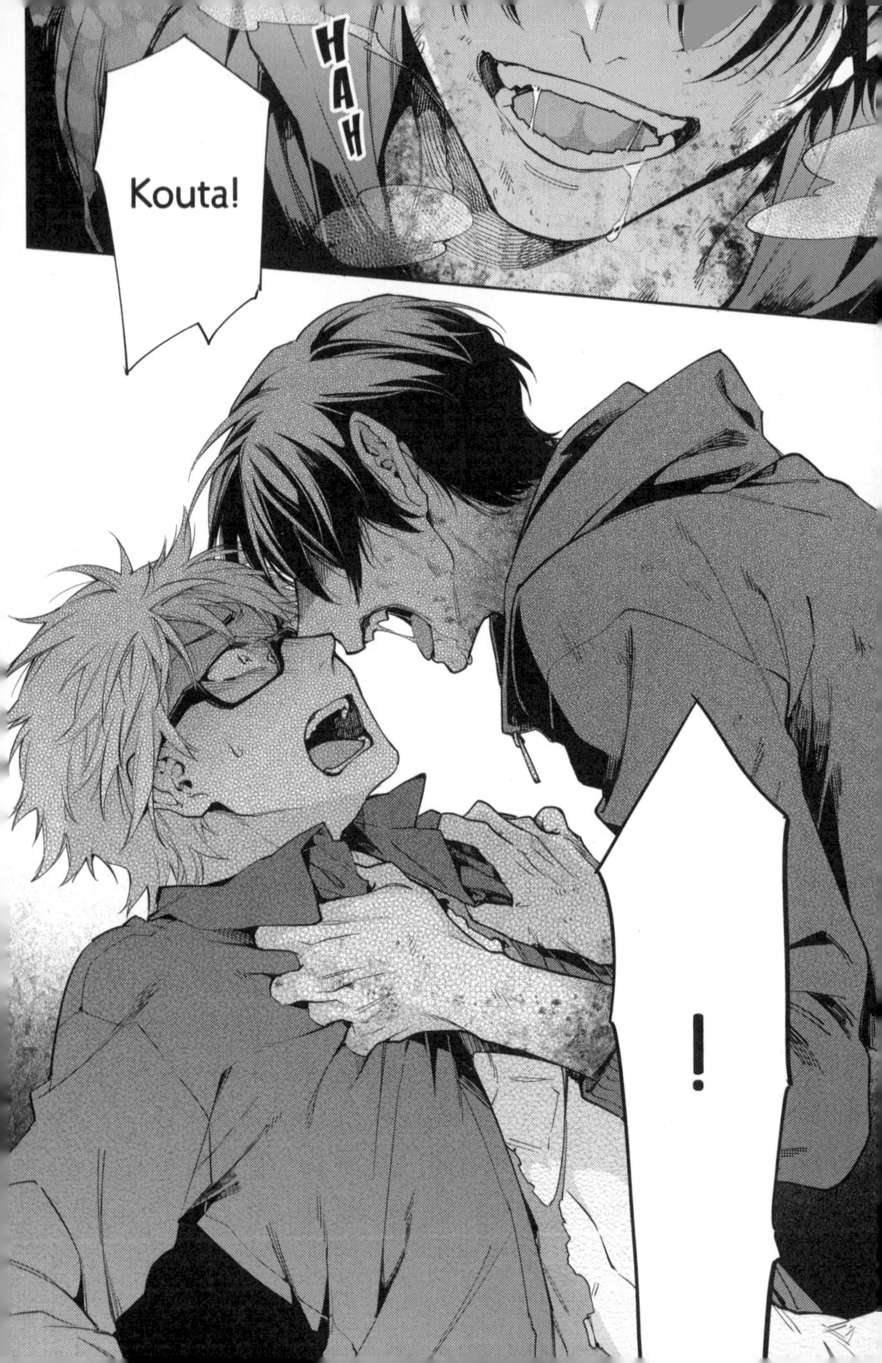
HAH
Kouta!
!

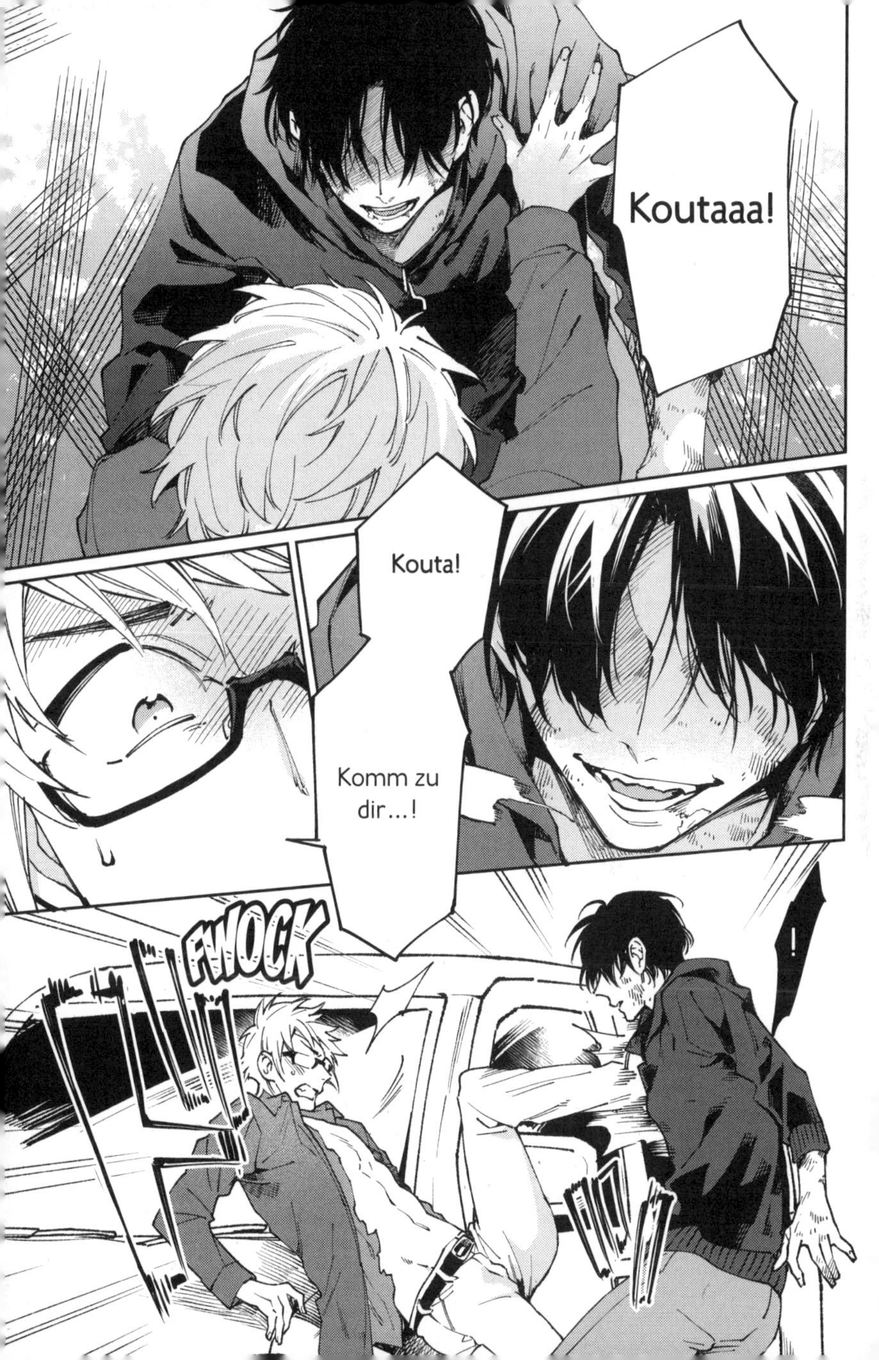
Koutaaa!
Kouta!
Komm zu dir…!
FWOCK
!

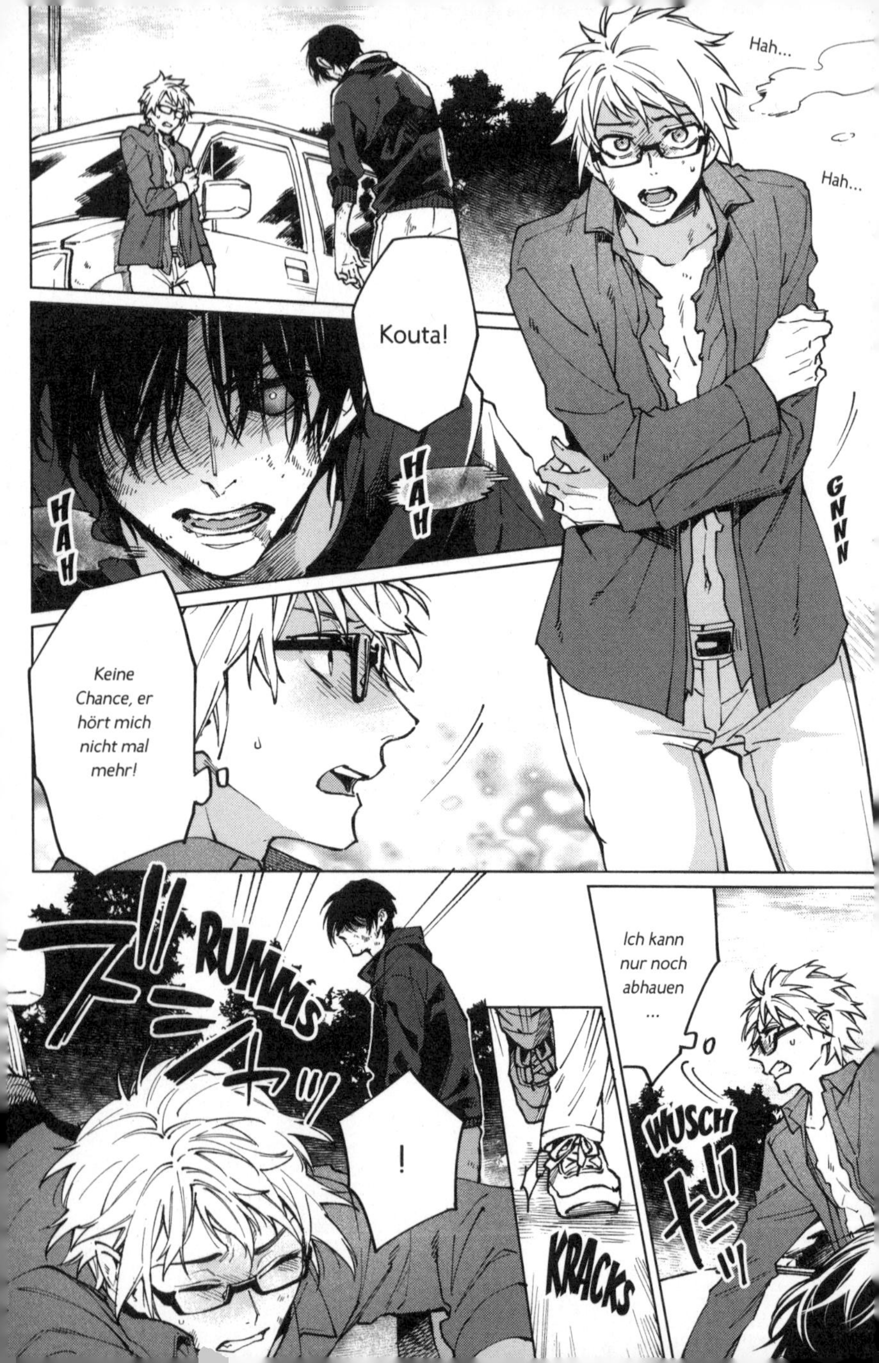
Hah...
Hah...
Kouta!
HAH
HAH
GNNN
Keine Chance, er hört mich nicht mal mehr!
Ich kann nur noch abhauen ...
WUSCH
KRACKS
!
RUMMS

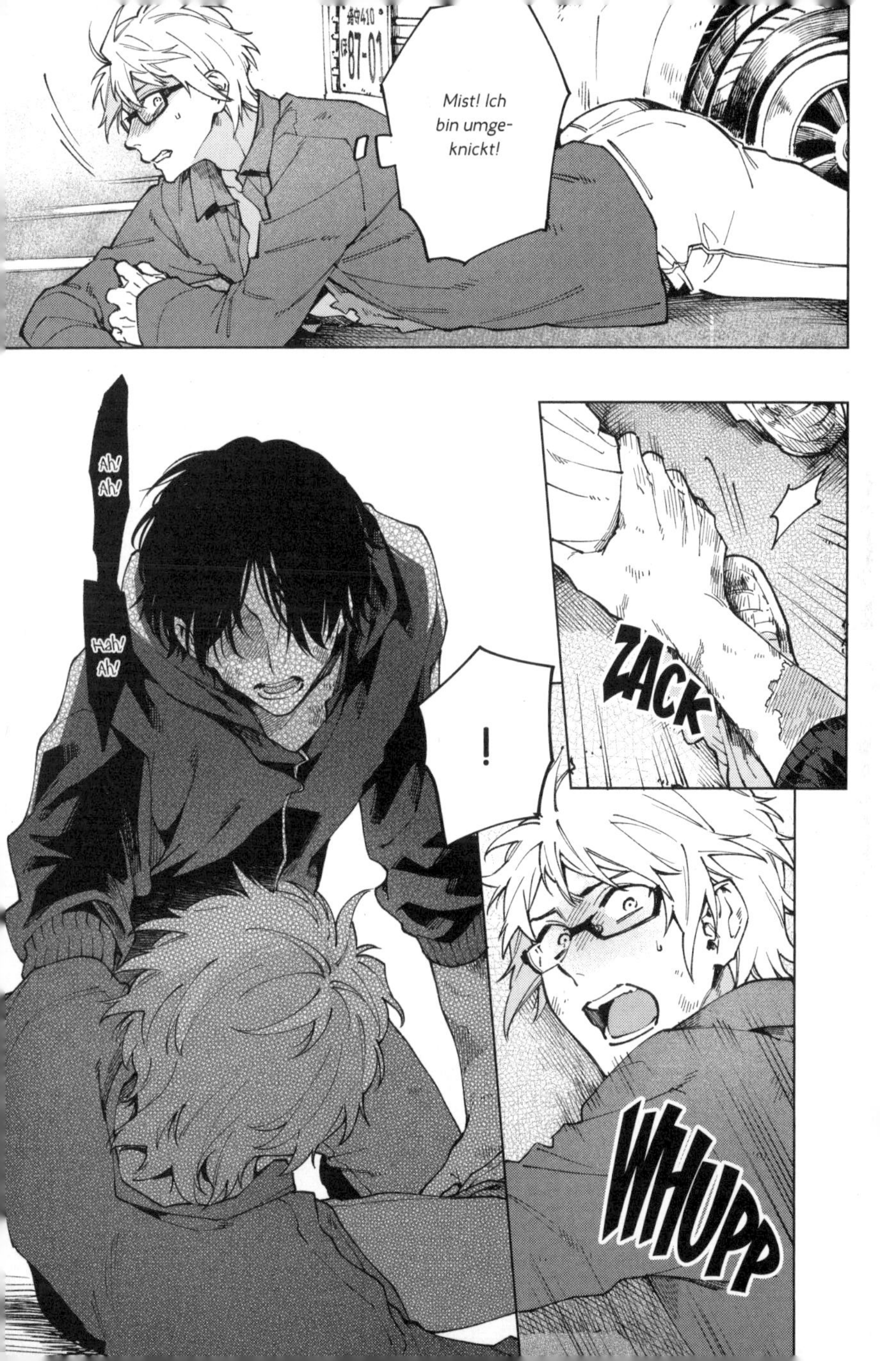
Mist! Ich bin umge- knickt!
ZACK
!
Ah! Ah!
Hah! Ah!
WHUPP

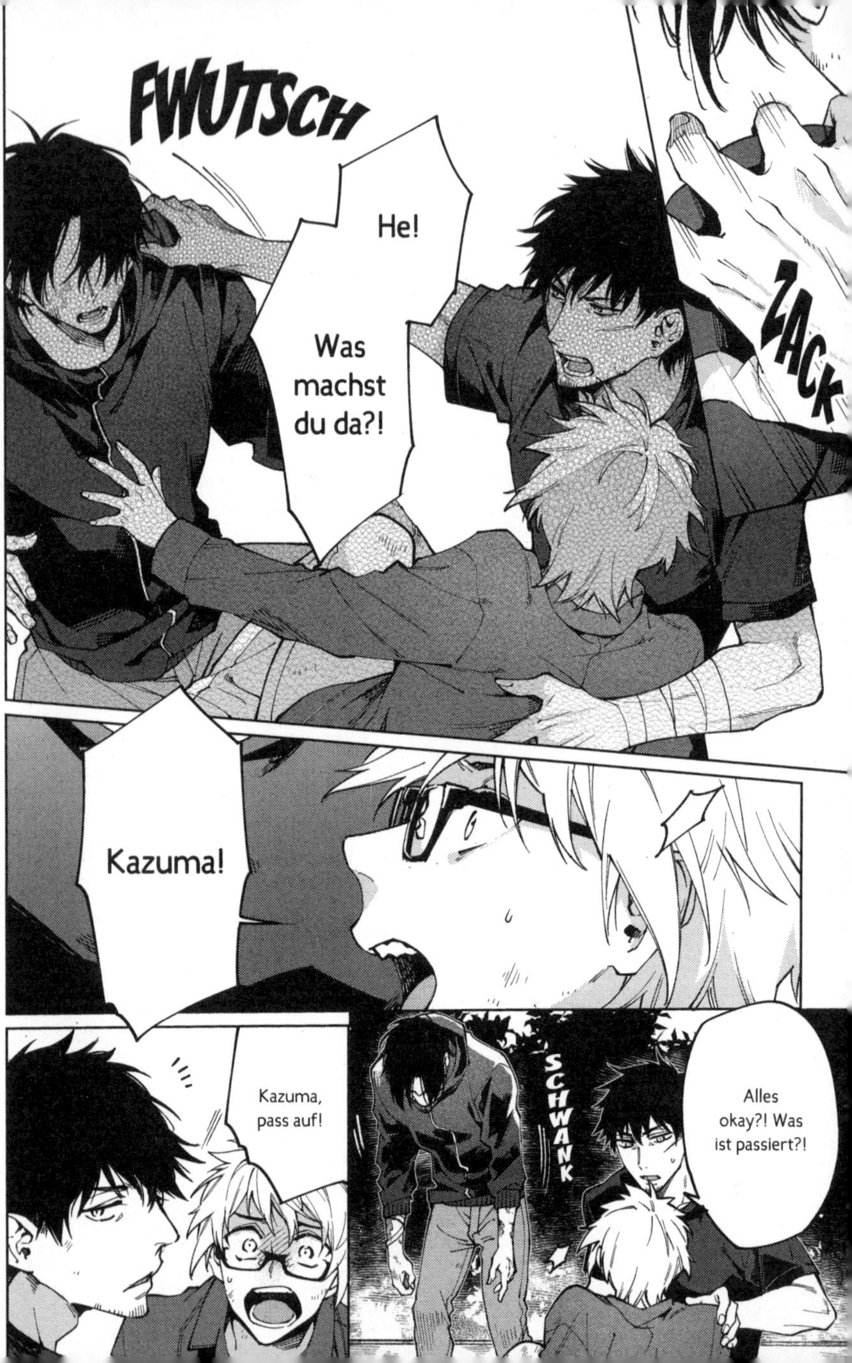
ZACK
He!
Was machst du da?!
FWUTSCH
Kazuma!
Alles okay?! Was ist passiert?!
SCHWANK
Kazuma, pass auf!

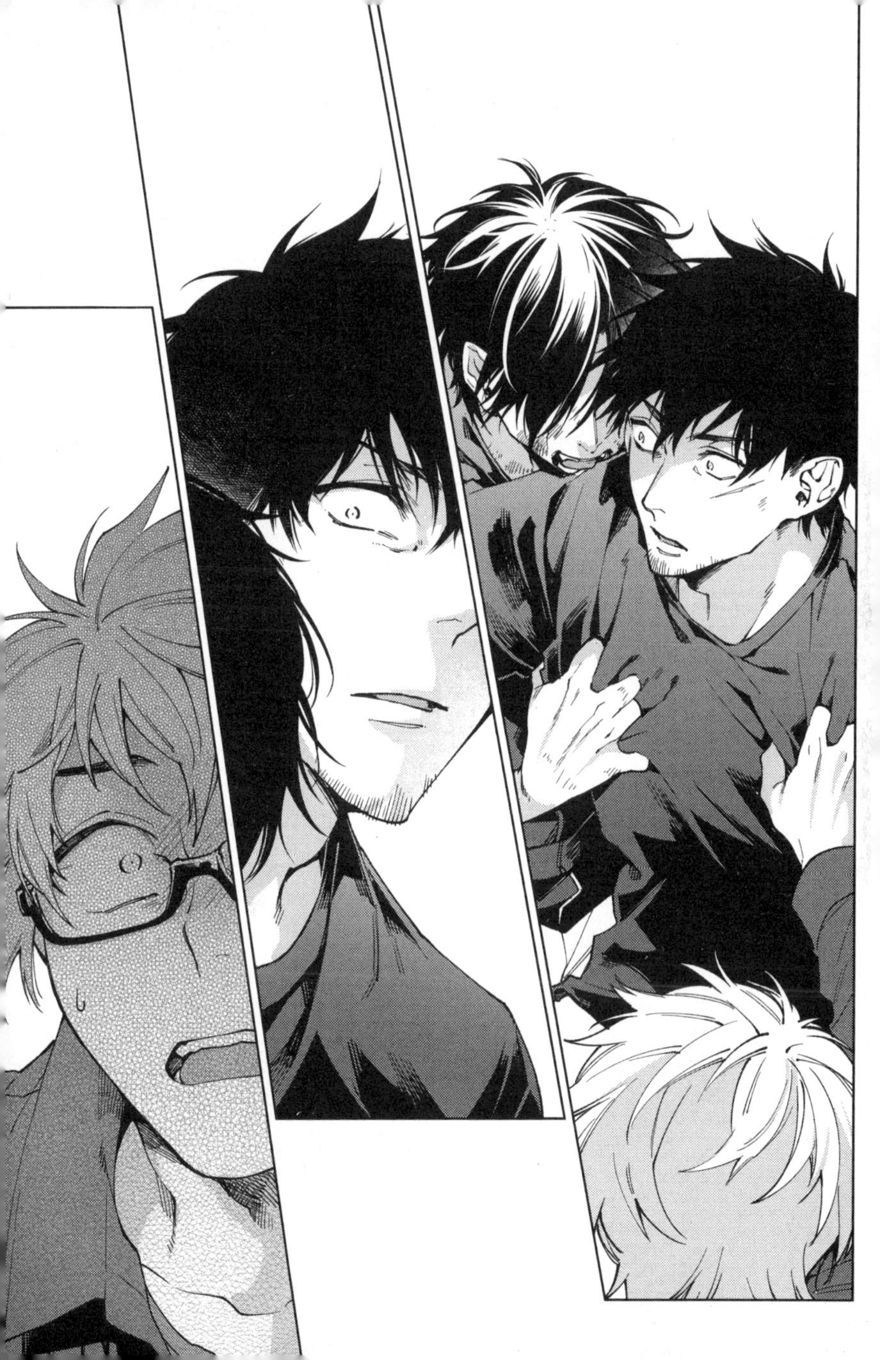

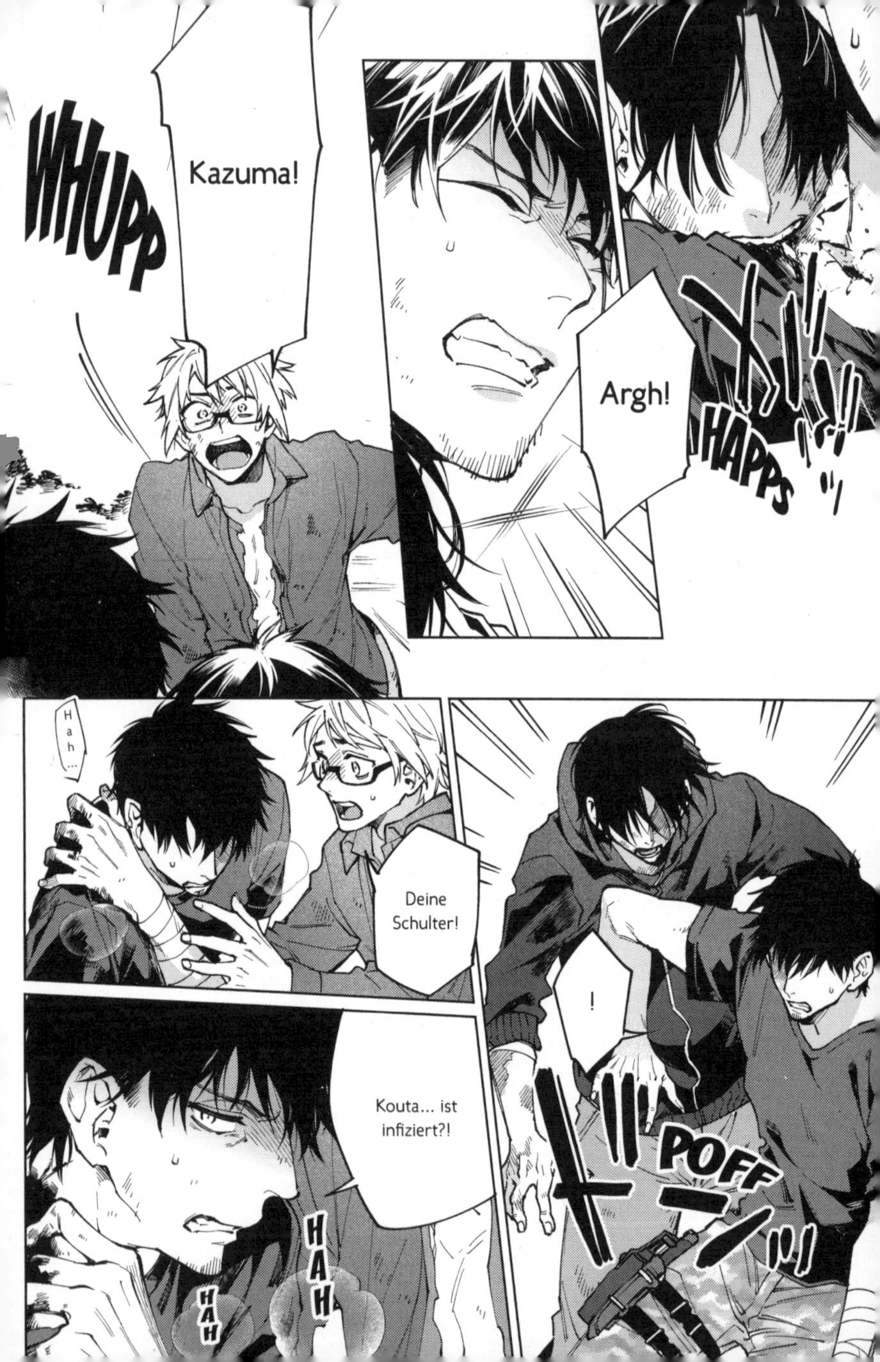
HAPPS
Argh!
Kazuma!
WHUPP
Deine Schulter!
Hah...
!
POFF
Kouta... ist infiziert?!
HAH
HAH

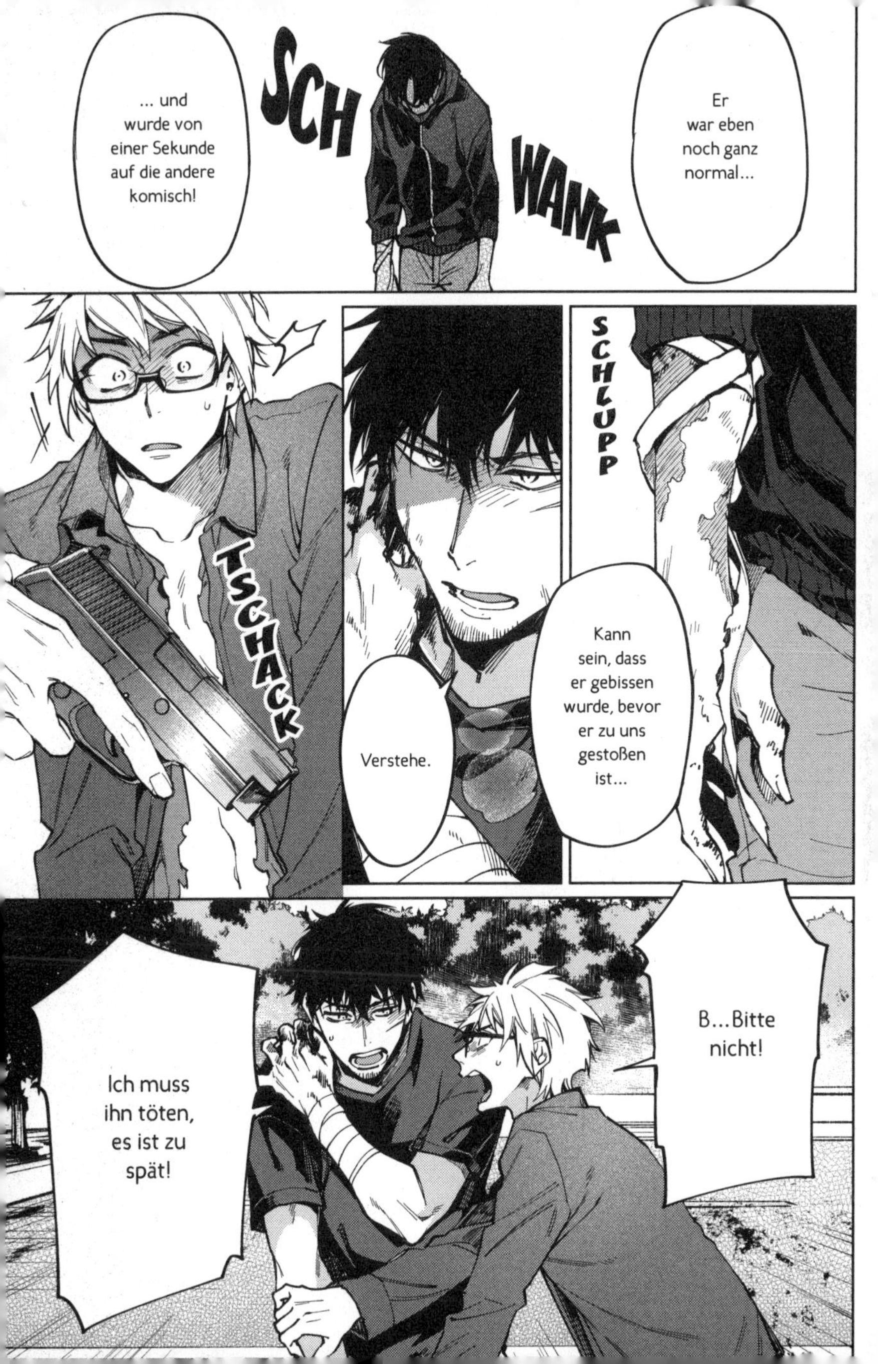

Er war eben noch ganz normal...
WANK
SCH
... und wurde von einer Sekunde auf die andere komisch!
SCHLUPP
Kann sein, dass er gebissen wurde, bevor er zu uns gestoßen ist...
Verstehe.
TSCHACK
B...Bitte nicht!
Ich muss ihn töten, es ist zu spät!

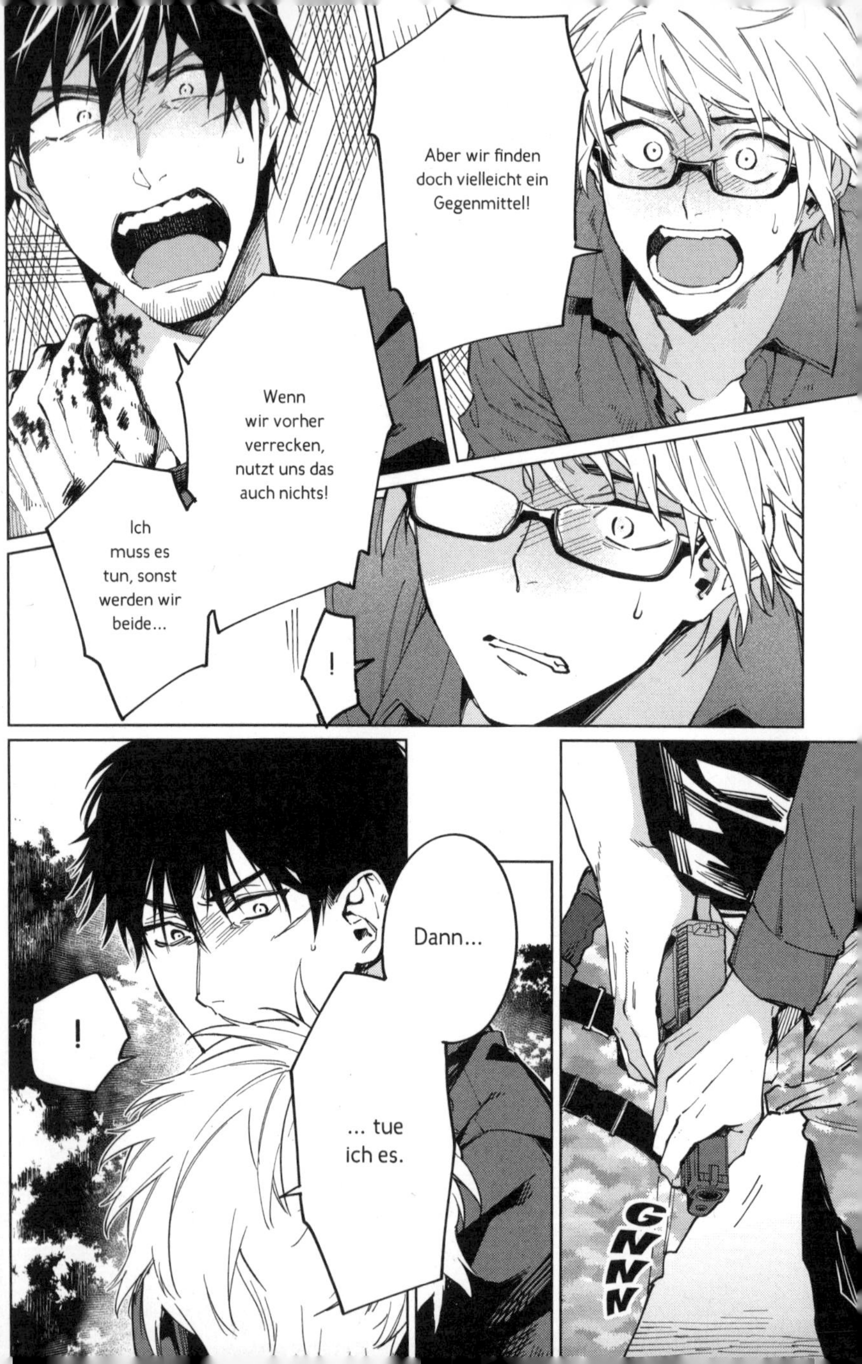
Aber wir finden doch vielleicht ein Gegenmittel!
Wenn wir vorher verrecken, nutzt uns das auch nichts!
Ich muss es tun, sonst werden wir beide...
!
GNNN
Dann...
... tue ich es.
!

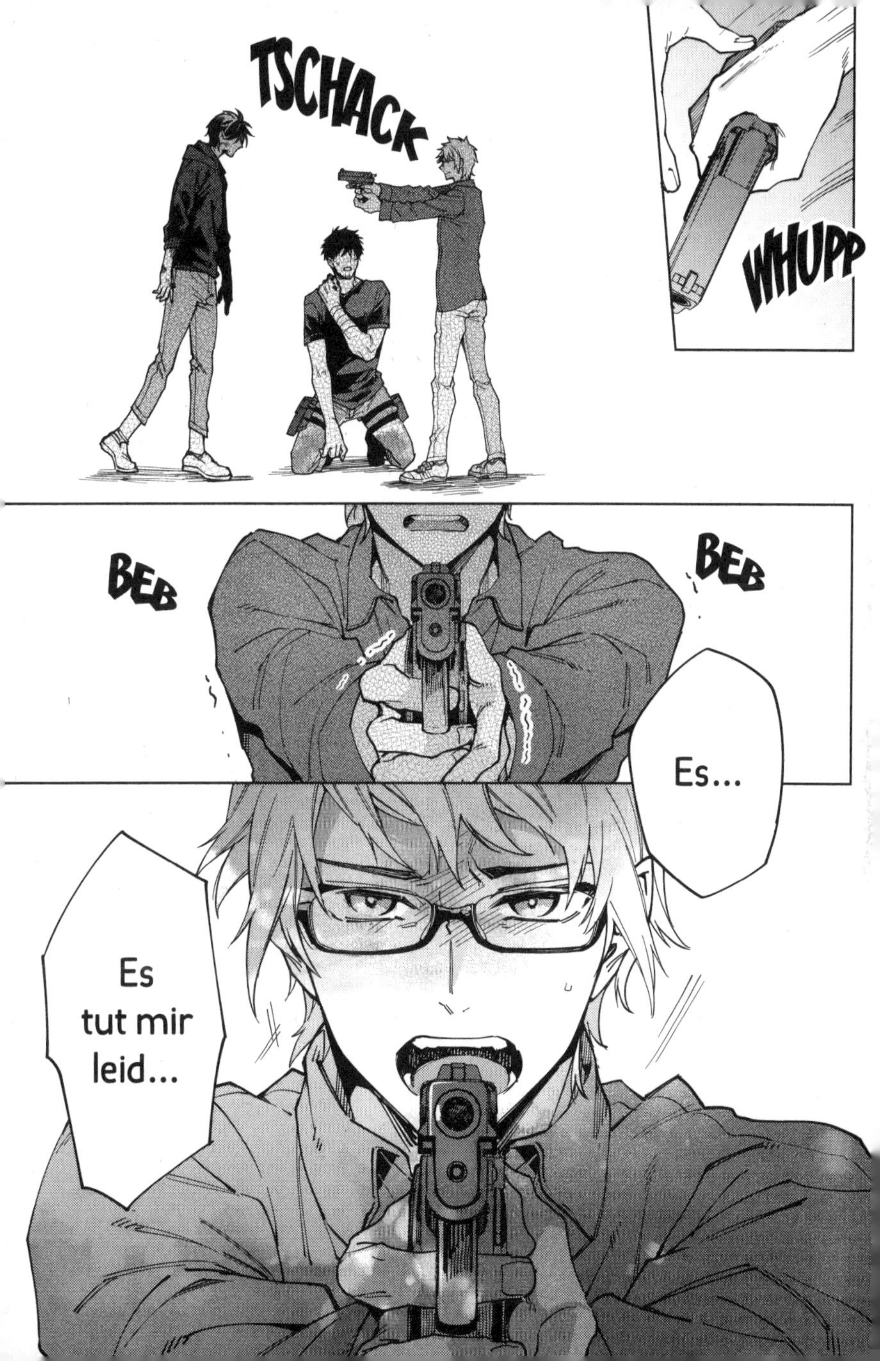
WHUPP
TSCHACK
BEB
BEB
Es...
Es tut mir leid...

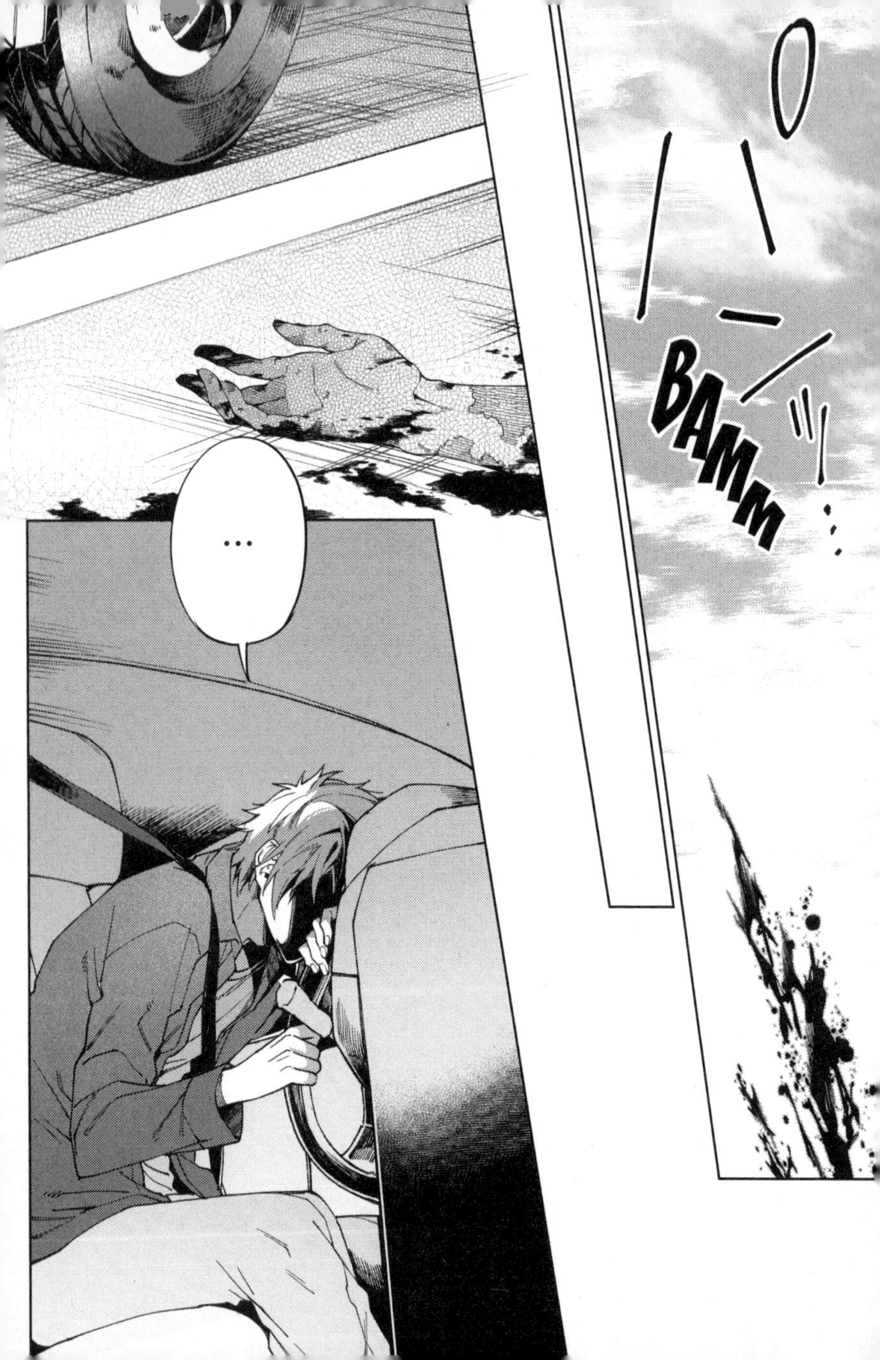
パーン
BAMM
...

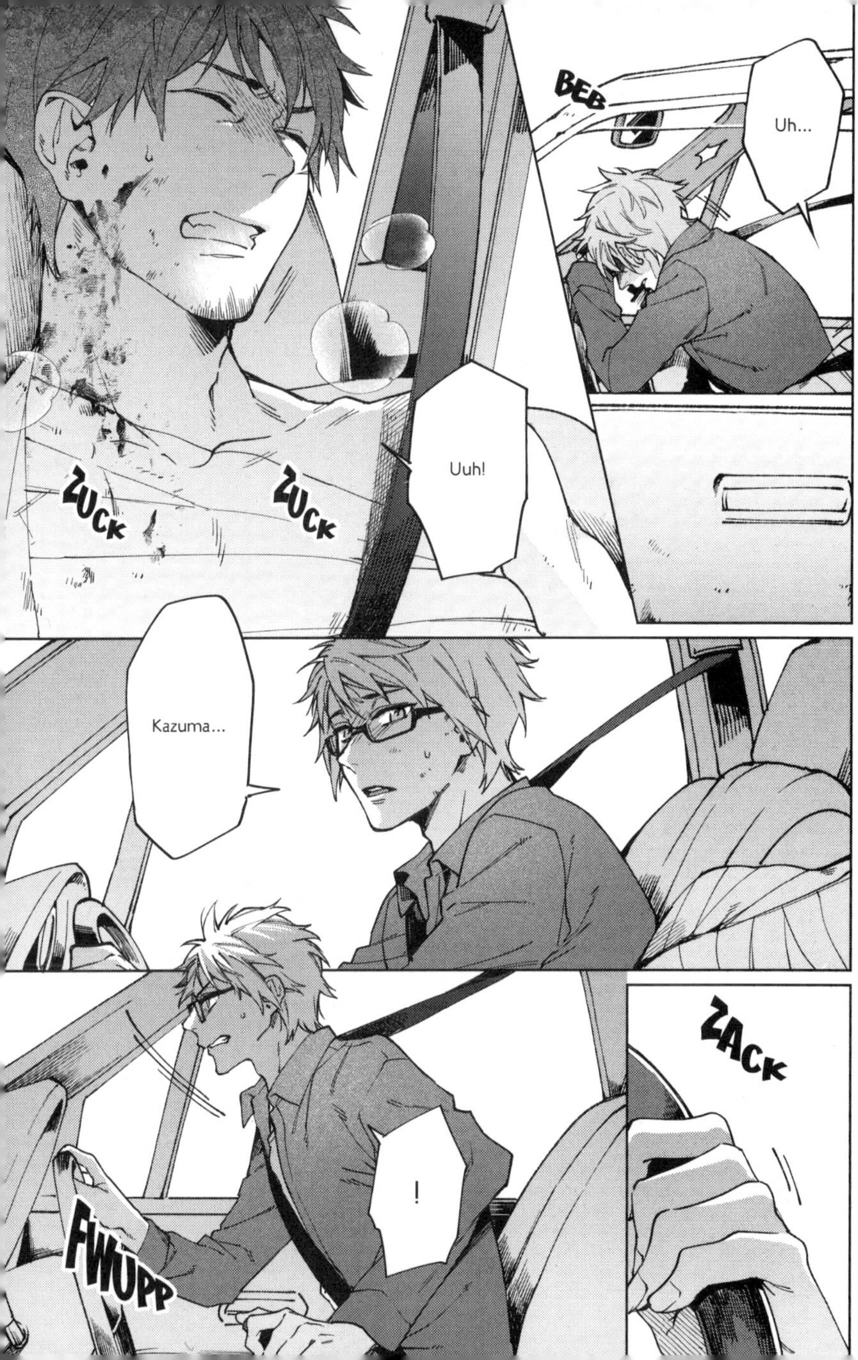
BEB
Uh...
Uuh!
ZUCK
ZUCK
Kazuma...
ZACK
!
FWUPP

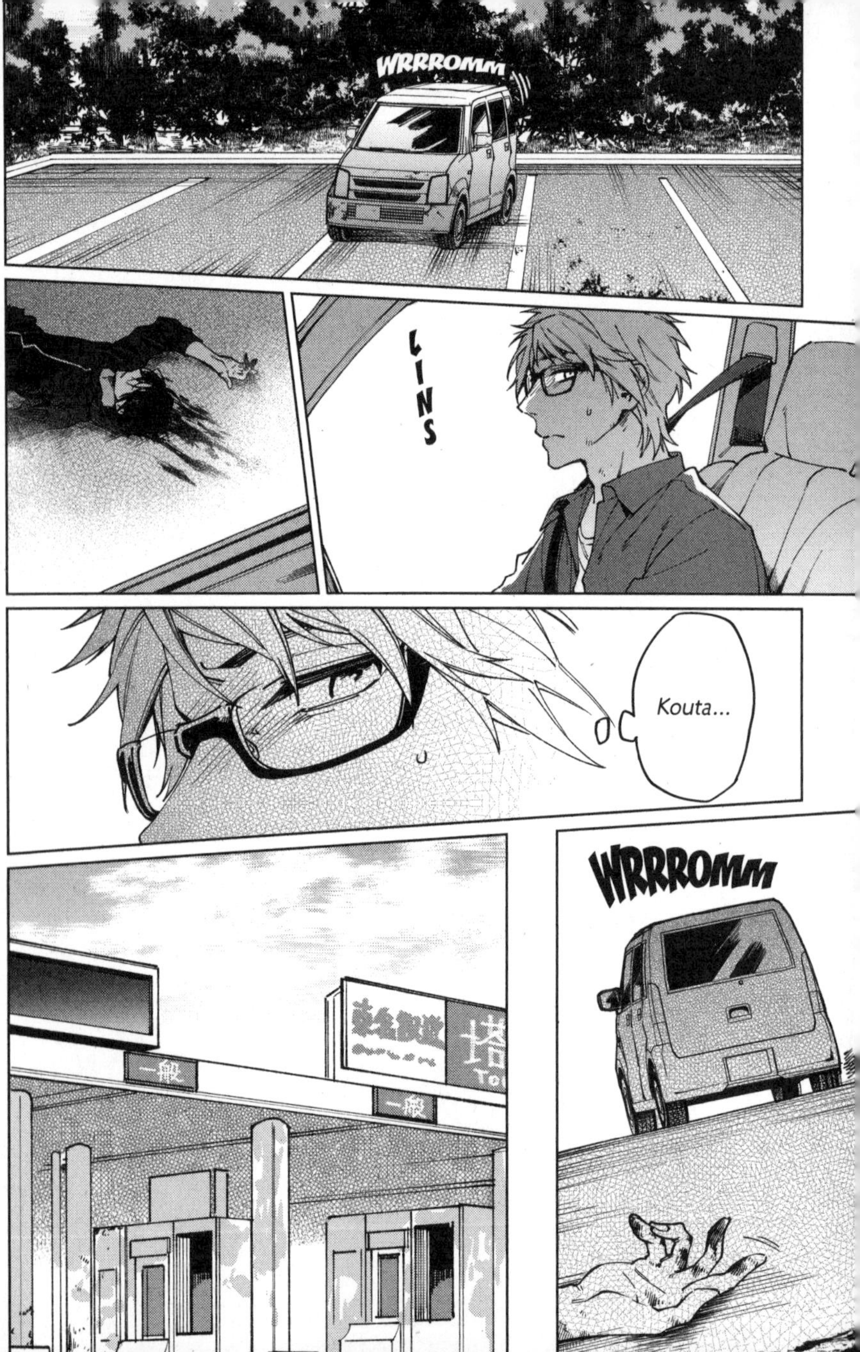
WRRROMM
LINS
Kouta...
WRRROMM
一般
一般

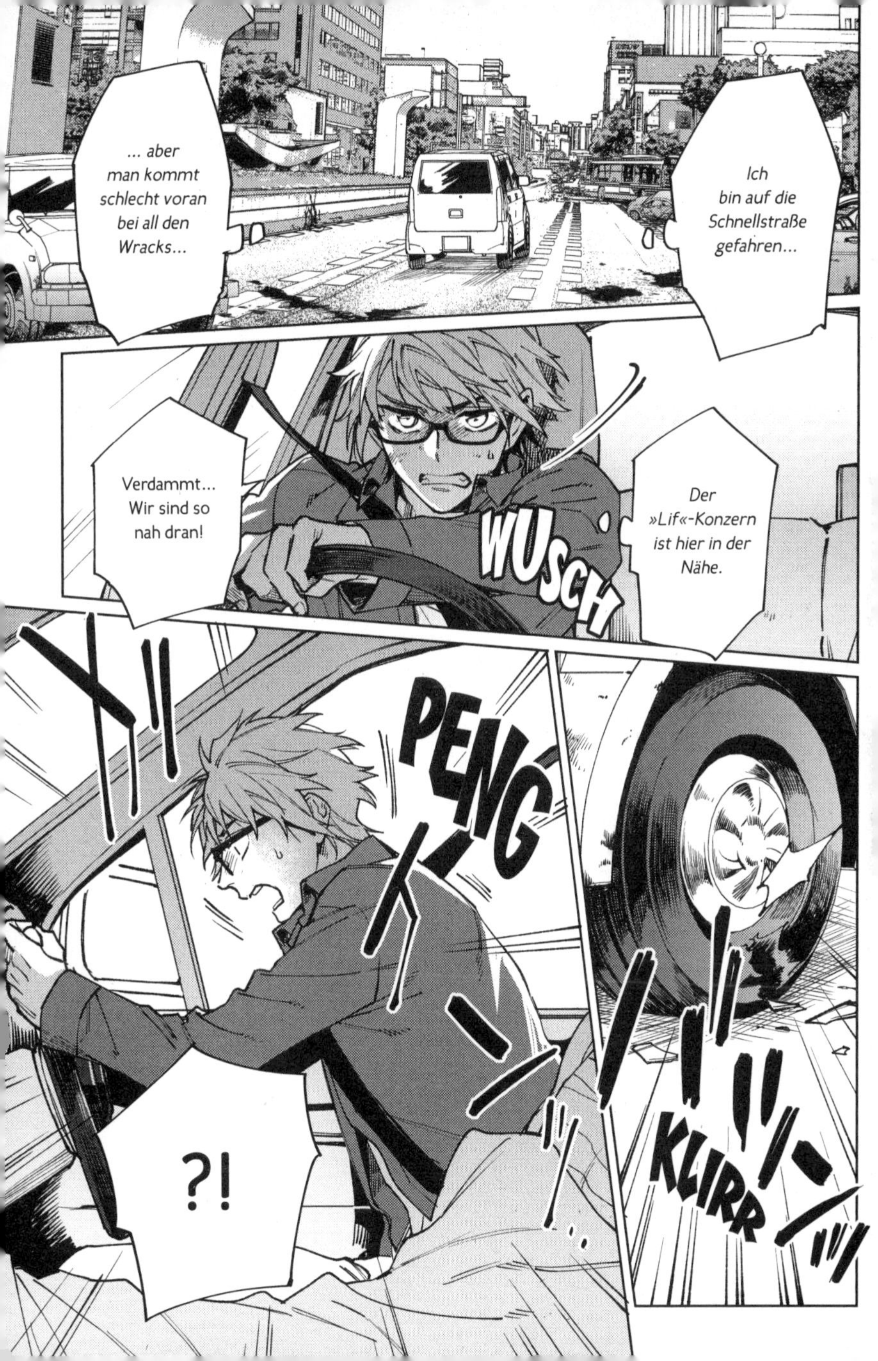
Ich bin auf die Schnellstraße gefahren…
… aber man kommt schlecht voran bei all den Wracks…
Der »Lif«-Konzern ist hier in der Nähe.
WUSCH
Verdammt… Wir sind so nah dran!
KLIRR
PENG
?!

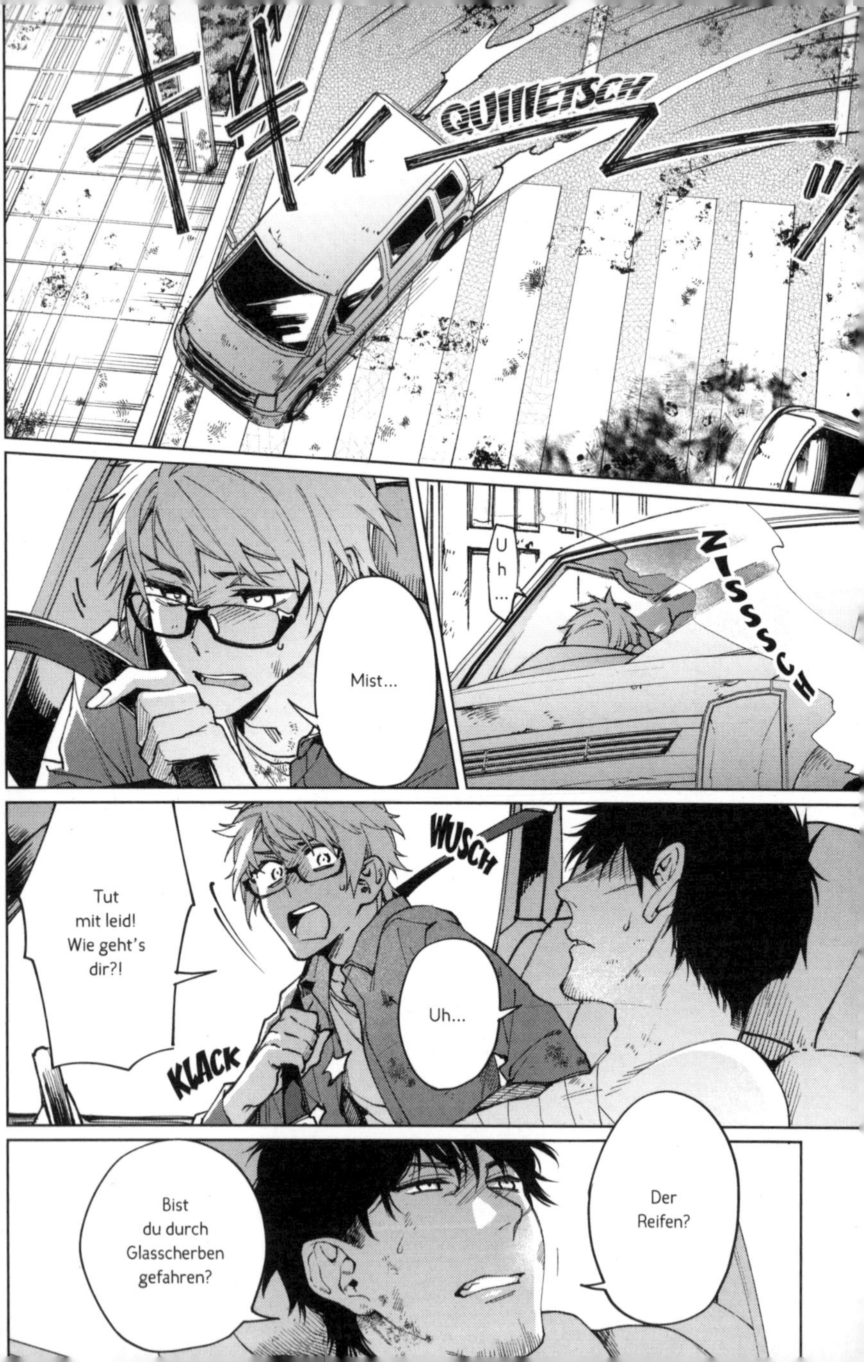
QUIIIETSCH
Uh...
ZISSSSCH
Mist...
WUSCH
Uh...
Tut mit leid! Wie geht's dir?!
KLACK
Der Reifen?
Bist du durch Glasscherben gefahren?

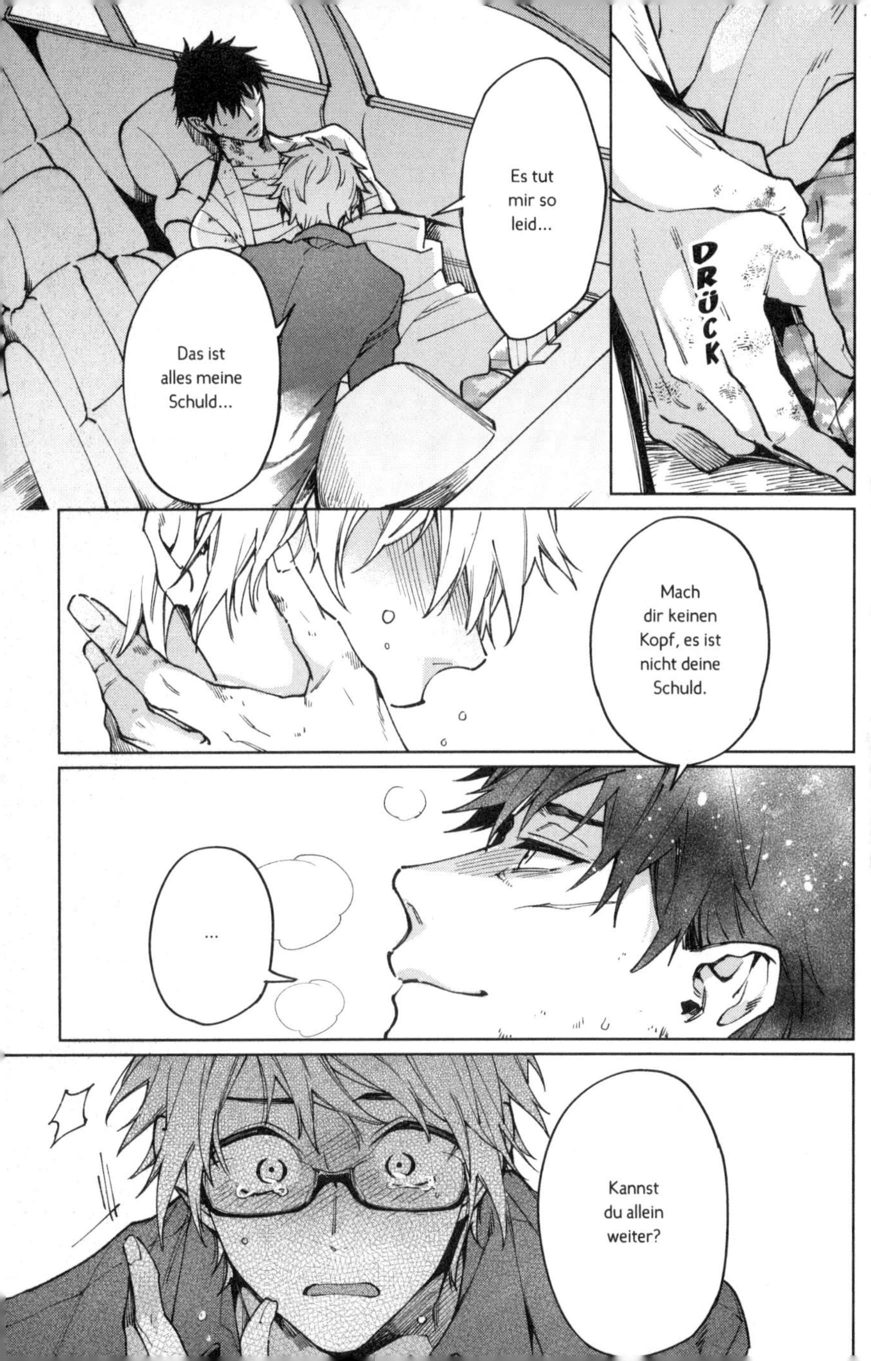
DRÜCK
Es tut mir so leid...
Das ist alles meine Schuld...
Mach dir keinen Kopf, es ist nicht deine Schuld.
...
Kannst du allein weiter?

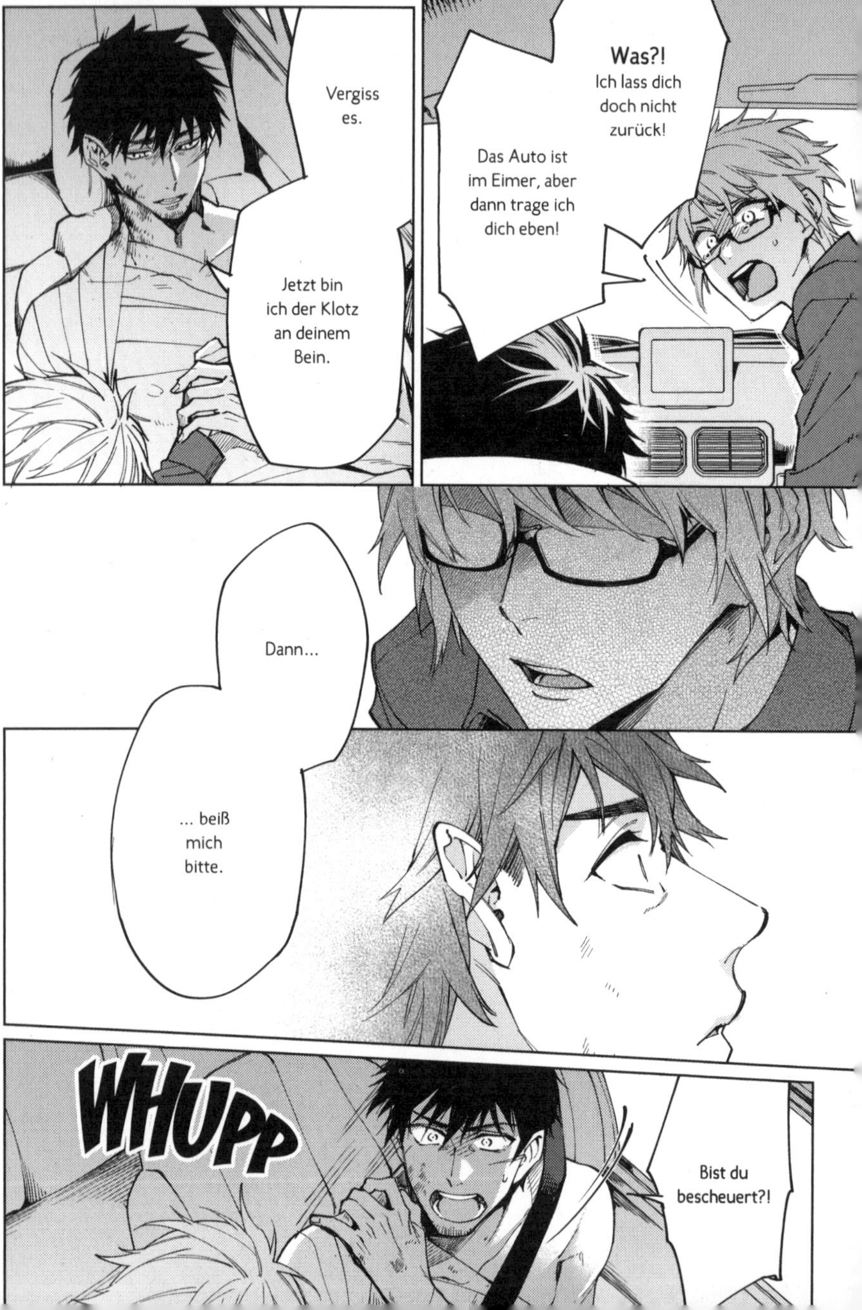

Vergiss es.
Jetzt bin ich der Klotz an deinem Bein.
Was?! Ich lass dich doch nicht zurück!
Das Auto ist im Eimer, aber dann trage ich dich eben!
Dann…
… beiß mich bitte.
WHUPP
Bist du bescheuert?!

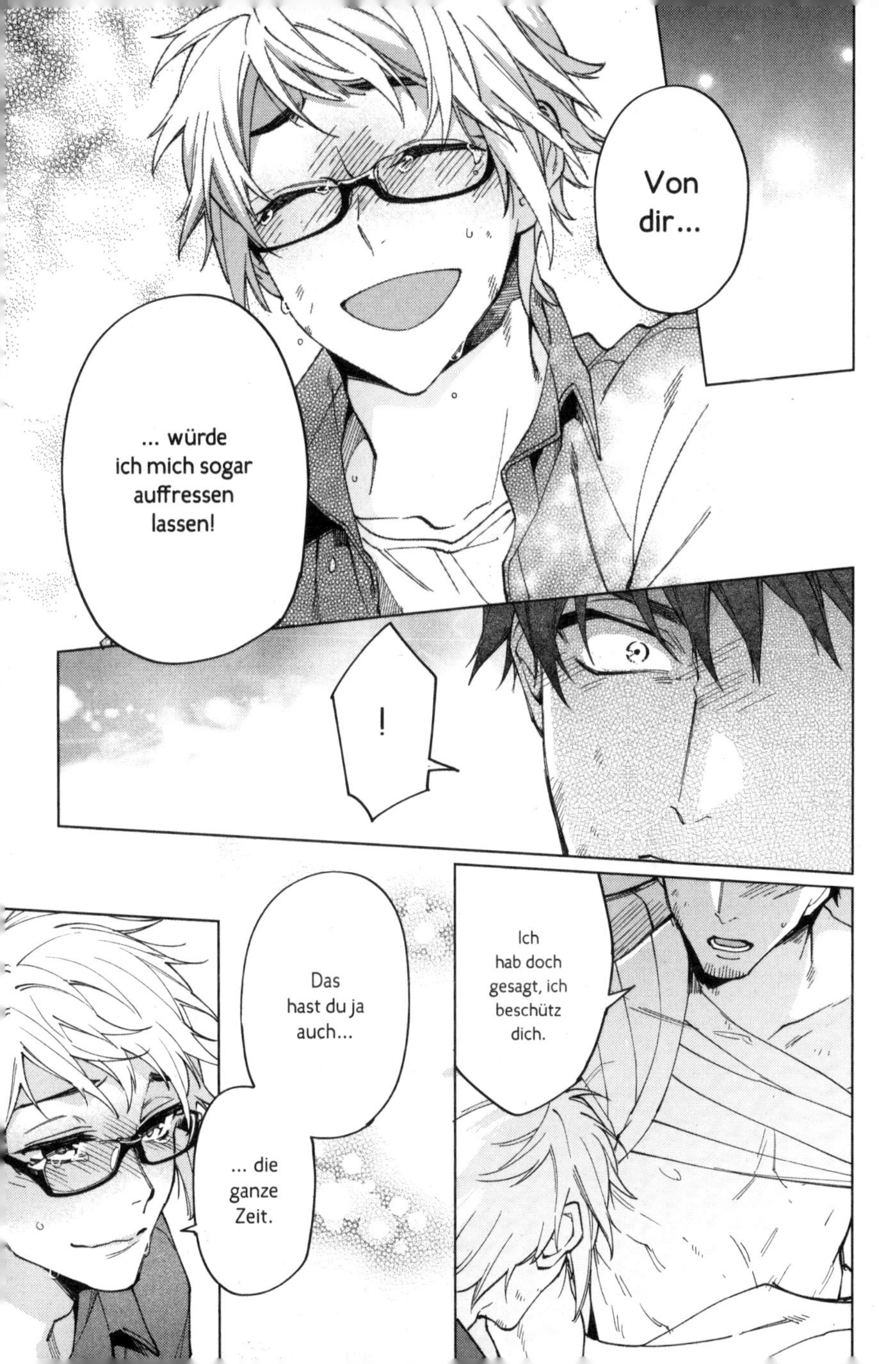
Von dir...
... würde ich mich sogar auffressen lassen!
!
Ich hab doch gesagt, ich beschütz dich.
Das hast du ja auch...
... die ganze Zeit.

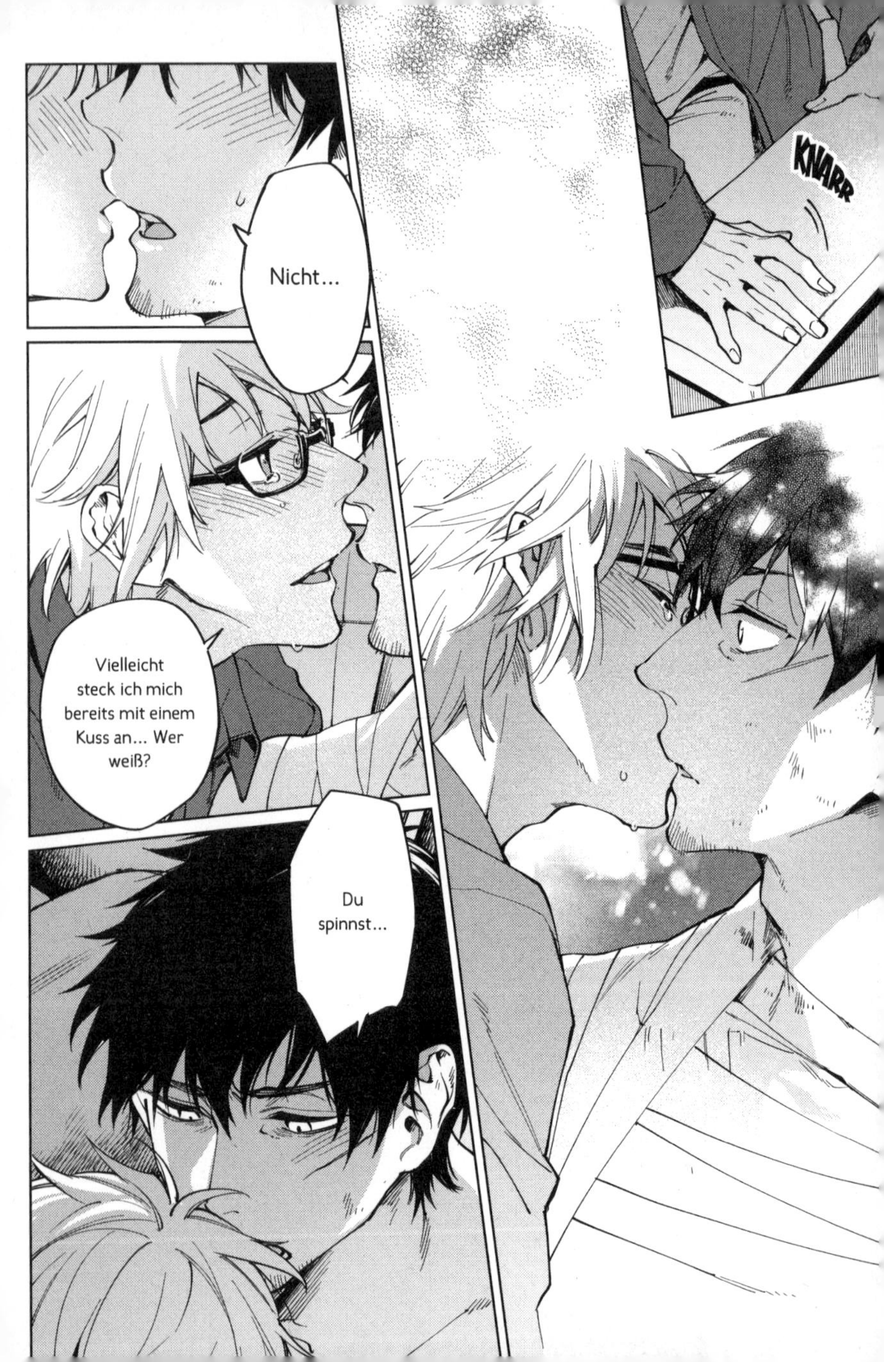
KNARR
Nicht...
Vielleicht steck ich mich bereits mit einem Kuss an... Wer weiß?
Du spinnst...

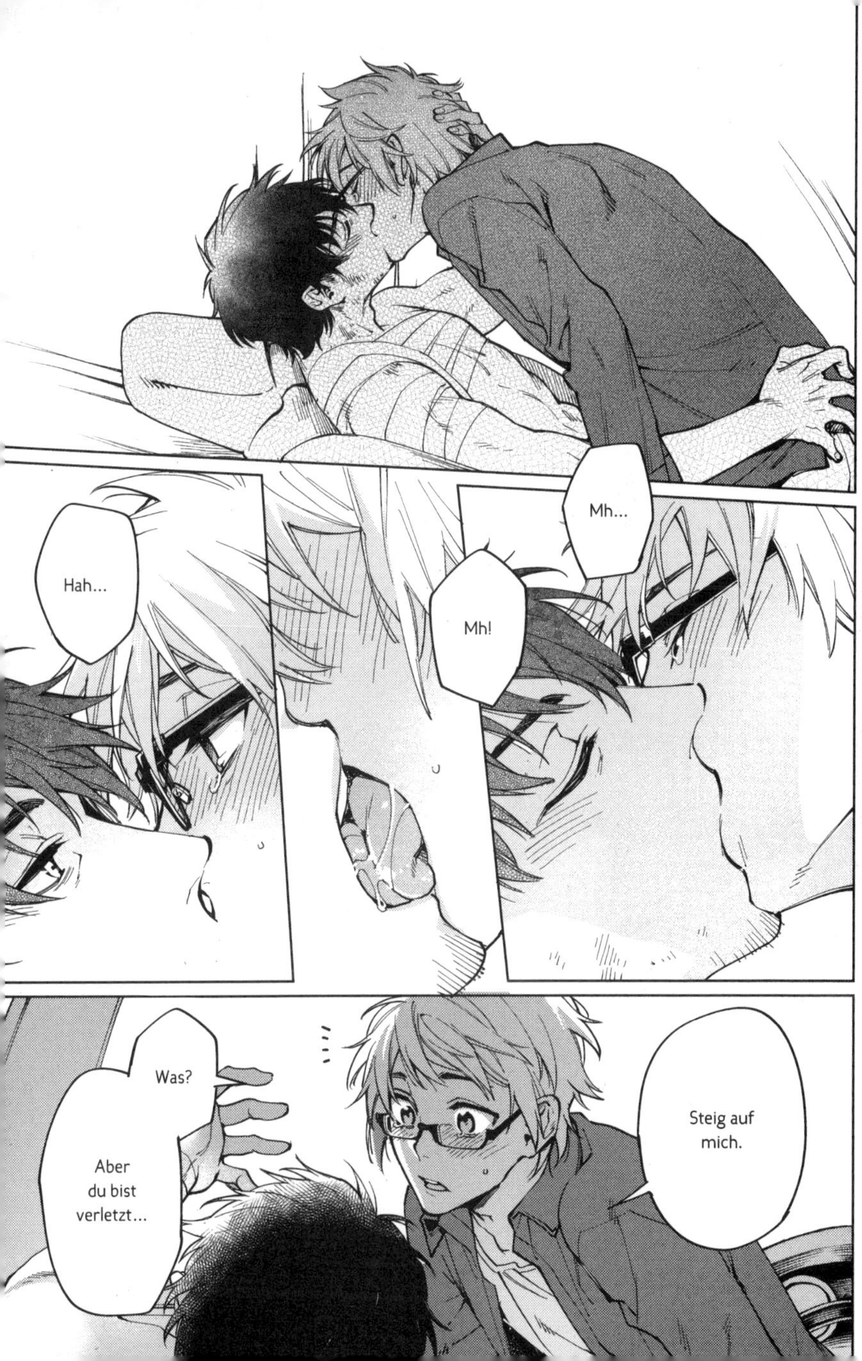
Mh...
Mh!
Hah...
Steig auf mich.
Was?
Aber du bist verletzt...

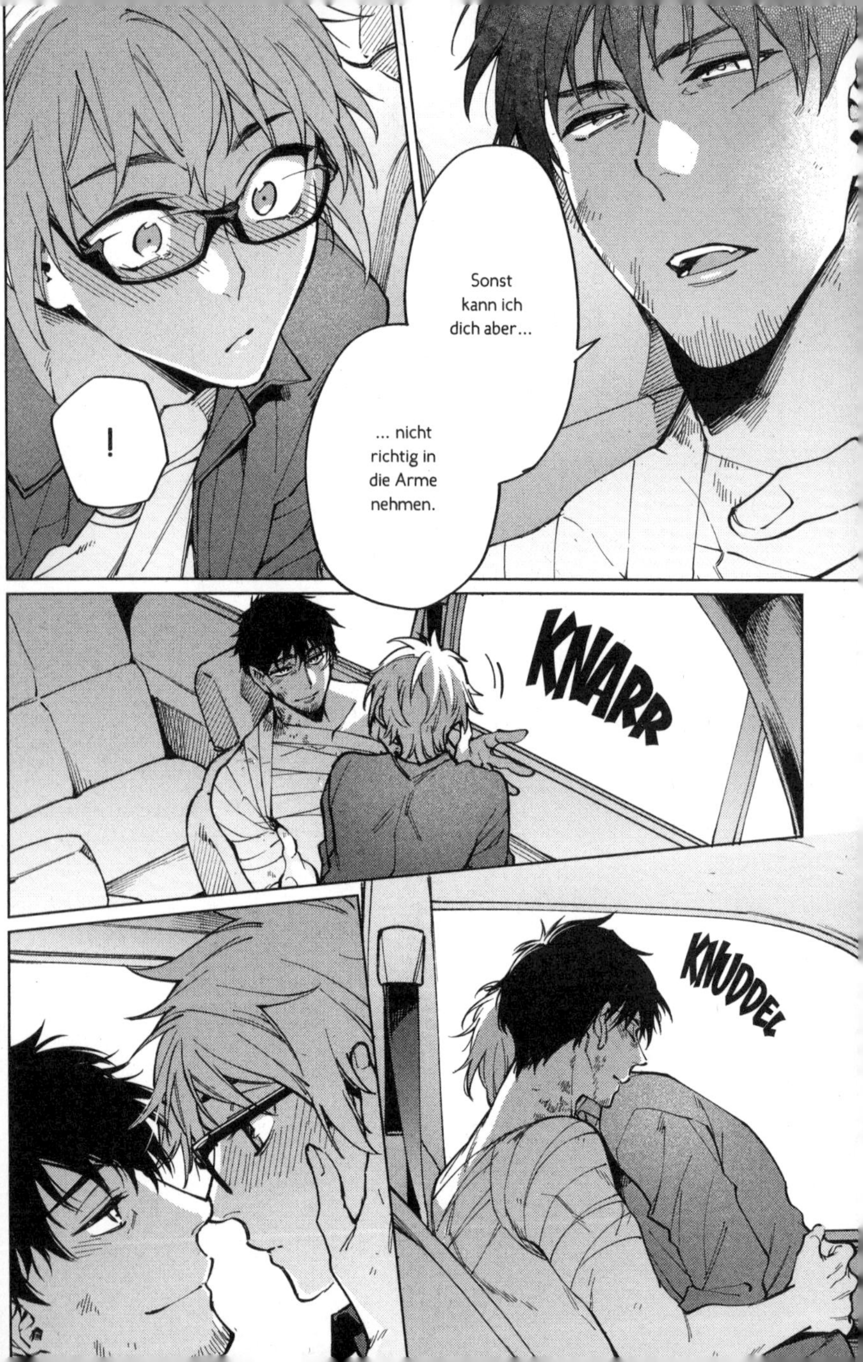
Sonst kann ich dich aber…
!
… nicht richtig in die Arme nehmen.
KNARR
KNUDDEL

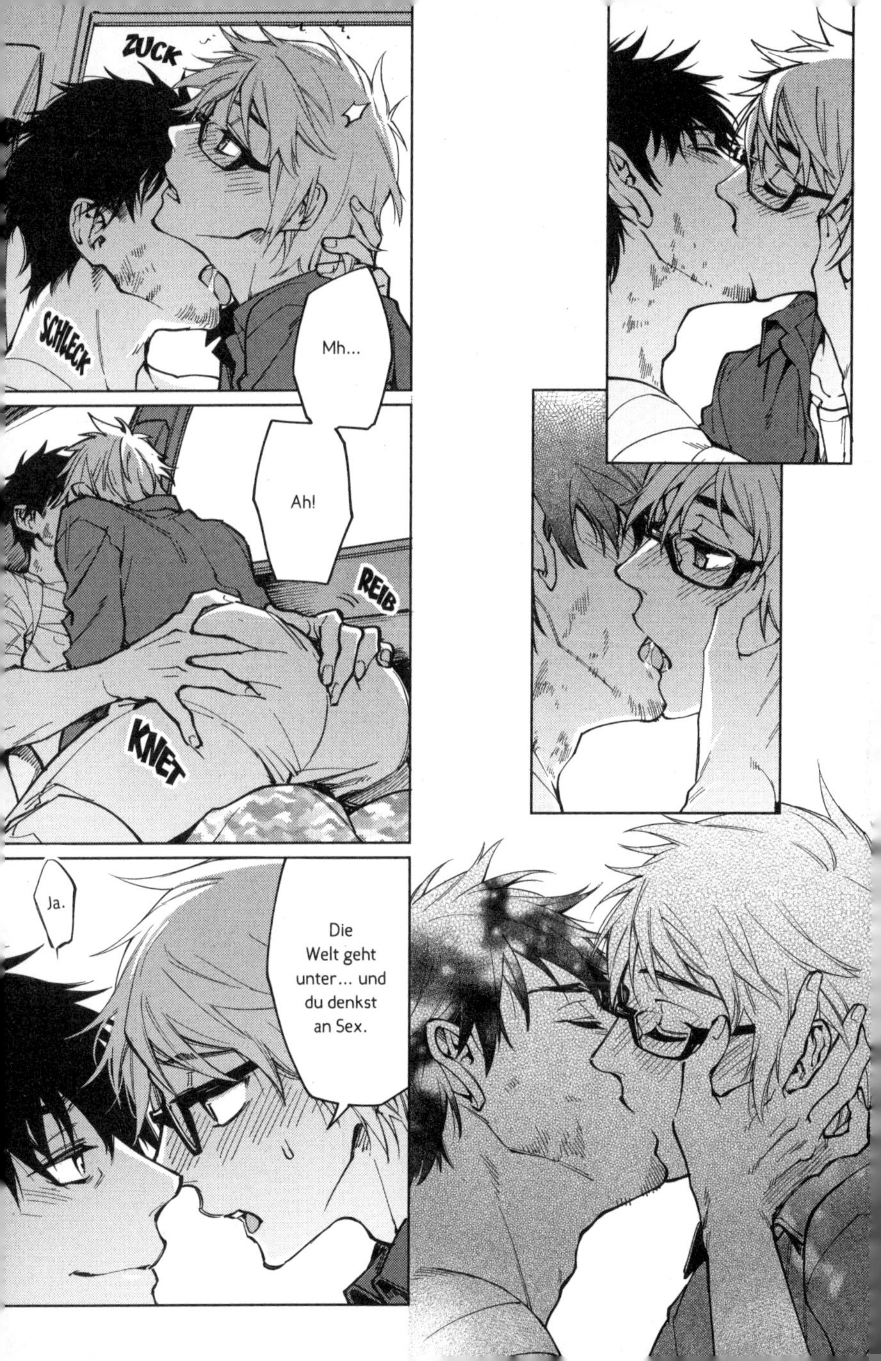
ZUCK
Mh...
SCHLECK
Ah!
REIB
KNET
Die Welt geht unter... und du denkst an Sex.
Ja.

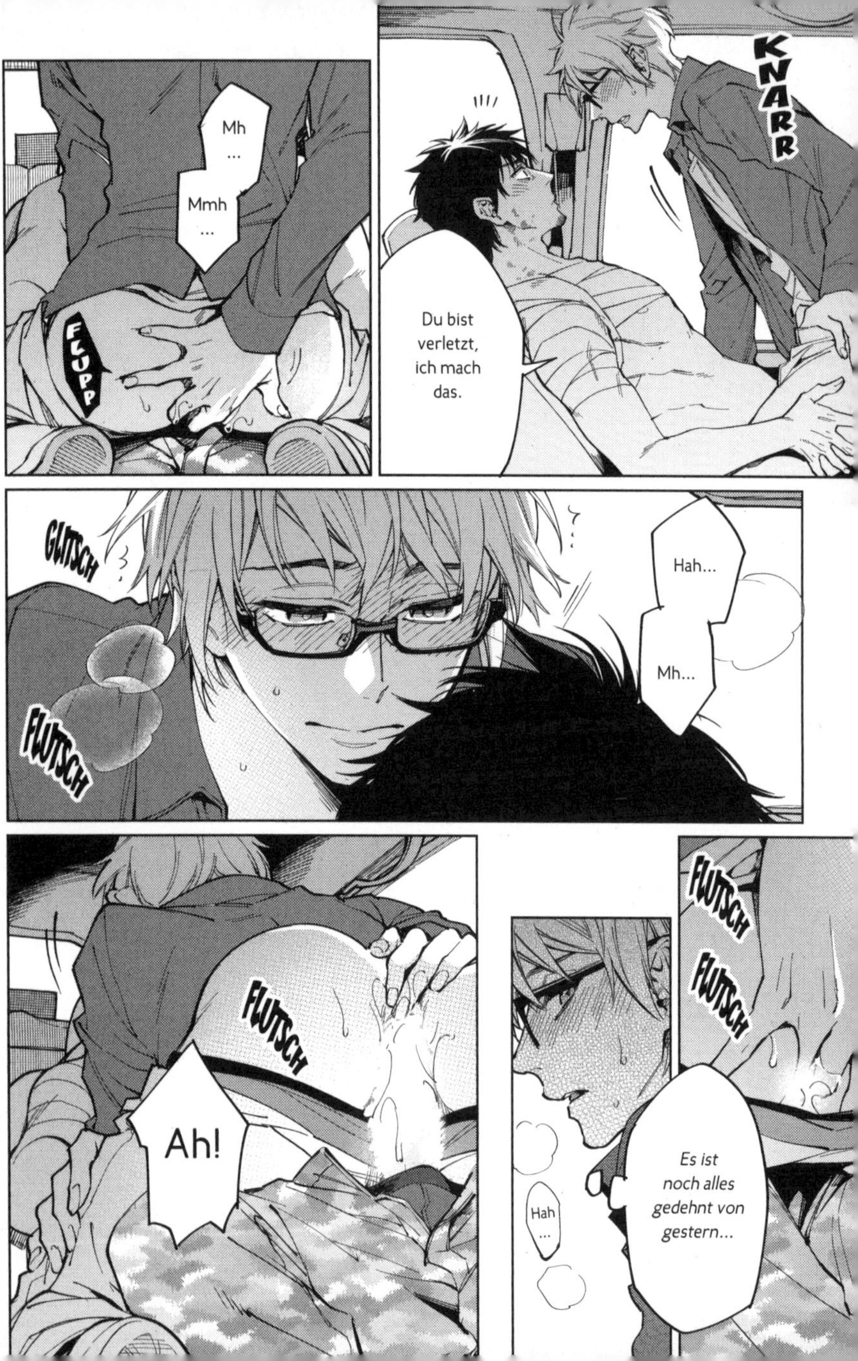
KNARR
Du bist verletzt, ich mach das.
Mh ...
Mmh ...
FLUPP
Hah...
Mh...
GLITSCH
FLUTSCH
FLUTSCH
FLUTSCH
Es ist noch alles gedehnt von gestern...
Hah ...
FLUTSCH
Ah!

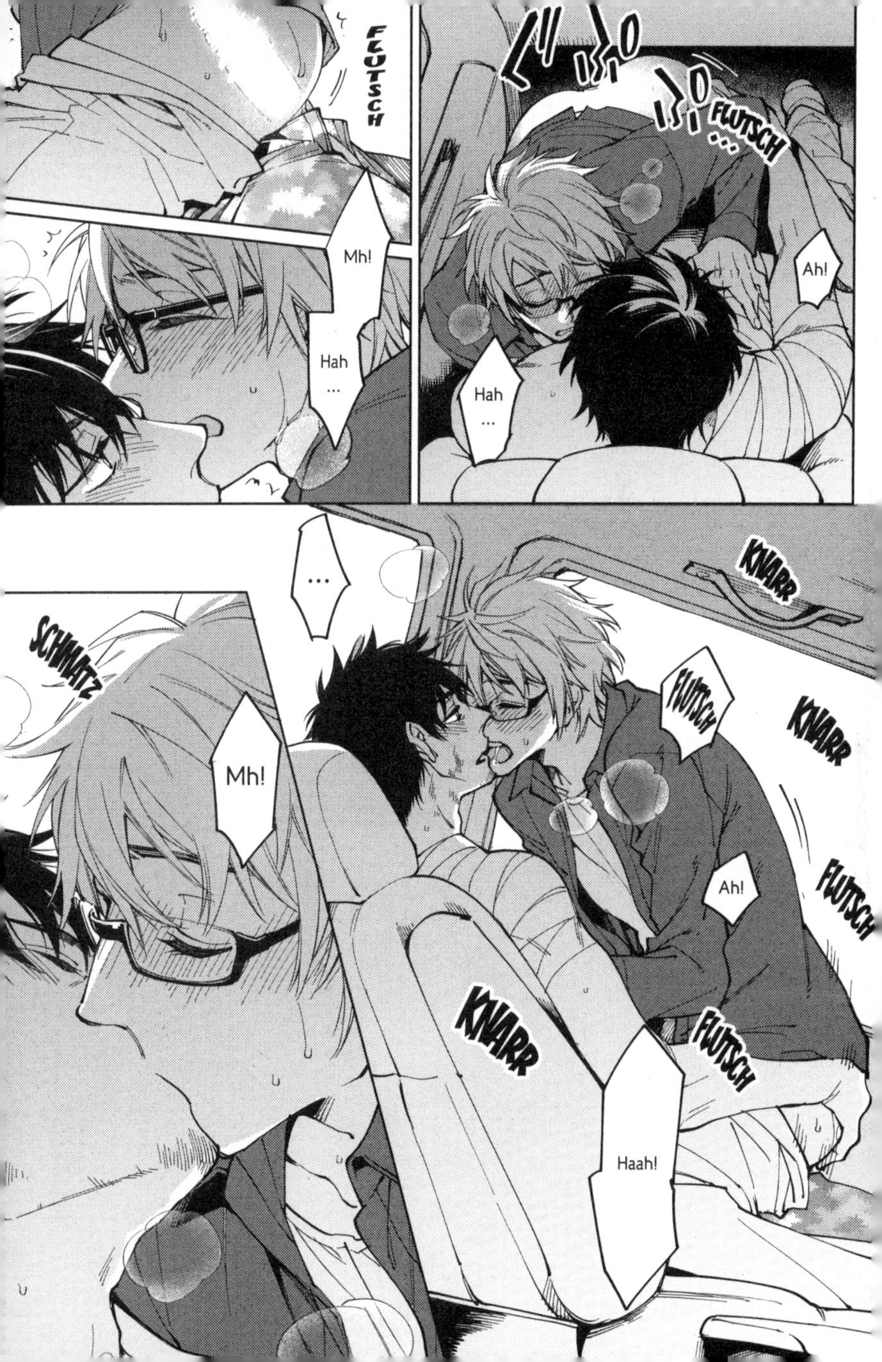
FLUTSCH
...
Ah!
Hah
...
FLUTSCH
Mh!
Hah
...
KNARR
...
KNARR
FLUTSCH
Ah!
FLUTSCH
FLUTSCH
KNARR
Haah!
Mh!
SCHMATZ

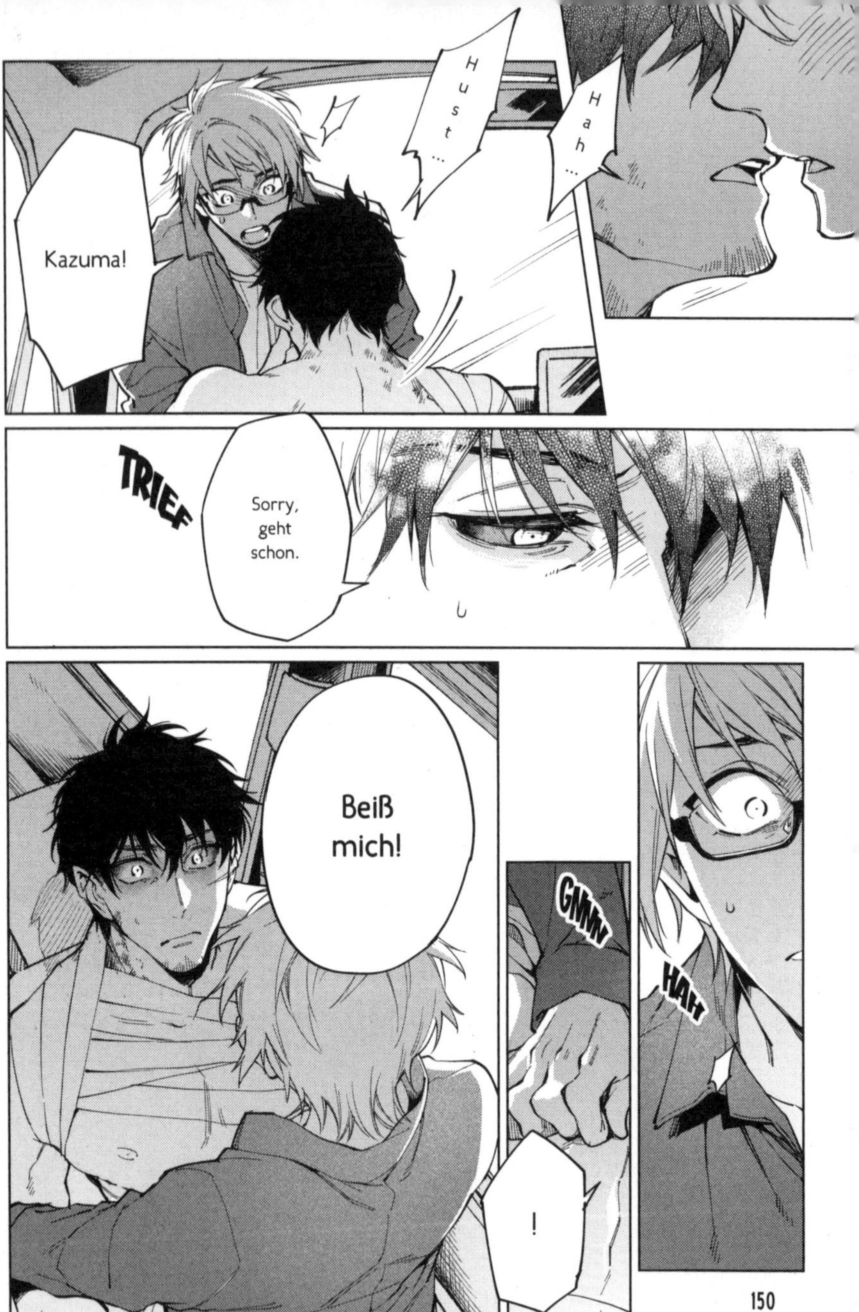
Hah ...
Hust ...
Kazuma!
TRIEF
Sorry, geht schon.
Beiß mich!
HAH
GMMN
!

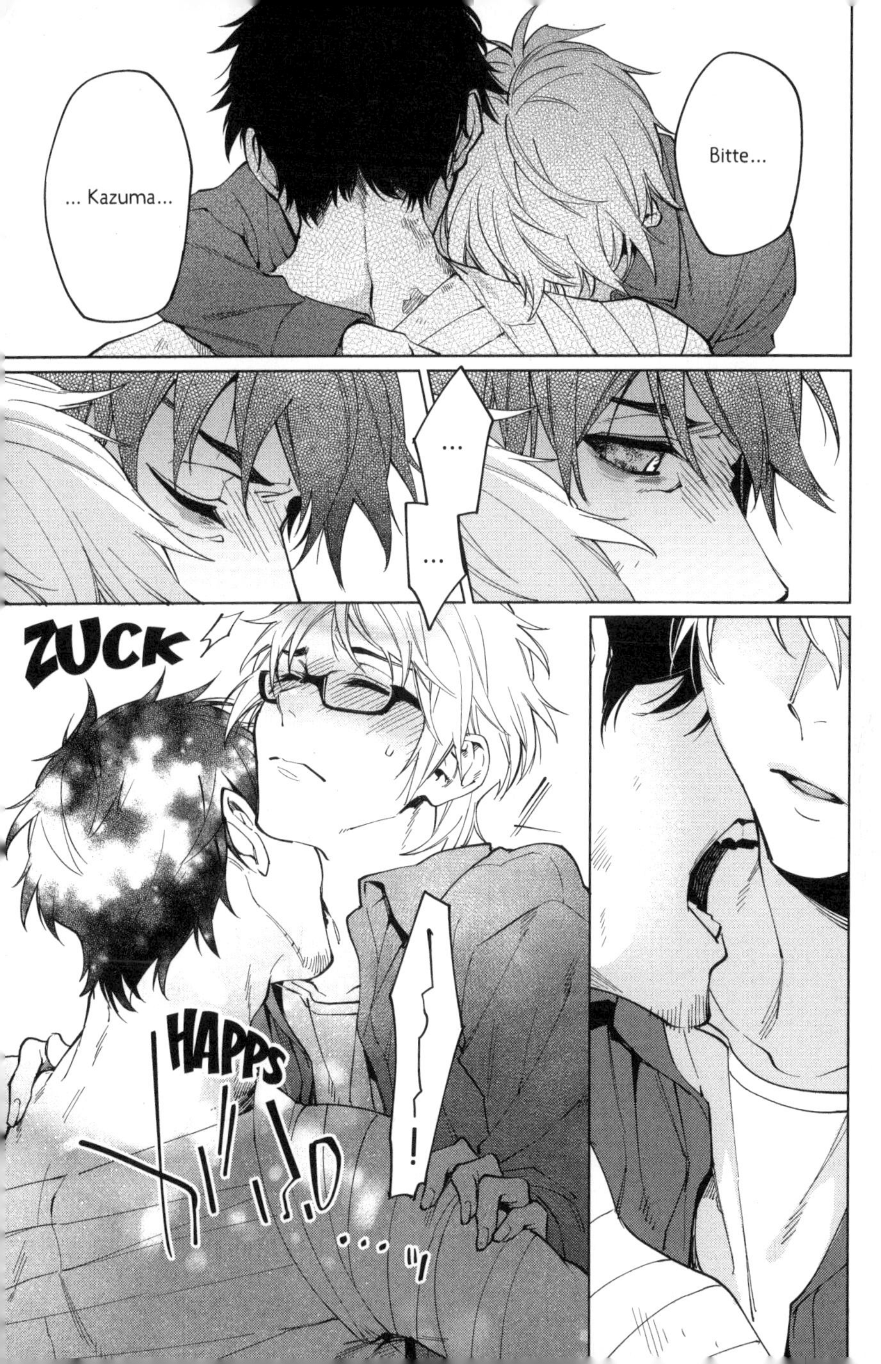
Bitte...
... Kazuma...
...
...
ZUCK
!
HAPPS

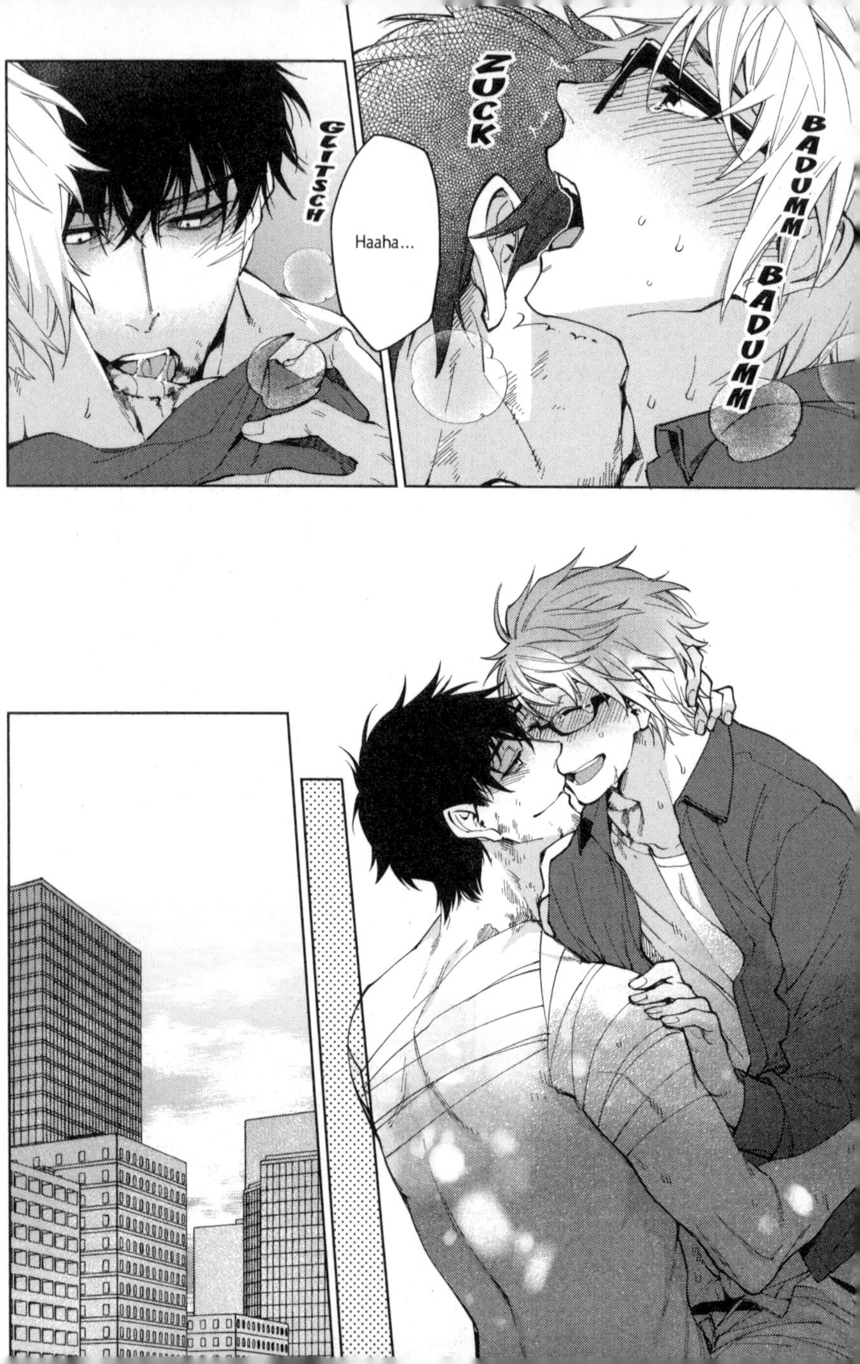
BADUMM BADUMM BADUMM
ZUCK
Haaha...
GEITSCH

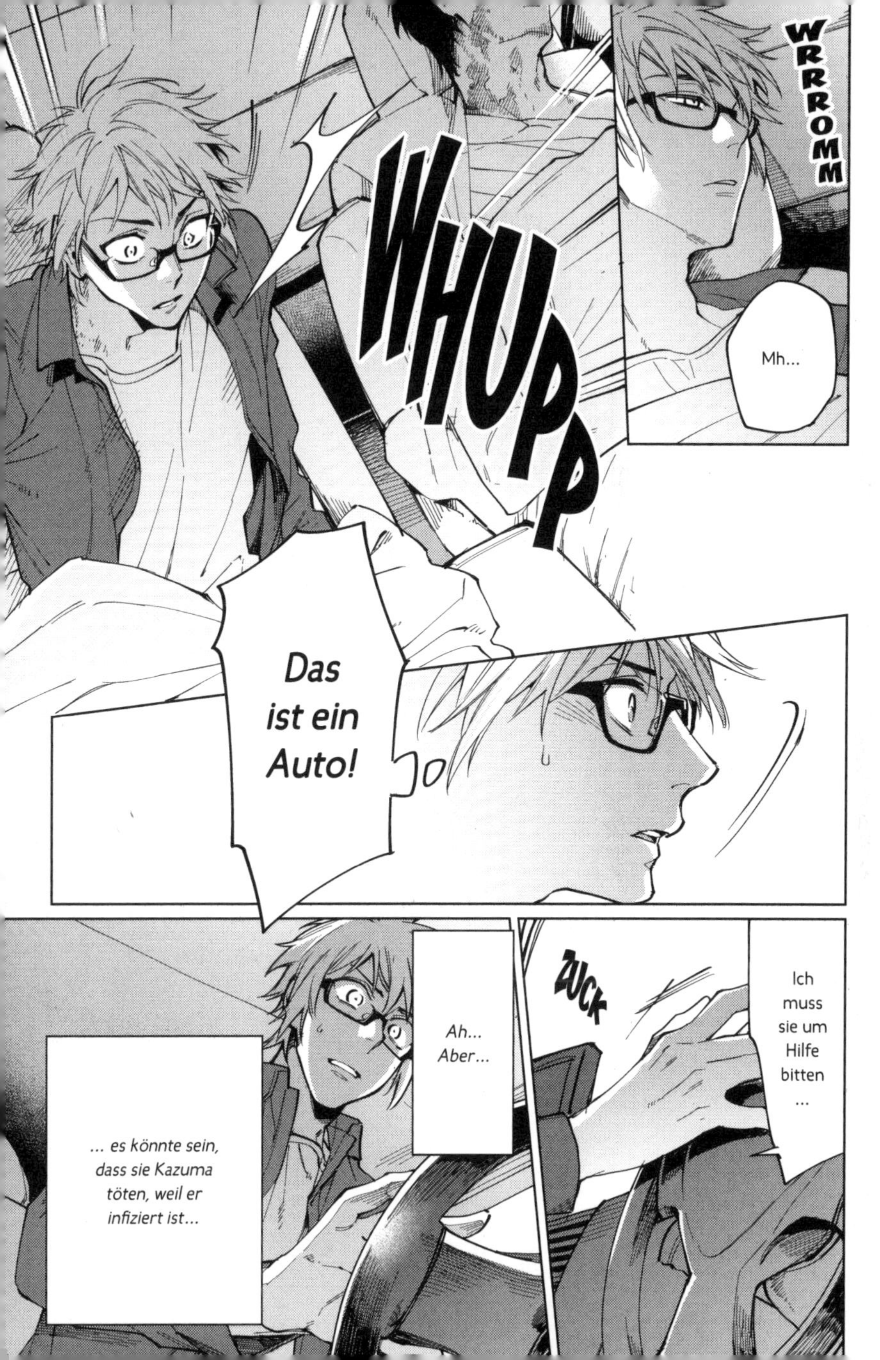
WRRROMM
Mh…
WHUPP
Das ist ein Auto!
Ich muss sie um Hilfe bitten …
ZUCK
Ah… Aber…
… es könnte sein, dass sie Kazuma töten, weil er infiziert ist…

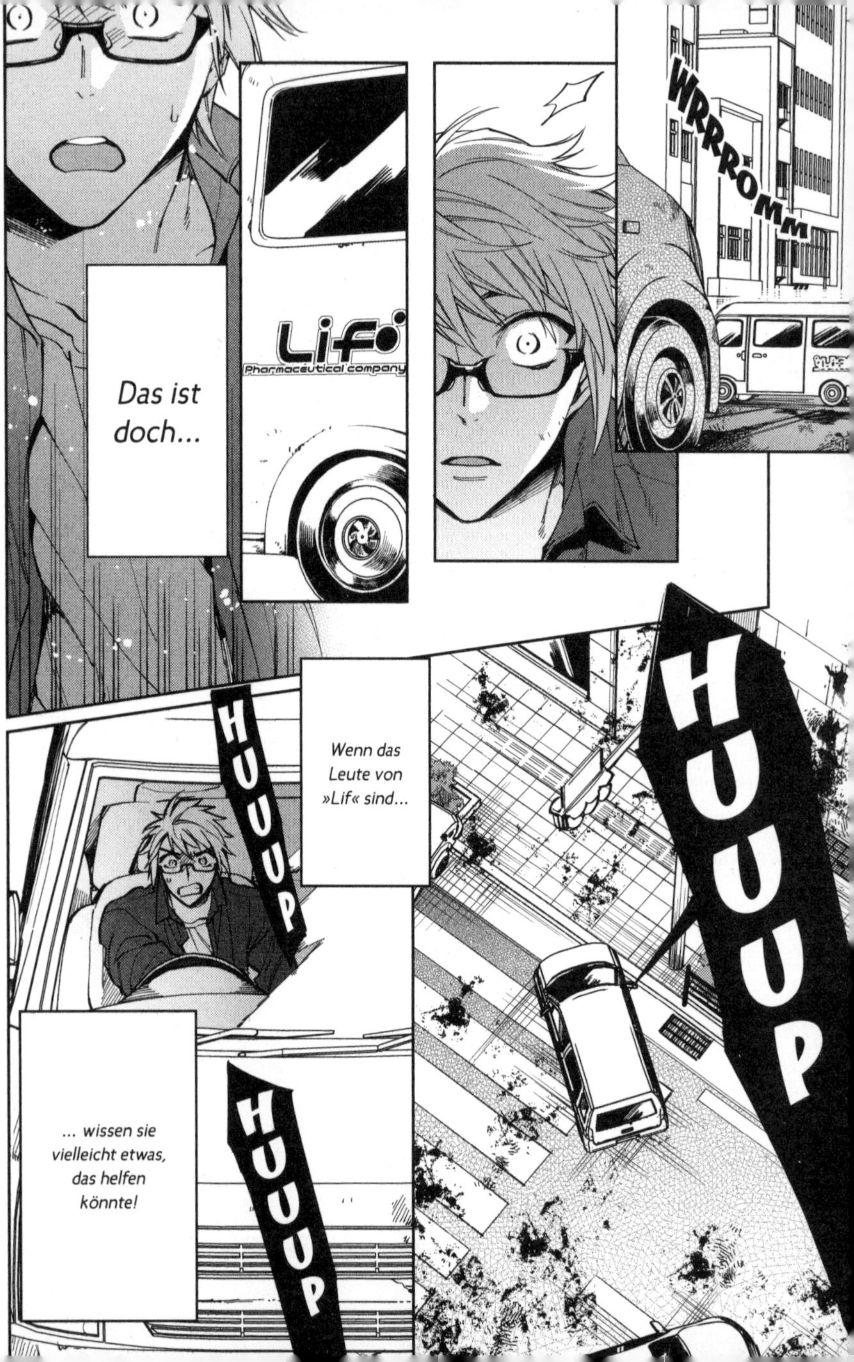
WRRRÖMM
Lif
Pharmaceutical company
Das ist doch...
HUUUUP
Wenn das Leute von »Lif« sind...
HUUUP
... wissen sie vielleicht etwas, das helfen könnte!
HUUUP

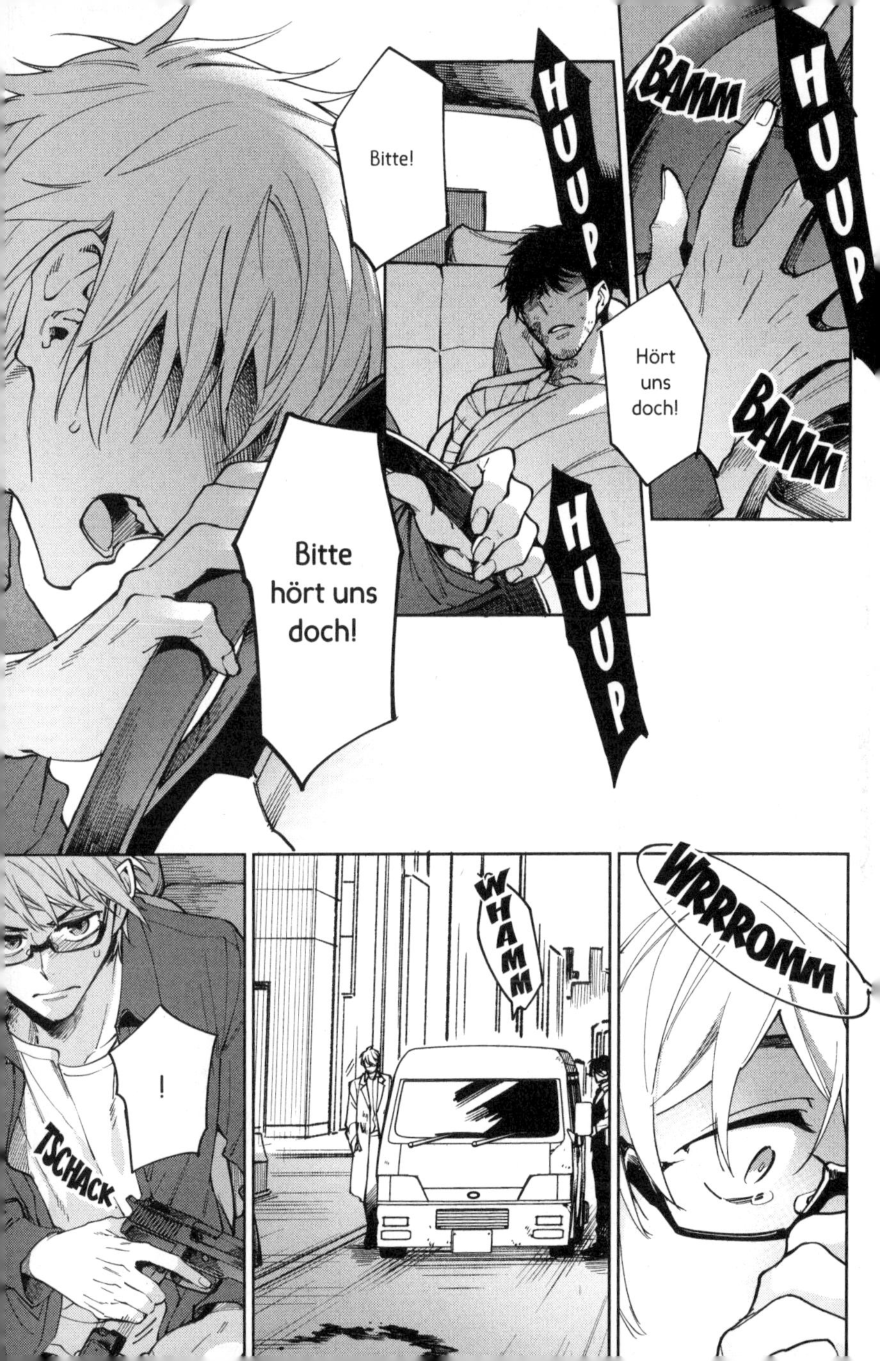
BAMM
HUUP
Hört uns doch!
BAMM
Bitte!
HUUP
HUUP
Bitte hört uns doch!
WRRROMM
WHAMM
!
TSCHACK

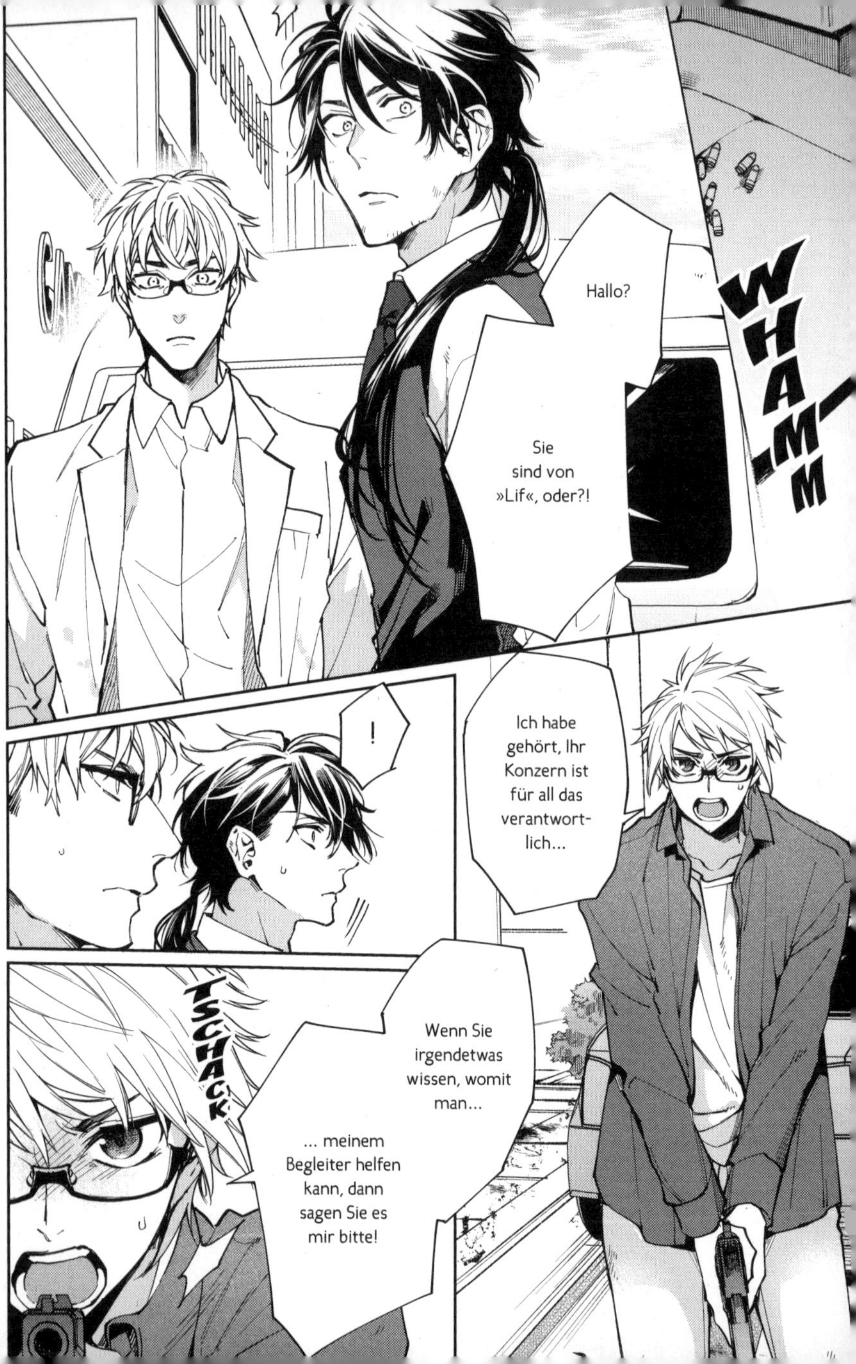
WHAMM
Hallo?
Sie sind von »Lif«, oder?!
Ich habe gehört, Ihr Konzern ist für all das verantwortlich...
!
Wenn Sie irgendetwas wissen, womit man...
... meinem Begleiter helfen kann, dann sagen Sie es mir bitte!
TSCHACK

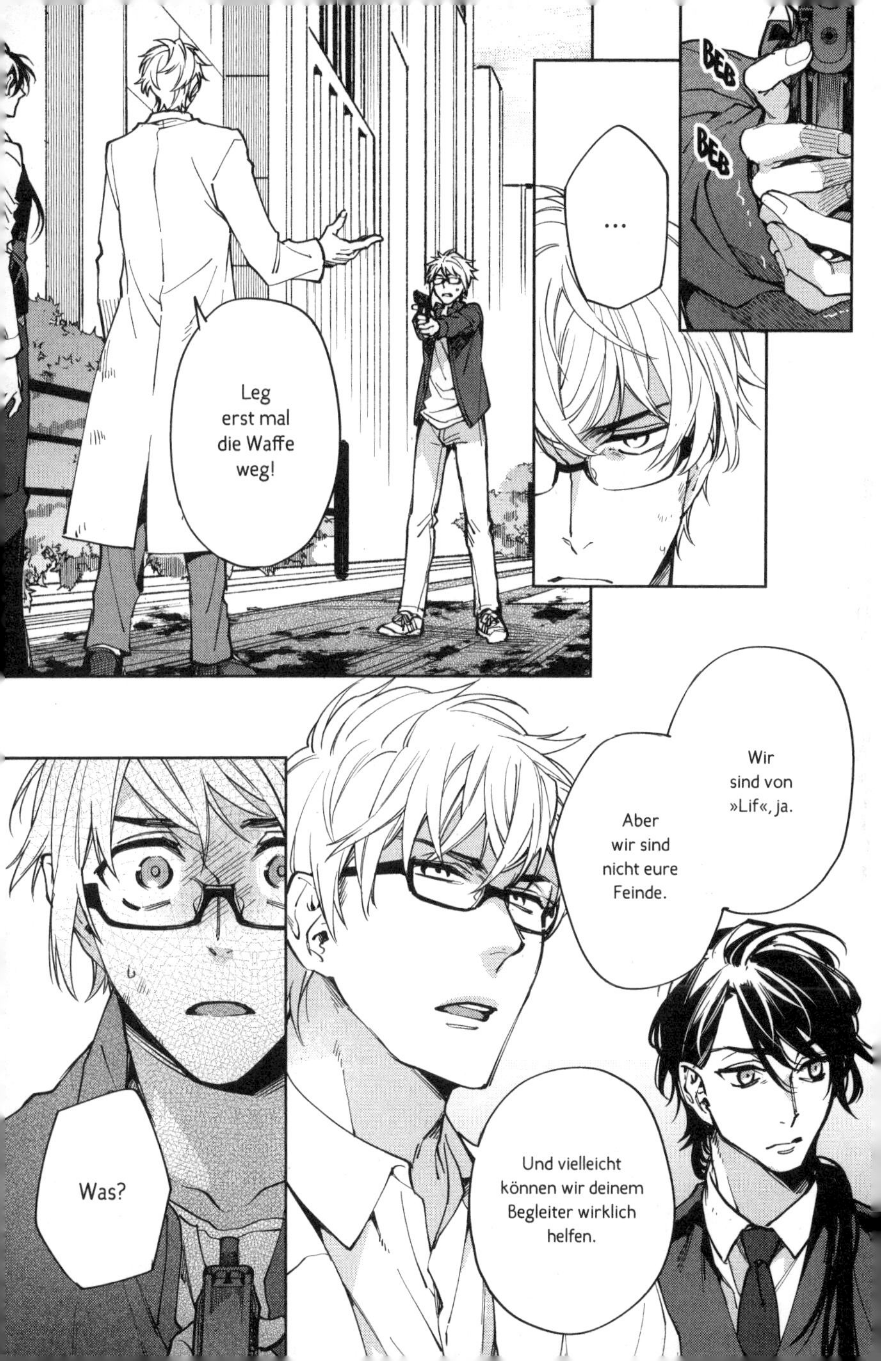
BEB
BEB
...
Leg erst mal die Waffe weg!
Wir sind von »Lif«, ja.
Aber wir sind nicht eure Feinde.
Was?
Und vielleicht können wir deinem Begleiter wirklich helfen.

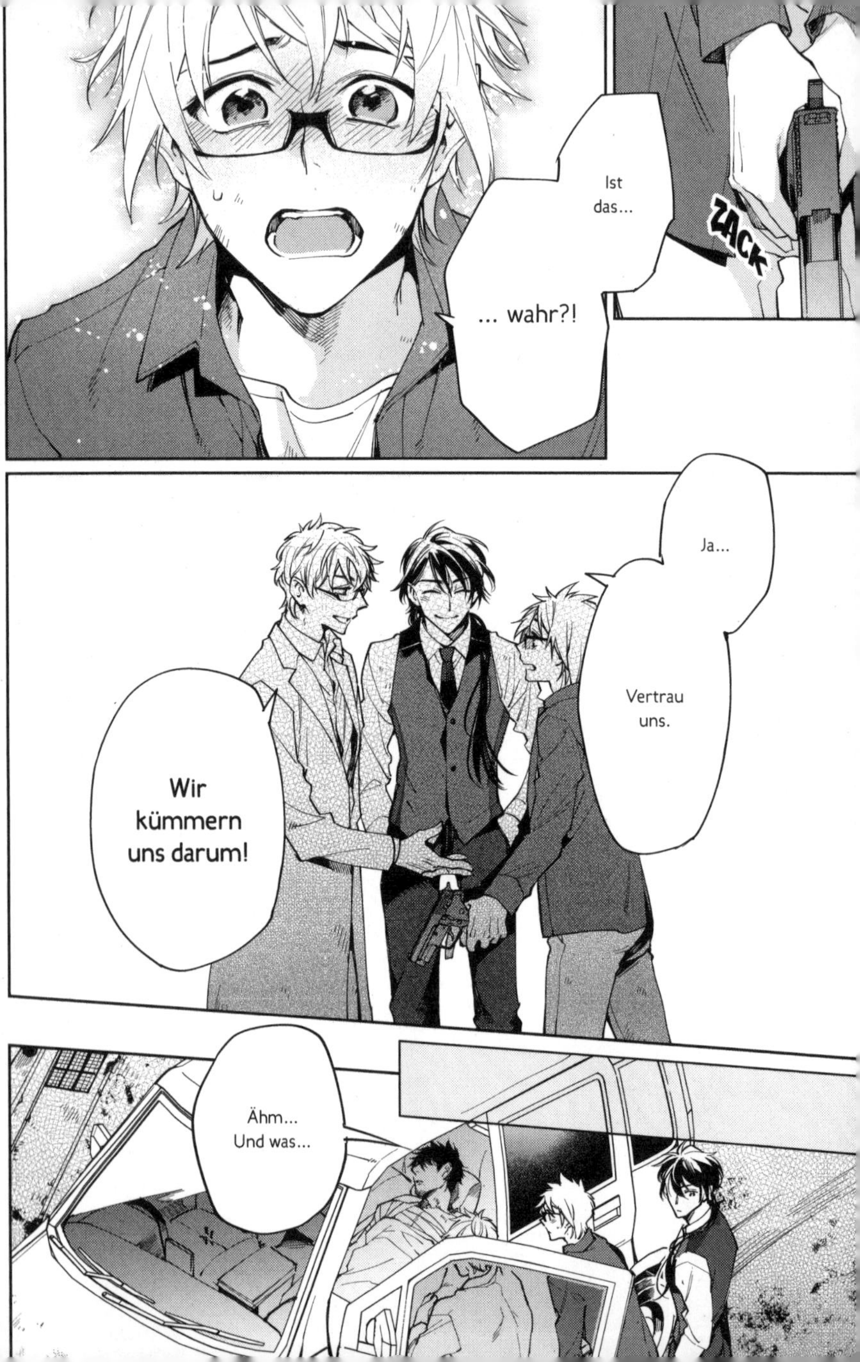
ZACK
Ist das... ... wahr?!
Ja...
Vertrau uns.
Wir kümmern uns darum!
Ähm... Und was...

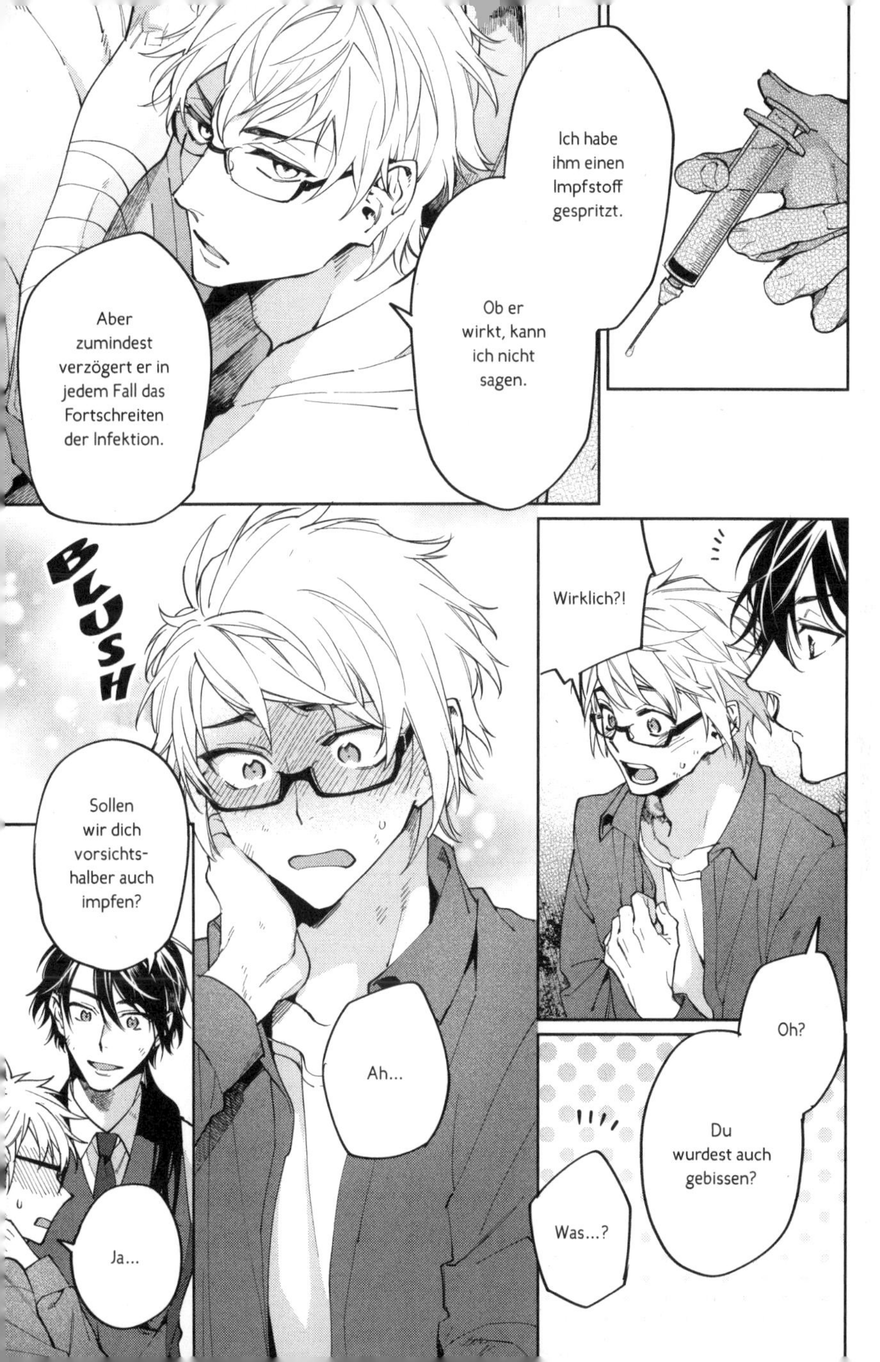
Ich habe ihm einen Impfstoff gespritzt.
Ob er wirkt, kann ich nicht sagen.
Aber zumindest verzögert er in jedem Fall das Fortschreiten der Infektion.
Wirklich?!
Oh?
Du wurdest auch gebissen?
Was...?
BLUSH
Sollen wir dich vorsichtshalber auch impfen?
Ah...
Ja...

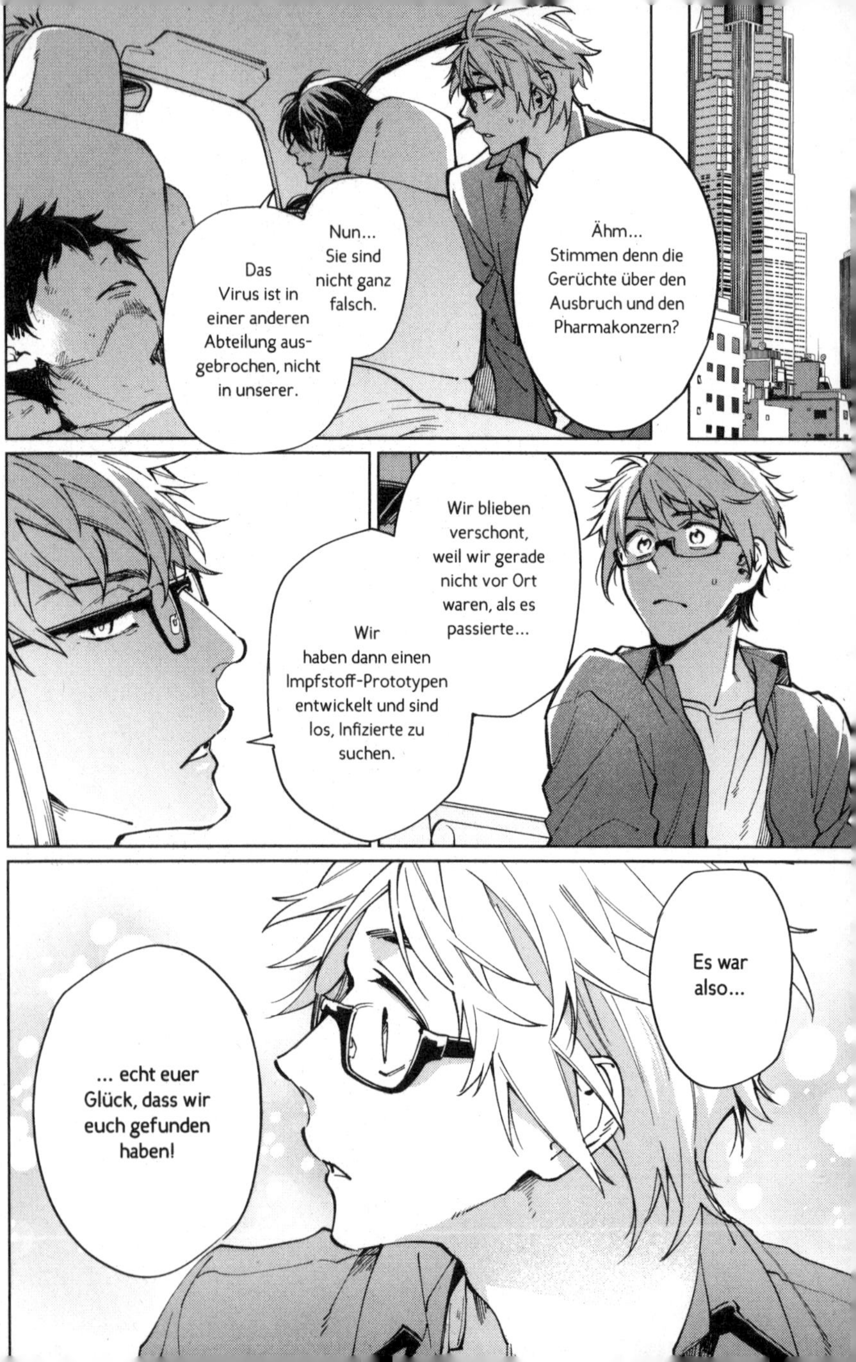
Ähm... Stimmen denn die Gerüchte über den Ausbruch und den Pharmakonzern?
Nun... Sie sind nicht ganz falsch.
Das Virus ist in einer anderen Abteilung ausgebrochen, nicht in unserer.
Wir blieben verschont, weil wir gerade nicht vor Ort waren, als es passierte...
Wir haben dann einen Impfstoff-Prototypen entwickelt und sind los, Infizierte zu suchen.
Es war also...
... echt euer Glück, dass wir euch gefunden haben!

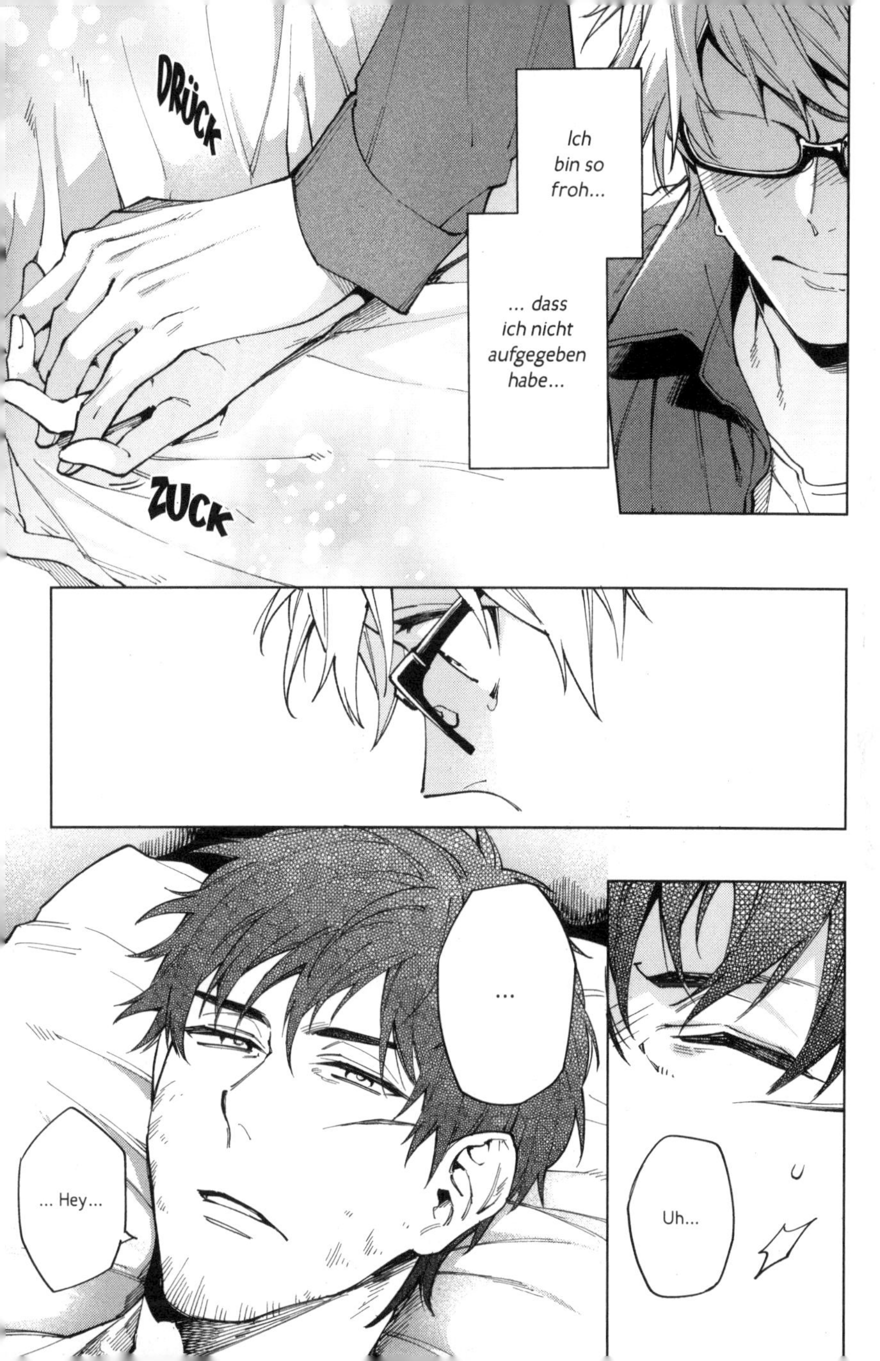
Ich bin so froh...
... dass ich nicht aufgegeben habe...
DRÜCK
ZUCK
...
Uh...
... Hey...

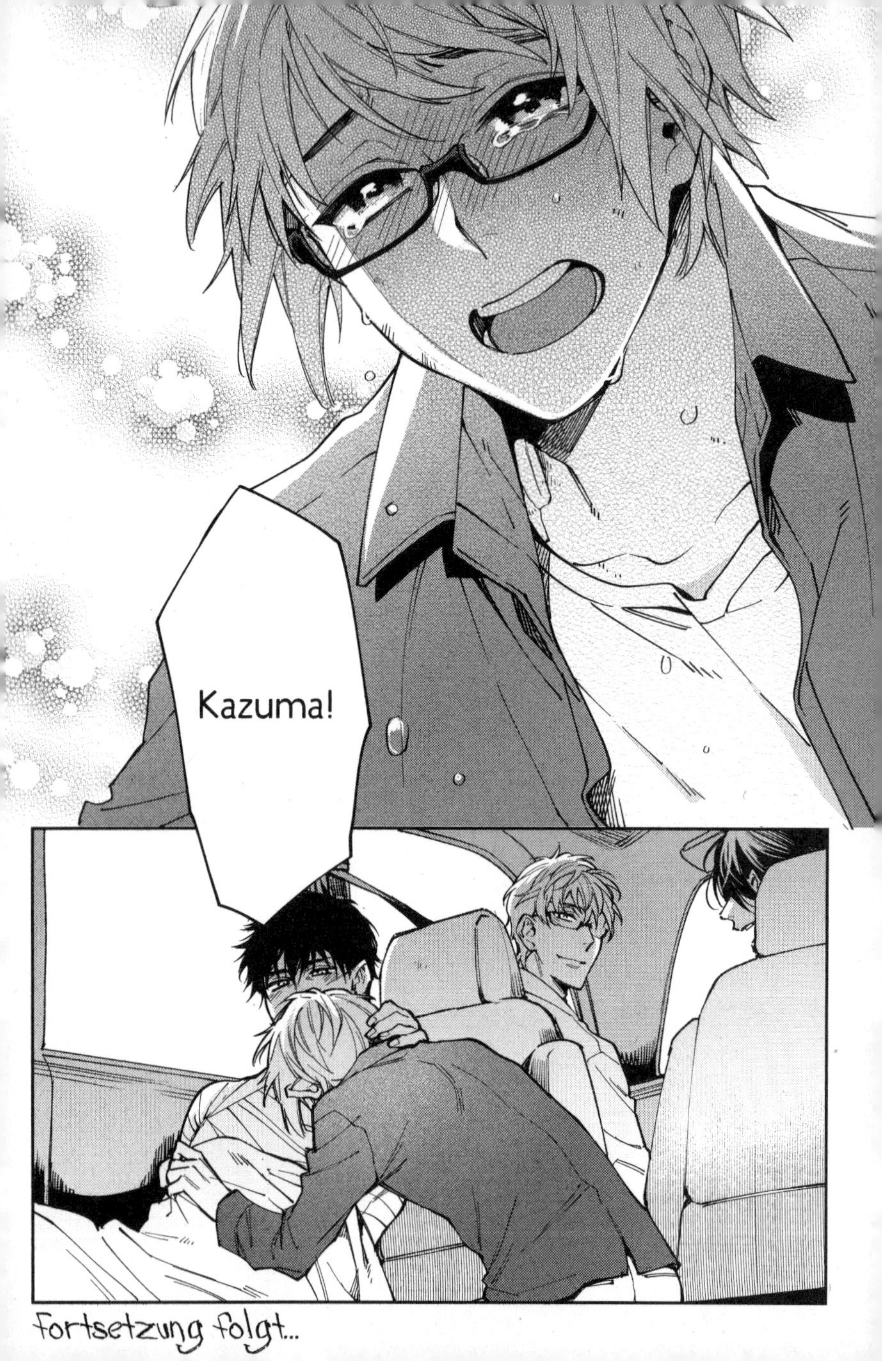
Kazuma!
Fortsetzung folgt...

ZOMBIE·HIDE·SEX

ZOMBIE·HIDE·SEX

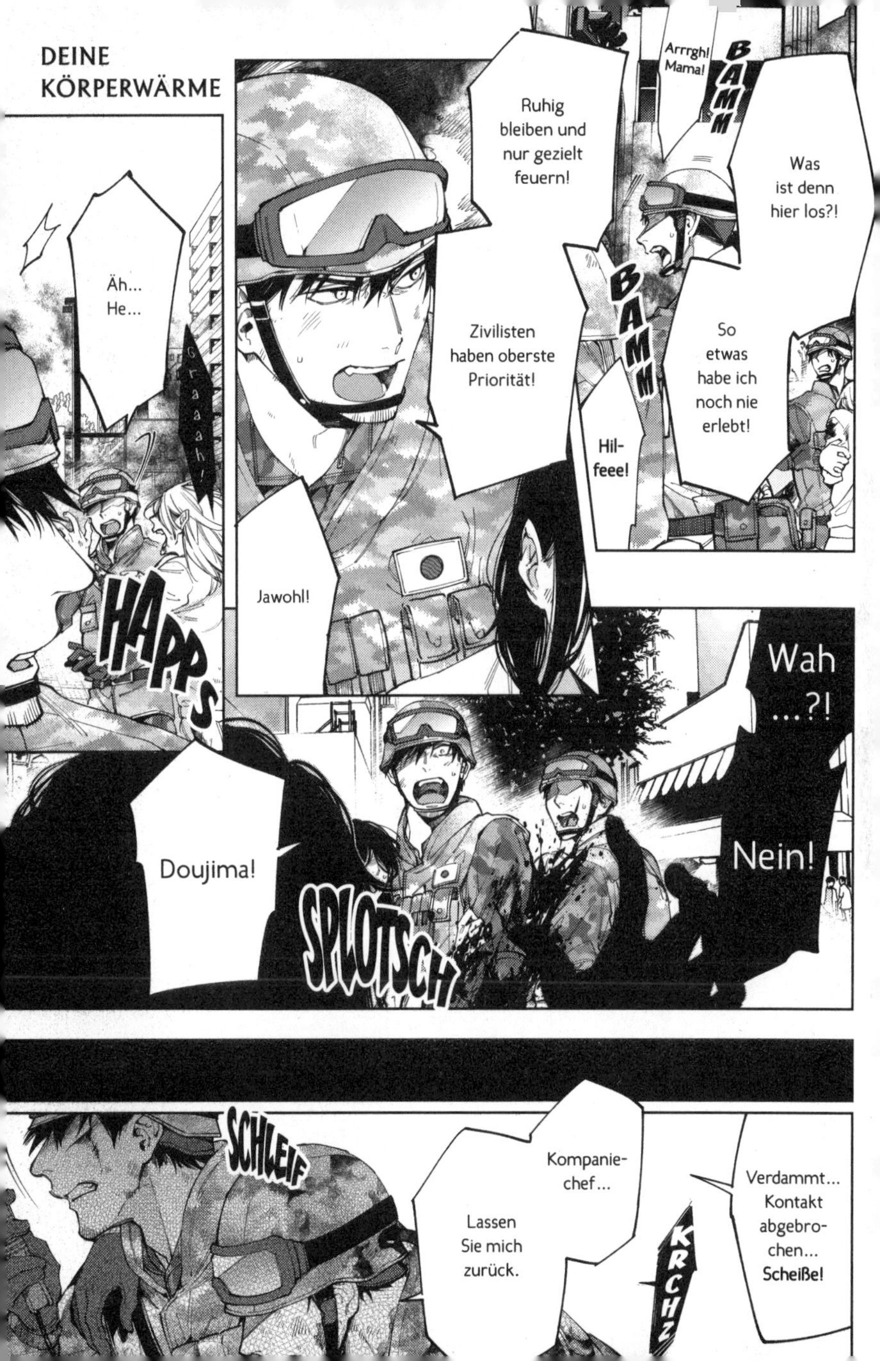
Arrrgh! Mama!
BAMM
Was ist denn hier los?!
BAMM
So etwas habe ich noch nie erlebt!
Hil-feee!
Ruhig bleiben und nur gezielt feuern!
Zivilisten haben oberste Priorität!
Jawohl!
Äh... He...
Graaah!
HAPPS
Wah ...?!
Nein!
Doujima!
SPLOTSCH
Verdammt... Kontakt abgebro-chen... **Scheiße!**
KRCHZ
Kompanie-chef...
Lassen Sie mich zurück.
SCHLEIF

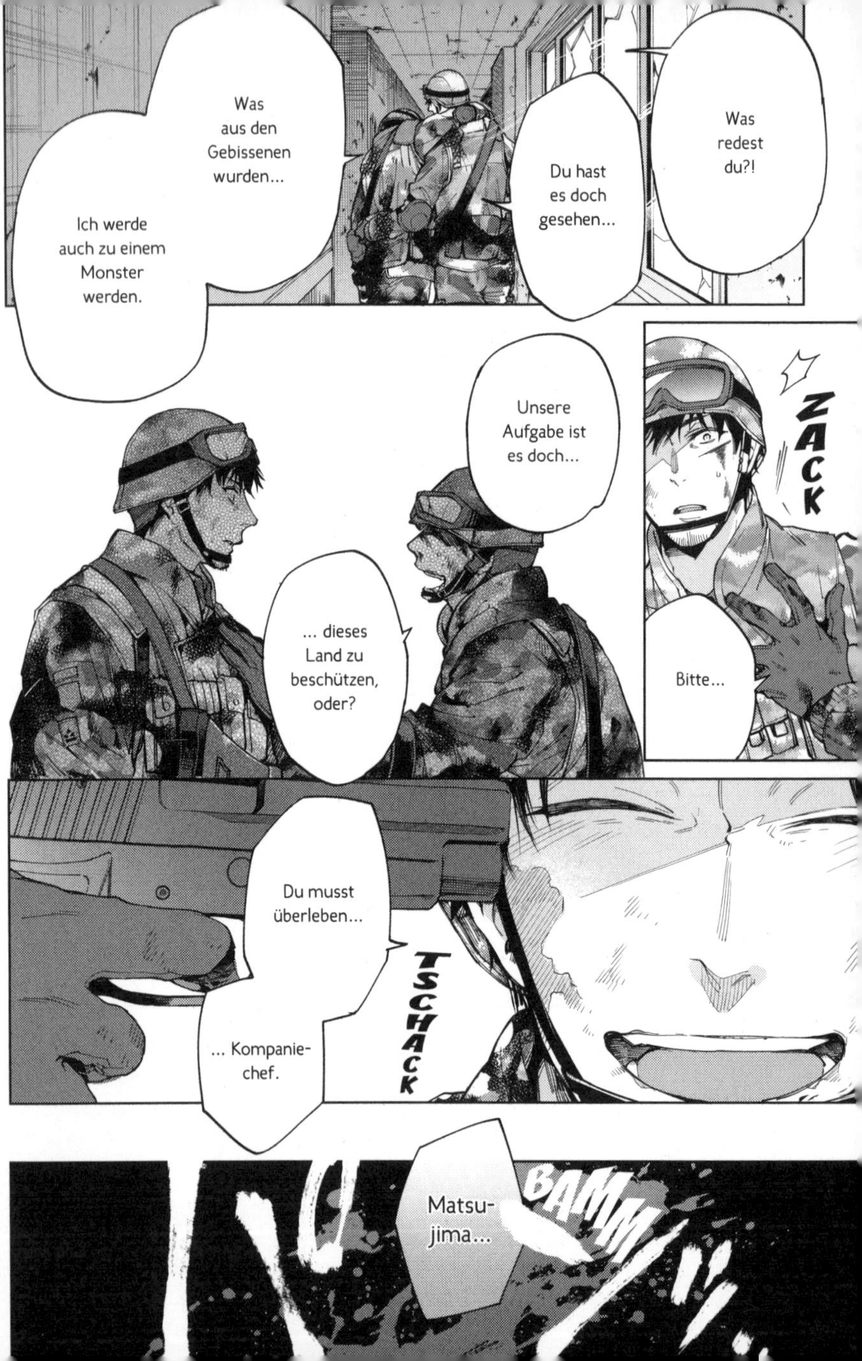
Was redest du?!
Du hast es doch gesehen...
Was aus den Gebissenen wurden...
Ich werde auch zu einem Monster werden.
ZACK
Unsere Aufgabe ist es doch...
... dieses Land zu beschützen, oder?
Bitte...
Du musst überleben...
... Kompanie-chef.
TSCHACK
Matsu-jima...
BAMM

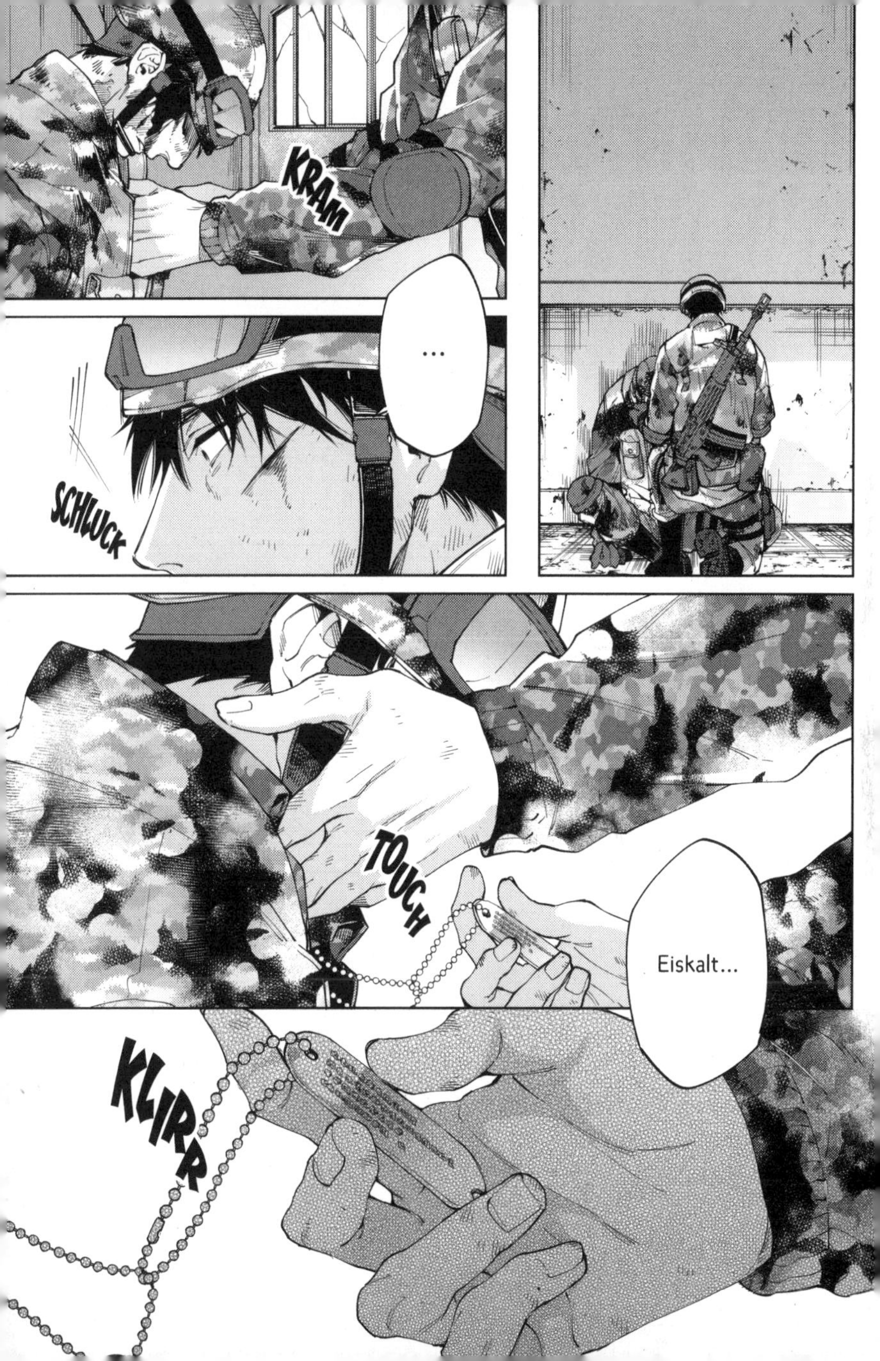
KRAM
...
SCHLUCK
TOUCH
Eiskalt...
KLIRR

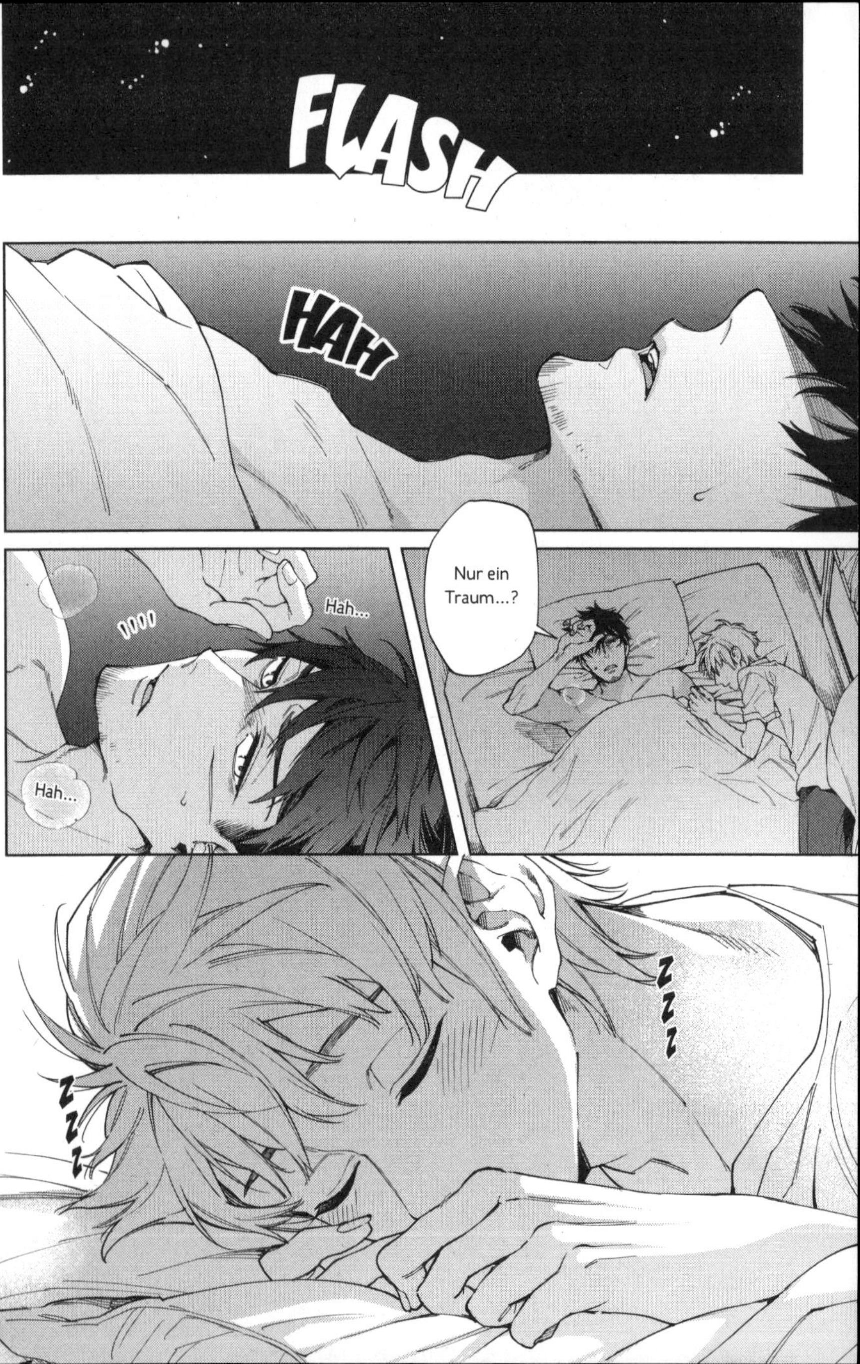
FLASH
HAH
Nur ein Traum...?
Hah...
Hah...
ZZZ
ZZZ

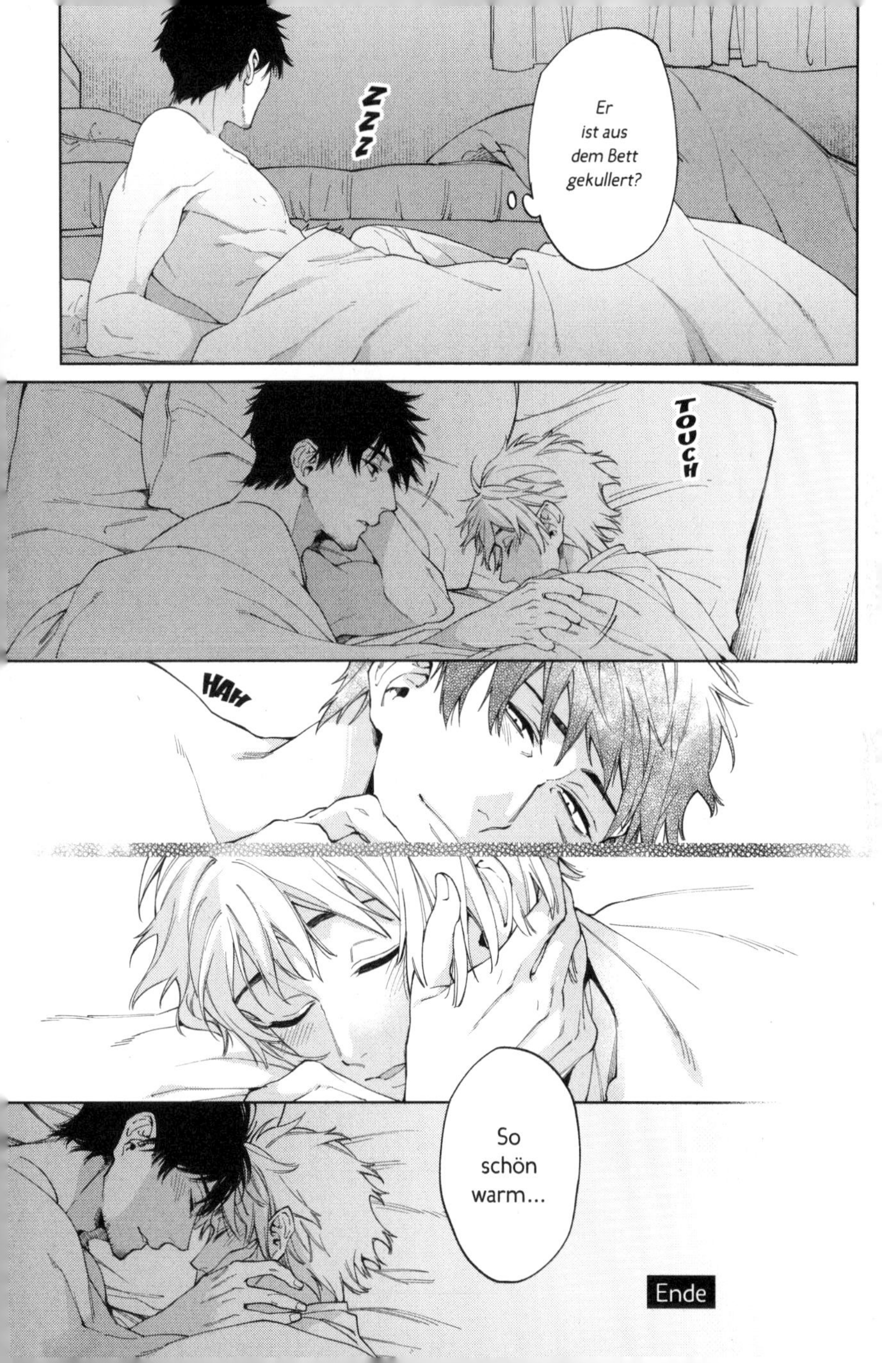
Er ist aus dem Bett gekullert?
ZZZ
TOUCH
HAH
So schön warm...
Ende

Nachwort

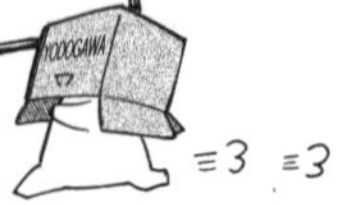

Vielen Dank, dass Ihr »Zombie Hide Sex« gelesen habt!
Ich bin Yuo Yodogawa.

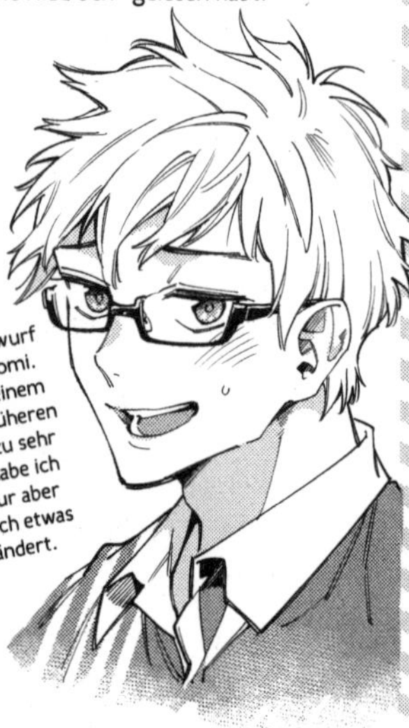

Als Horrorfan wollte ich schon vor Jahren gerne mal einen Zombie-BL-Manga zeichnen, aber mir fehlte einfach die Zeit dafür. Umso erfreuter war ich, als mein Redakteur mit der Anfrage kam und von meiner Story auch noch begeistert war!

✧٩(*•ω•*)و✧ Juhu!

Bevor ich losgelegt habe, dacht ich, ich schreibe eine Story mit Bad End, inzwischen bin ich aber eher auf ein Happy End aus! Ich glaube, ich hab mir noch nie so den Kopf zerbrochen beim Zeichnen… (lacht)

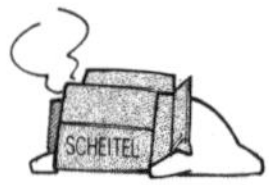

Das ist also mein erster Manga in Serie und ich bin total aufgeregt, auch weil das Cover super gelungen ist! Ich weiß noch nicht, wie viele Bände es geben wird, aber ich würde mich freuen, wenn Ihr beim nächsten Mal auch wieder dabei seid und lest, wie es weitergeht!

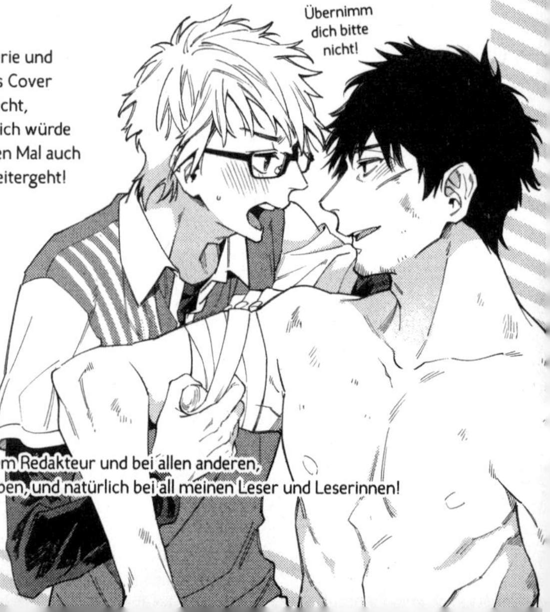

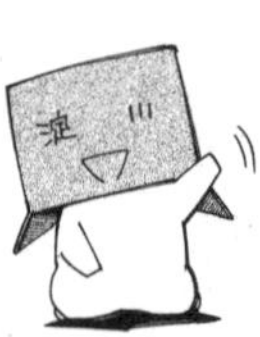

Ich bedanke mich herzlich bei meinem Redakteur und bei allen anderen, die an diesem Manga mitgewirkt haben, und natürlich bei all meinen Leser und Leserinnen! Das war's für dieses Mal!

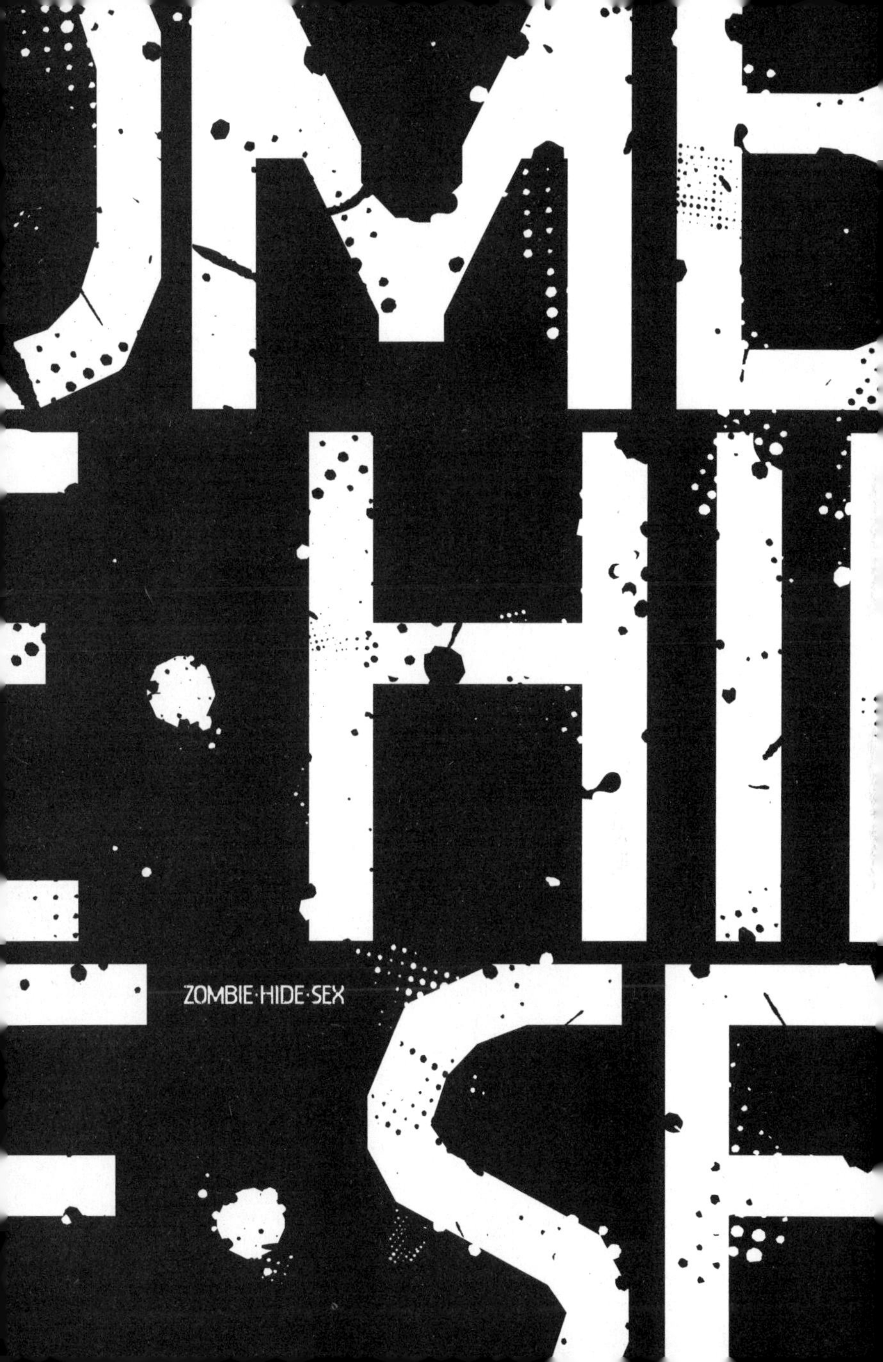
ZOMBIE·HIDE·SEX

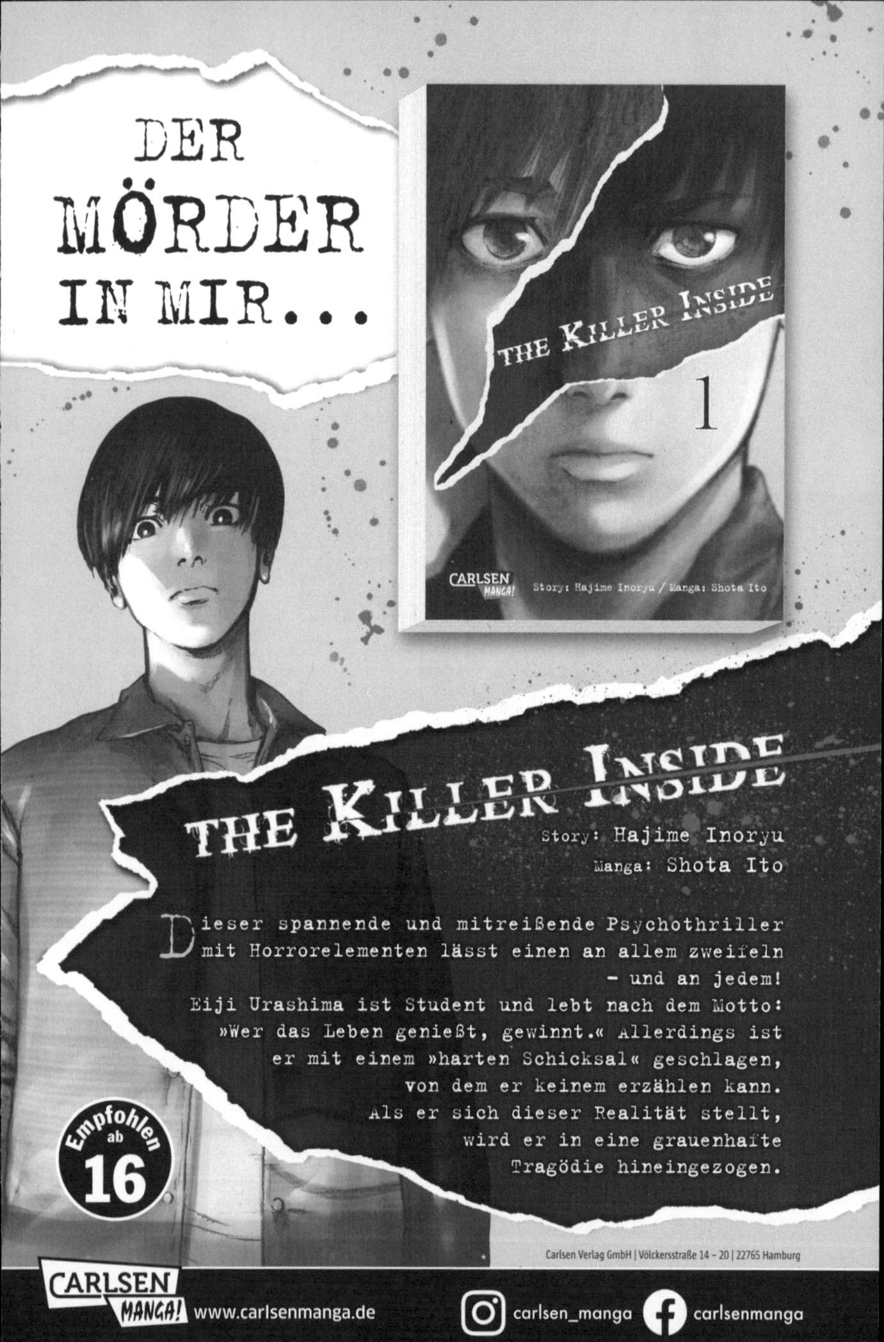
DER MÖRDER IN MIR...
THE KILLER INSIDE
1
CARLSEN MANGA!
Story: Hajime Inoryu / Manga: Shota Ito
THE KILLER INSIDE
Story: Hajime Inoryu
Manga: Shota Ito
Dieser spannende und mitreißende Psychothriller mit Horrorelementen lässt einen an allem zweifeln – und an jedem!
Eiji Urashima ist Student und lebt nach dem Motto: »Wer das Leben genießt, gewinnt.« Allerdings ist er mit einem »harten Schicksal« geschlagen, von dem er keinem erzählen kann. Als er sich dieser Realität stellt, wird er in eine grauenhafte Tragödie hineingezogen.
Empfohlen ab 16
Carlsen Verlag GmbH | Völckersstraße 14 – 20 | 22765 Hamburg
CARLSEN MANGA!
www.carlsenmanga.de
carlsen_manga
carlsenmanga

BOYS LOVE

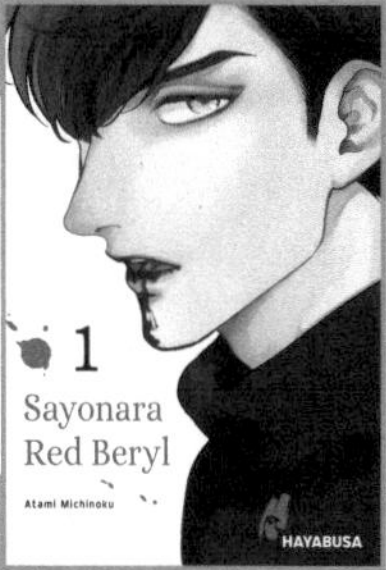

Sayonara Red Beryl *von Atami Michinoku*

Japan im Jahr 1968: Nachdem der Vampir Kazushige ihm das Leben gerettet hat, fühlt Akihiko sich immer wieder zu dem mysteriösen Mann hingezogen. Noch nie hat er so intensive Gefühle für jemanden empfunden...

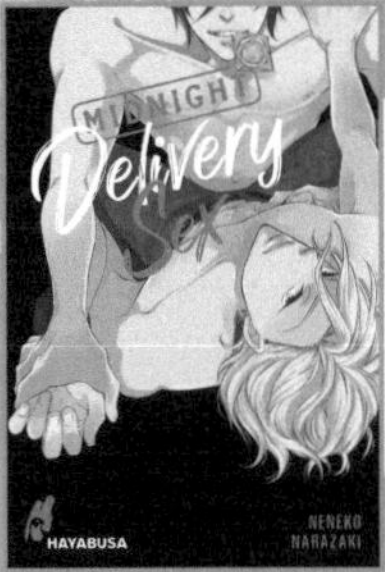

Midnight Delivery Sex *von Neneko Narazaki*

Der begehrte Nachtclub-Host Masafumi landet regelmäßig mit seinen Kundinnen im Bett – doch Spaß hat er daran schon länger nicht mehr. Mit dem Callboy Ryo lernt er eine ganz neue Art von Lust kennen... die Nächte in Tokyo werden heiß!

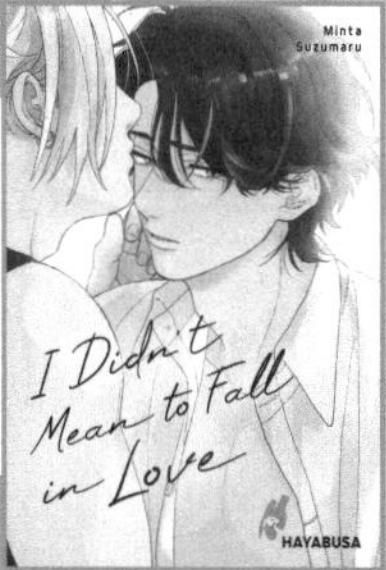

I Didn't Mean to Fall in Love *von Minta Suzumaru*

Erst zu seinem 30. Geburtstag traut sich ein attraktiver Geschäftsmann, in einer Schwulenbar erste sexuelle Erfahrungen zu sammeln. Doch er hat nicht damit gerechnet, dass der forsche Student Rou sein Herz erobern würde...

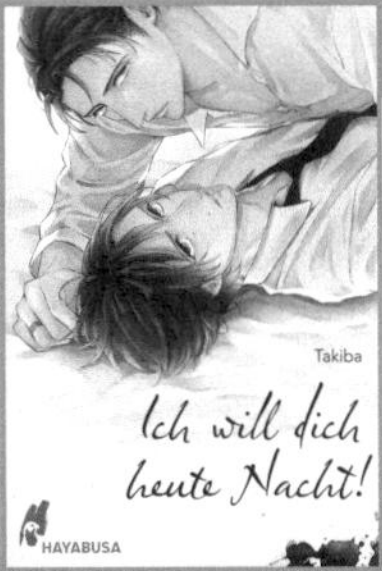

Ich will dich heute Nacht! *von Takiba*

Nach einem längeren Auslandsaufenthalt kehrt Kanzaki in seine alte Firma zurück und trifft dort auf einen neuen Mitarbeiter, der seinem alten Liebhaber wie aus dem Gesicht geschnitten ist. Zufall oder Schicksal?

hayabusa_manga

BEI HAYABUSA

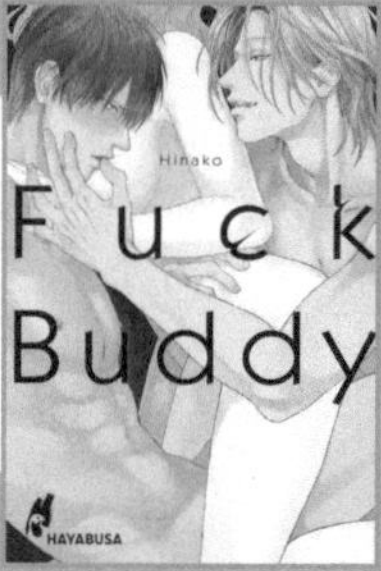

Fuck Buddy *von Hinako*

Ryo und Akanishi sind hungrig nach schnellem Sex und immer auf der Suche nach einer willigen Gespielin. Eines Tages läuft bei einem solchem Dreier etwas schief – und danach ist plötzlich nichts mehr so einfach wie vorher...

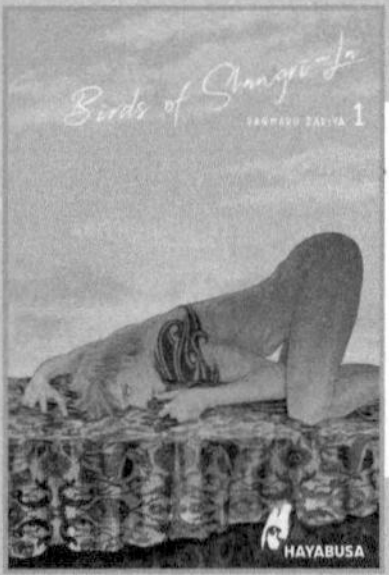

Birds of Shangri-La *von Ranmaru Zariya*

Apollo ist Hetero und mitten im Scheidungsprozess. Zeit für Veränderung! Die bekommt er durch einen neuen Job in einem Bordell namens Shangri-La. Er soll dort die männlichen Prostituierten in Stimmung bringen... aber Vorsicht! Verlieben verboten!

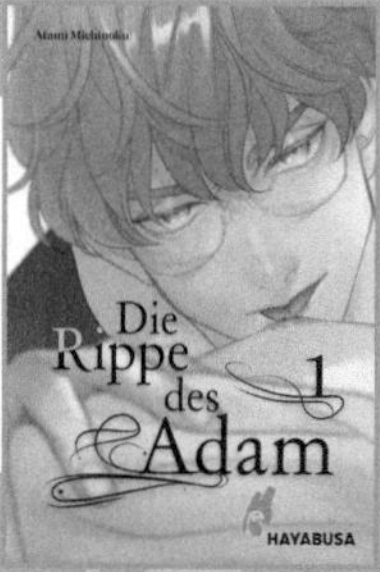

Die Rippe des Adam *von Atami Michinoku*

Yumas neuer Mitbewohner hat eine multiple Persönlichkeitsstörung. Während der Draufgänger Rei in der Nacht Yuma verführt, weiß der höfliche Kazuha am nächsten Tag nichts mehr davon...

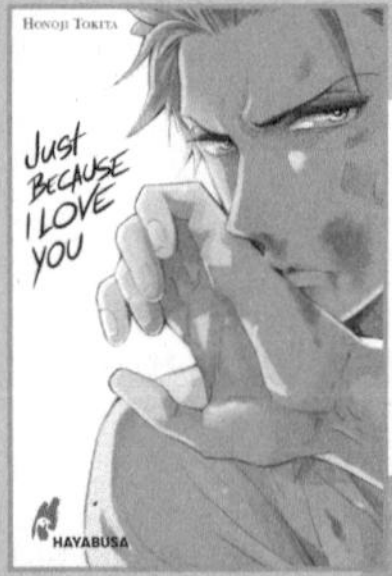

Just Because I Love you *von Honoji Tokita*

Der Kriminelle Takeru hat sich in Teo verliebt, den einzigen, der jemals freundlich zu ihm war. Während Takeru sehr schüchtern ist, ergreift Teo unerwartet die Initiative. Kann diese Liebe trotz aller Schwierigkeiten bestehen?!

www.hayabusa-manga.de

BOYS LOVE

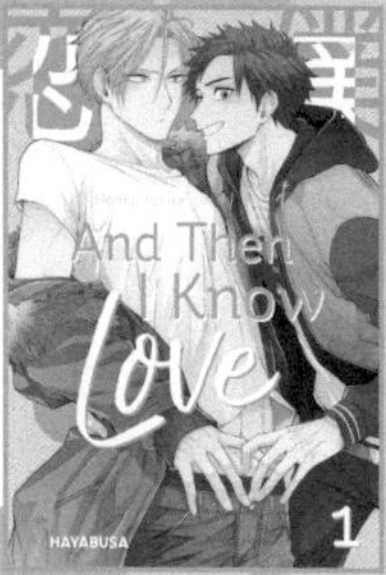

And Then I Know Love *von Honoji Tokita*

Nach einem Unfall muss Shogo seine Profifußballer-Karriere beenden und in einer Konditorei arbeiten. Dort verliebt er sich in seinen Chef, den ruhigen und immer höflichen Akira. Eines Tages merkt er, dass Akira auch ganz anders sein kann… und ergreift die Initiative!

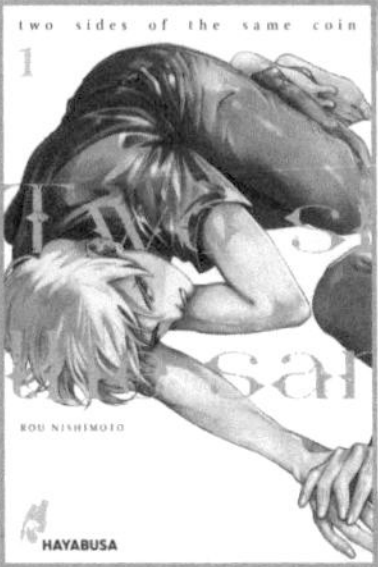

Two Sides of the Same Coin *von Rou Nishimoto*

Yuji und Kou beginnen eine Affäre. Beide haben ein Scheißleben und mit Kindheitstraumata und allerlei psychischem Druck zu kämpfen. Es entwickelt sich eine innige Liebe, doch mittenrein stößt wie ein kalter Dolch eine unfassbare Nachricht, die alles zu zerstören droht…

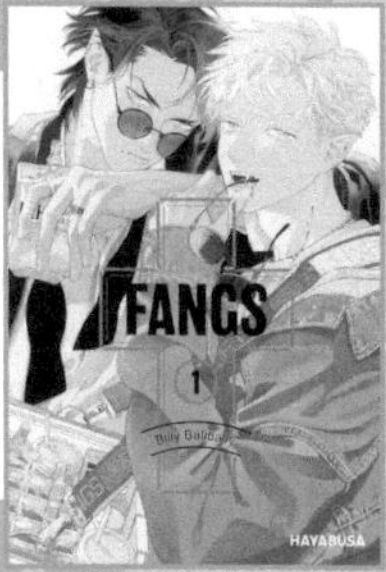

FANGS *von Billy Balibally*

En wird von Vampiren gebissen und zurückgelassen. Ichii, ein Vampir der Organisation „FANGS“, findet ihn und nimmt ihn unter seine Fittiche. Und das ist auch nötig, denn für einen unerfahrenen und gutaussehenden Vampir ist das neue Leben alles andere als einfach…

hayabusa_manga HayabusaTweets

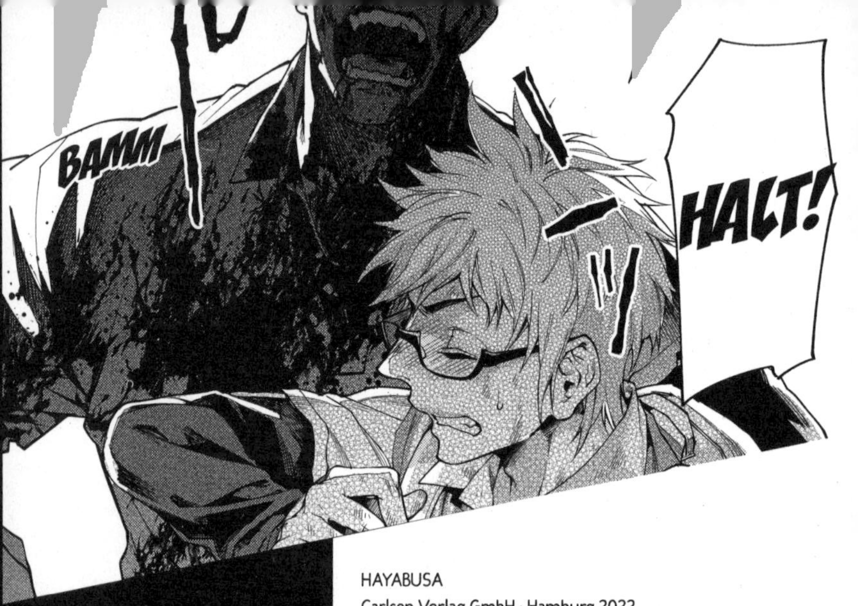

»ZOMBIE · HIDE · SEX« ist eine japanische Serie, die originalgetreu von »hinten« nach »vorne« und von rechts nach links gelesen wird! Schlagt das Buch also »hinten« auf und blättert Seite für Seite nach »vorne« weiter!
Auch die Bilder und Sprechblasen werden von rechts oben nach links unten gelesen, wie es in der Grafik gezeigt wird! HAYABUSA wünschen gute Unterhaltung!

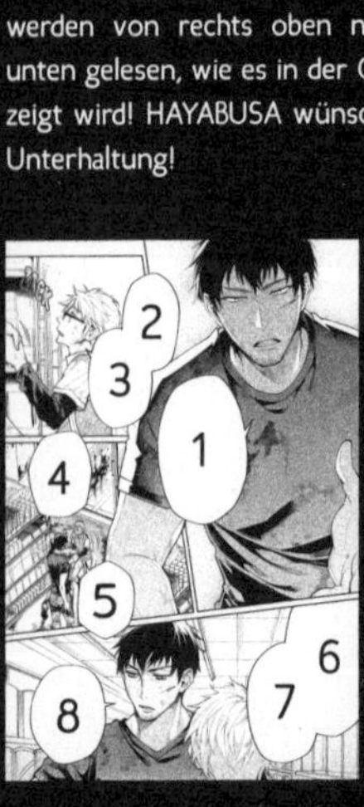

HAYABUSA
Carlsen Verlag GmbH · Hamburg 2022
Aus dem Japanischen von Dorothea Überall
ZOMBIE · HIDE · SEX vol. 1

First published in Japan in 2019 by HOUBUNSHA CO.,LTD., Tokyo
German translation rights in Germany arranged with
HOUBUNSHA CO.,LTD
through Tuttle-Mori Agency, Inc., Tokyo
Covergestaltung: Laura Bartels - Sonnenfisch
Redaktion: Germann Bergmann
Herstellung: Maria Niemann

ISBN: 978-3-551-62191-7